NICK DAKIN

DAS MEER-WASSER-AQUARIUM

Einrichtung · Technik · Tiere

Mit über 500 fachkundigen Antworten auf Praxisfragen

Inhalt

Die Deutsche Bibliothek –
CIP-Einheitsaufnahme
Das **Meerwasseraquarium**:
Einrichtung, Technik, Tiere;
mit über 500 fachkundigen Antworten
auf Praxisfragen / von Nick Dakin
[Übers. aus dem Engl.: Gabriele Colditz]. –
München ; Wien ; Zürich : BLV, 1997
Einheitssacht.: The questions and
answers manual of the marine
aquarium <dt.>
ISBN 3-405-15226-7

BLV Verlagsgesellschaft mbH
München Wien Zürich
80797 München

Titel der englischen Originalausgabe:
THE QUESTIONS AND ANSWERS
MANUAL OF THE MARINE
AQUARIUM
© 1997 Andromeda Oxford Limited.

Devised and produced by
Andromeda Oxford Ltd.,
11 – 15 The Vineyard, Abingdon,
Oxfordshire OX 14 3 PX, England
Deutschsprachige Ausgabe:
© 1997 BLV Verlagsgesellschaft mbH,
München

Fachredaktion: Dr. Keith Banister
Übersetzung aus dem Englischen:
Dr. Gabriele Colditz
Lektorat: Dr. Friedrich Kögel
Herstellung: Sylvia Hoffmann
DTP: Vornehm, München
Einbandgestaltung: Studio Schübel, München
Fotos auf dem Umschlag,
Vorderseite: Gremblewski-Strate (Pracht-
anemone);
Eichler (links oben: Paletten-Doktorfisch,
rechts unten: Traum-Kaiserfisch);
Lachmann (rechts oben: Königs-Feenbarsch);
Reinhard (links unten: Einsiedlerkrebs);
Buchrücken: Eichler (Seepferdchen);
Rückseite: Eichler (links oben: Weißband-
Putzergarnele, Mitte: Leopard-Drückerfisch);
Hinterkircher (rechts oben: Pumpkoralle,
unten: Oranger Seestern)

Printed in Spain
ISBN 3-405-15226-7

Einleitung

In den letzten Jahren ist das Interesse an der Meerwasseraquaristik immer größer geworden, und ein ganzer Industriezweig hat sich um diesen Bereich aufgebaut, um die neuesten Geräte und eine Vielfalt an Tieren liefern zu können. Die ständigen Verbesserungen bei den Haltungsbedingungen und die Fortschritte in der Technologie sind häufig den eingeführten, für Aquarianer verfügbaren Informationsquellen überlegen. Manchmal scheint es, als gäbe es viel mehr Fragen als Antworten möglich sind! Und das ist bis heute so. Dieses Buch basiert auf lebenslanger Erfahrung in der Fischhaltung und über 12 Jahren Tätigkeit als »Briefkastenonkel« für Meerwasseraquarianer in Fachzeitschriften, der die Probleme der Aquarianer kennt und Lösungen findet.

Dieses Buch ist sowohl für Anfänger als auch erfahrene Meerwasseraquarianer bestimmt, die begierig auf zusätzliche, nützliche Informationen und praktische Tips sind. Es zeigt dem Anfänger, wie man sich an diesem Hobby erfreuen und einige, durch mangelnde Erfahrung entstehende Fehler vermeiden kann, wobei auch der erfahrene Aquarianer eine Fülle von Informationen erhält.

Die Verantwortung der Meerwasseraquarianer ist im allgemeinen weit größer als die der Süßwasseraquarianer. Viele Meerestiere stammen direkt aus dem Ozean und können noch nicht in der Gefangenschaft nachgezüchtet werden; allerdings sind die meisten Arten durch gewissenhaftes Fangen nicht gefährdet. Das Züchten der beliebtesten Meerwasserfische und Wirbellosen in Gefangenschaft könnte gelingen, wenn der Wille und ausreichende Finanzmittel vorhanden wären, aber solche Programme würden dieses Hobby unweigerlich so teuer werden lassen, daß es für die meisten Aquarianer unerschwinglich werden würde. Deshalb muß jeder Meerwasseraquarianer seine Tiere als Erbe unseres Planeten schätzen, lieben, hegen und pflegen.

Meerwasseraquarien bilden einige der prächtigsten Naturräume nach, die Mutter Erde zu bieten hat. Wir können dieses Geschenk schützen (weil es ein Geschenk und kein Anrecht ist), indem wir vor dem Kauf gründlich planen und uns sachkundig über Pflege und Haltungsbedingungen informieren. Trotzdem sind wir nur Menschen, und Menschen machen Fehler. Ich hoffe, daß dieses Buch Ihnen hilft, Fehler zu vermeiden oder sie wenigstens mit glücklichem Ausgang zu beheben.

Ich wünsche Ihnen bei diesem Hobby viel Erfolg.

NICK DAKIN

Einrichten und Pflegen des Aquariums

Für viele Aquarianer kann die Vorbereitung einer geeigneten Aquarien-einrichtung ebenso aufregend und interessant wie das Einsetzen der Tiere sein. Diese Begeisterung sollte gefördert werden, da sie sich gewiß in einem erfolgreichen Endergebnis widerspiegelt.

Vorausplanung ist das Erfolgsgeheimnis. Es kostet nichts außer Zeit und einen Notizblock und stellt sicher, daß das Aquarium geeignet ist, den empfindlichen Organismen ein passendes Zuhause zu bieten.

Obwohl die Unterhaltung eines Meerwasserbeckens klar in getrennte Aufgaben auf-geteilt werden kann, ist es wichtig, daran zu denken, daß sich einige zu bestimmten Zeiten überlappen, besonders in Bezug auf Wasserqualität, Instandhaltung und die Verträglichkeit der Tiere untereinander.

Zunächst sollte auf der Prioritätenliste des Aquarianers die Überlegung ganz oben stehen, woher das Wasser für das Becken stammt. In den letzten Jahren hat sich gezeigt, daß normales Leitungswasser als Basis für ein Salz-Wasser-Gemisch nicht geeignet ist. Viele andere Faktoren können mit der Zeit verbessert werden, aber eine gute Wasserqualität muß von Anfang an gewährleistet sein. Reines, sauberes Wasser ist für die moderne Aquaristik unerläßlich, nicht nur wünschenswert.

Pyjama-Kardinal (*Sphaeramia nematoptera*), siehe Seite 83.

Aquariumgestaltung

Das Aquarium ist vermutlich die wichtigste und teuerste Anschaffung eines Aquarianers. Daher ist es unerläßlich, ein qualitativ hochwertiges Becken zu kaufen, das allen Ansprüchen gerecht wird. Ungewöhnliche Formen mögen interessant aussehen, aber ausschlaggebend ist die praktische Verwendbarkeit. Nahezu alle Formen können eine Meerwassergesellschaft beherbergen, aber die Grenzen einer bestimmten Form zu kennen und sich danach zu richten, kann sich als sehr wichtig erweisen. Es gibt mehrere Hauptkriterien, die man berücksichtigen sollte.

Volumen-Oberflächen-Verhältnis

Das Aquarium muß genügend Oberfläche besitzen, damit Kohlendioxid gegen lebenswichtigen Sauerstoff ausgetauscht werden kann. Rieselfilter unterstützen diesen Prozeß, aber tiefe Becken mit einer kleinen Oberfläche sind dennoch nicht zu empfehlen. In der Natur sind Korallenriffe mit gelöstem Sauerstoff gesättigt oder übersättigt, und diesen Zustand herzustellen, kann sogar mit der besten Einrichtung schwierig sein. Kleine Becken sind bequem, werfen aber für den Meerwasseraquarianer enorme Probleme auf. Tiere des Korallenriffs sind von der Stabilität ihrer Umwelt abhängig und haben sich über Jahrtausende an vorhersehbare Bedingungen angepaßt. Größere Becken bieten größere Stabilität bezüglich pH-Wert und Temperatur als kleine, wo diese Stabilität nur selten, wenn überhaupt, erreicht wird.

Künstliche Reviere

Die meisten Meeresfische sind territorial und verteidigen einen eher horizontalen als vertikalen Bereich. Die Wahl eines hohen, schmalen Aquariums führt zu einem unnatürlich engen Kontakt zwischen den Bewohnern, und es kann zu ernsten Revierkämpfen kommen, da die dominanten Arten versuchen, ihre Grenzen zu verteidigen. Auch bei einem nicht so engen Besatz kann solch ein Aquarium einen ungewöhnlich dicht besetzten Eindruck hinterlassen, was für niemanden wünschenswert ist.

✦ *Welches Volumen sollte ein Meerwasseraquarium mindestens besitzen?*

Wenn darin nur Fische gehalten werden sollen, sind 90 Liter netto (ohne Steine, Substrat usw.) das absolute Minimum. Ein Wirbellosenaquarium braucht für eine bessere Stabilität mehr Wasser, wobei 140 Liter netto ein guter Ausgangswert ist.

✦ *Wie dick sollten die Aquarienwände sein, damit sie halten?*

Die Ausmaße des Beckens bestimmen die für die Sicherheit optimale Dicke, aber im allgemeinen sollte das Material umso dicker sein, je tiefer das Becken ist. Ein sehr billiges Aquarium zu kaufen, ist am falschen Ende gespart. Spezialhersteller liefern gewöhnlich sichere Produkte.

✦ *Wie stelle ich fest, ob die Form des Beckens zu optischen Verzerrungen führt?*

Das hängt völlig von der Konstruktion des Beckens ab und sollte vor dem Kauf geklärt werden. Halten Sie ein Buch oder ein Stück bedrucktes Papier in das Aquarium dicht an jeder senkrechten Verbindung oder Ecke. Der Grad der Verzerrung läßt sich leicht ermitteln. Denselben Test sollte man durchführen, bevor man gewölbte oder runde Becken kauft.

✦ *Sollte erst das Becken gekauft und dann die Filteranlage daran angepaßt werden?*

Nein! Becken, Untergestell, Filteranlage und andere Geräte müssen als ein Gesamtsystem betrachtet werden, was die Pflege, eine wirksame Filterung, die Beleuchtung und anderes erleichtert. Kaufen Sie immer das Becken passend zur Ausrüstung und nicht umgekehrt.

✦ *Soll ich Glas oder Acryl wählen?*

Sowohl die Glas- als auch die Acryltechnologie haben sich so weit verbessert, daß beides praktisch und erschwinglich ist und keines von beiden dem anderen gegenüber einen echten Vorteil bietet. Acryl ist hart, sehr kratzbeständig und kann in einer nahtlosen Einheit gegossen werden. Bei Vollglasbecken gibt es heute bessere Kleber und Bautechniken, so daß sie nicht länger anfällig für Undichtigkeiten sind.

Auswahl der Form

Ein Aquarium mit einer unregelmäßigen Form führt normalerweise zu optischen Verzerrungen. Die Tiere können zwischen zwei oder mehr Glas- oder Acrylflächen »zerteilt« erscheinen, und der Betrachter mag noch lange, nachdem die außergewöhnliche Form an Originalität verloren hat, frustriert sein, da er immer eine bestimmte Position zum Betrachten der Tiere einnehmen muß. Es ist kein Zufall, daß Aquarianer im allgemeinen die klassische rechteckige Form wählen, da die meisten möglichen Probleme leichter zu beheben sind. Weil diese Form über so viele Jahre beliebt geblieben ist, wurden die Geräte so entworfen, daß sie leicht dazu passen.

Lampen und andere Geräte

Die Beleuchtung ist ein ständiges Problem für außergewöhnlich geformte Becken, da die Möglichkeiten begrenzt sind. Achteckige, sechseckige und asymmetrische Formen machen die Beleuchtung kompliziert und größtenteils unwirksam. Die einzige durchführbare Möglichkeit ist eine hängende Quecksilber- oder Halogen-Metalldampflampe, die nur wenig Raum für Hilfslampen läßt.

Ein rechteckiges Aquarium ist ideal zum Betrachten der Tiere, da es eine maximale Sichtfläche mit einem Minimum an Verzerrung kombiniert. Das Gehäuse enthält die Lampen und andere Geräte.

Auch der für Filter und andere Geräte zur Verfügung stehende Raum muß sorgfältig berücksichtigt werden. Die Begrenzungen eines Beckens bedeuten häufig, daß ein lebenswichtiges Gerät aus Platzmangel eingespart wird, was ein Risiko für die Tiere darstellt. Die Geräte um das Aquarium aufzustellen, kann äußerst unansehnlich sein und von der Schönheit der Tiere ablenken.

Standort und Sicherheit

Ein Liter Meerwasser wiegt etwa 1 kg, und der gesamte Inhalt eines voll besetzten Aquariums ist extrem schwer. Für welches Design Sie sich auch entscheiden, Sicherheit ist oberstes Gebot. Ein falsches, unebenes oder ungeeignetes Untergestell läßt das Becken reißen, führt zu möglichen Verletzungen, dem Verlust der Tiere und einer Menge Unannehmlichkeiten! Das ideale Untergestell sollte speziell für Aquarien gebaut sein, die notwendigen Geräte in sich aufnehmen und außerdem attraktiv aussehen.

Heizen und Kühlen

Bei wechselwarmen (poikilothermen) Tieren werden der Stoffwechsel und die Körpertemperatur vollständig von der Umgebungstemperatur bestimmt. Ist das Wasser zu kalt, nimmt die Stoffwechseltätigkeit ab, ist es zu warm, nimmt die Stoffwechselrate zu. Auf jeden Fall kann das Ergebnis zu erheblichem Streß und somit zu Krankheit oder Tod führen. Viele sessile Wirbellose reagieren beispielsweise auf hohe Wassertemperaturen, indem sie ihre symbiontischen Algen (Zooxanthellen) ausstoßen, was zum Tod des Wirtstieres führen kann, wenn nicht schnell wieder eine Rekolonisierung stattfindet.

Korallenriffe sind sehr stabil, was die Temperaturen betrifft. In der Tat verändern sich die gemessenen Werte, ungeachtet lokaler Schwankungen, nur wenige Grad innerhalb eines Jahres. Als Folge sind die Fische und Wirbellosen nur selten Temperaturschwankungen ausgesetzt, außer bei ungewöhnlichen Wetterbedingungen oder Meeresströmungen. Diese Konstanthaltung der Temperatur im Aquarium zu erreichen, ist von höchster Wichtigkeit, und die Auswahl der richtigen Geräte darf dabei nicht unterschätzt werden.

Heizungen

Es gibt mehrere geeignete Heizmethoden für den Aquarianer: der kombinierte Heizthermostat; die Unterwasserheizung aus Glas, gesteuert durch einen externen Thermostat; und die Unterbodenheizmatte, die auch von einem externen Thermostat geregelt wird. Von diesen ist der kombinierte Heizthermostat bei weitem am beliebtesten. Es sollte aber ein Modell sein, das auf 1°C genau mißt.

Die Unterwasserheizungen aus Glas haben in den letzten Jahren an Popularität verloren, sind aber immer noch eine gute Wahl. Besonders große Becken profitieren von mehreren Heizungen an verschiedenen Stellen, die alle von einem genauen Thermostat geregelt werden. Das ist nicht nur wirtschaftlich, sonder schafft auch eine wirksame Wärmeverteilung und hält die Wassertemperatur konstant.

Eine neuere Errungenschaft, die immer beliebter

▲ Dieses Riff an der Indonesischen Küste ist ein sehr stabiler Lebensraum für marine Organismen. Wasserqualität, pH-Wert, Temperatur und andere Parameter bleiben konstant.

wird, ist eine unter dem Becken zu verlegende Heizmatte, die von einem externen Thermostat kontrolliert wird. Diese zuverlässige Methode kann eine Temperatur mit einer Genauigkeit von 0,25 °C halten. Außerdem besteht nicht die Gefahr, daß sich die Tiere an dem Heizelement verbrennen können, und es gibt kein empfindliches Gerät im Becken, das zerbrechen kann oder unschön aussieht. Da die Wärme fast über die gesamte Fläche abgestrahlt wird, treten kühle Stellen so gut wie nicht mehr auf. Hier ist ein Vorausplanen ein Muß, da Heizmatten nicht nachträglich verlegt werden können.

F & A ...

✦ *Gibt es eine optimale Temperatur für ein tropisches Meerwasseraquarium?*

Ja, 25 °C ist am besten, aber es können Schwankungen auftreten. Die Tiere beginnen unter 22 °C und über 27 °C zu leiden.

✦ *Gibt es eine Skala für die benötigte Leistung einer Heizung für eine bestimmte Wassermenge?*

Für die meisten Aquarien, die schon in einer warmen Umgebung stehen, sollten die folgenden Angaben zutreffen.

Leistung in Watt	Beckengröße (netto)
100–150	bis zu 140 l
150–200	bis zu 360 l
300	bis zu 680 l
500	bis zu 1400 l

Wenn der Raum, in dem das Aquarium steht, besonders kühl ist, muß die Wattzahl um 50–100 Prozent erhöht werden.

✦ *Ist eine gute Wasserumwälzung wichtig, um die Wassertemperatur konstant zu halten?*

Ja, es ist lebenswichtig, das geheizte Wasser wirkungsvoll umzuwälzen, damit keine kühlen Bereiche zwischen und unter Steinen entstehen.

✦ *Muß man sich Sorgen machen, daß defekte Heizungen sich nicht ausschalten?*

Die meisten modernen Heizungen sind sehr zuverlässig und stellen sich bei einer Fehlfunktion ab. Aber eine große Heizung heizt das Wasser gefährlich schnell auf, so daß zwei Heizungen mit der halben Wattzahl sicherer sind. Es ist nicht nur höchst unwahrscheinlich, daß sich beide gleichzeitig nicht ausschalten, sondern eine Einheit braucht auch länger, um die Temperatur anzuheben, wodurch der Aquarianer eine bessere Chance erhält, den Fehler zu beheben, bevor Verluste auftreten.

Hier sind verschiedene Heizungen abgebildet: **1–3** sind Heizungen mit eingebautem Thermostat. **4** ist eine reine Heizung, die zusammen mit einem Thermostat (**5a**) und einem Temperaturfühler (**5b**) verwendet wird. Ein digitaler Temperaturregler kann auch mit jedem anderen Heizthermostat verwendet werden, um die Genauigkeit zu erhöhen.

Heizmatten unter dem Becken sind ideal.

✦ *Heizt noch ein anderes Gerät das Wasser auf?*

Lampen, UV-Sterilisatoren, Topffilter, Wasserpumpen und Trafos für Lampen, die unter dem Becken installiert sind, tragen mehr oder weniger zum Aufheizen des Wassers bei. Wenn die Temperatur zu weit ansteigt, kann ein Abkühlen notwendig sein, um Stabilität zu erreichen.

✦ *Was sollte unternommen werden, um die Tiere zu retten, falls eine Heizung ausfällt?*

Wenn die Heizung ausgefallen und die Temperatur erheblich abgesunken ist (auf 20 °C oder weniger), leiten Sie die folgenden Maßnahmen ein:

1 Schließen Sie eine Ersatzheizung an.
2 Erwärmen Sie in einem Emailletopf (nicht Aluminium) etwas Aquariumwasser und gießen Sie es langsam zurück in das Becken.
3 Lassen Sie verschlossene Flaschen mit heißem Wasser im Becken schwimmen, wobei Sie darauf achten müssen, daß es wegen der Verdrängung nicht zum Überlaufen kommt.
4 Füttern Sie mindestens für 24 Stunden, nachdem sich die Temperatur normalisiert hat, nicht.
5 Falls ein allgemeiner Stromausfall vorliegt, isolieren Sie das Becken mit Decken und Styroporplatten.

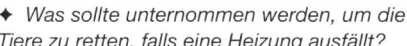

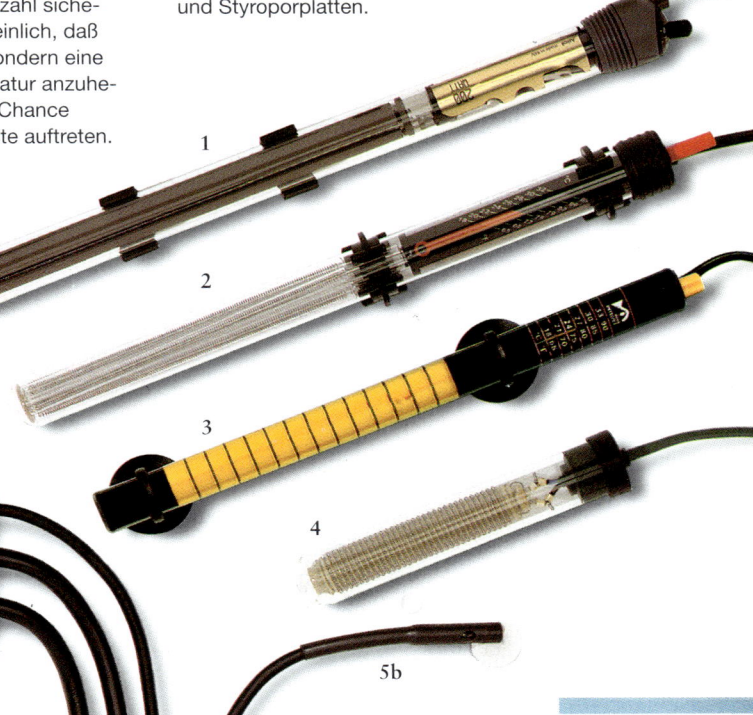

Temperaturmessung

Genaue Messung der Wassertemperatur ist genauso wichtig wie wirkungsvolles Heizen. Wenn der Thermostat keine eingebaute digitale Temperaturanzeige besitzt, ist es ratsam, ein hochwertiges Thermometer zu kaufen, das bis auf ein Zehntel Grad genau anzeigt. Es ist auch zu empfehlen, auf zerbrechliche Quecksilberthermometer zu verzichten, da sie alle Tiere vergiften, falls sie im Becken zerbrechen.

Kühlen

Ein tropisches Aquarium zu kühlen, mag sich wie ein Widerspruch anhören. Aber es gibt viele Gelegenheiten, wo der Temperaturanstieg bedrohlich außer Kontrolle gerät. Alle Aquarien mit intensiver Beleuchtung können überhitzen, besonders wenn die Raumtemperatur auch hoch ist. In tropischen und auch gemäßigten Klimazonen können die Temperaturen während der verlängerten Tageszeit über den für Meerwasseraquarien empfohlenen liegen. Ein einfaches Herunterregeln des Heizthermostaten läßt die Beckentemperatur nicht unter die Umgebungstemperatur absinken. Es gibt einige Möglichkeiten, wie Sie bei heißem Wetter die Raumtemperatur absenken können, um nicht das Aquarium kühlen zu müssen. Lassen Sie Jalousien oder Gardinen geschlossen, um die Sonneneinstrahlung zu vermindern. Bei Becken mit helligkeitsliebenden Wirbellosen kann die Beleuchtungszeit auf 8 Stunden reduziert werden, die man in zwei 4-Stunden-Perioden aufteilt (7–11 Uhr und 18–22 Uhr). So sind sie den heißesten Teil des Tages von Mittag bis Nachmittag nicht der Beleuchtung ausgesetzt. Trotzdem können einige Wirbellose leiden, wenn das Becken nicht gekühlt wird.

Vor der Investition in ein spezielles Kühlaggregat erwerben viele erfinderische Aquarianer alte, aber funktionsfähige Kühl- oder Gefrierschränke. In die äußere Wand werden Löcher geschnitten und Filterschläuche mit Aquariumwasser werden durch das kühle Innere geleitet. Je mehr Windungen vorhanden sind, umso größer ist der Kühleffekt des Wassers, aber das Ausmaß kann nicht genau bestimmt werden. Diese Methode ist nur für begeisterte Enthusiasten zu empfehlen, die viel Zeit zum Experimentieren haben.

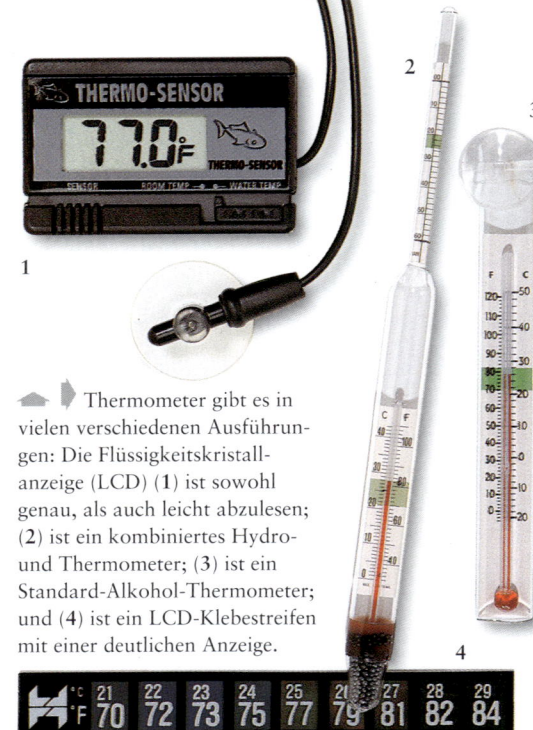

Thermometer gibt es in vielen verschiedenen Ausführungen: Die Flüssigkristallanzeige (LCD) (1) ist sowohl genau, als auch leicht abzulesen; (2) ist ein kombiniertes Hydro- und Thermometer; (3) ist ein Standard-Alkohol-Thermometer; und (4) ist ein LCD-Klebestreifen mit einer deutlichen Anzeige.

✦ *Beeinträchtigt ein Kühlgerät die Wasserqualität in irgendeiner Form?*

Nein. Außer dem Herabsetzen der Temperatur auf den gewünschten Wert kann ein Kühlgerät das durchlaufende Wasser nicht verändern.

✦ *Die Temperatur ist angestiegen, und die Fische schnappen an der Oberfläche nach Luft. Was ist passiert?*

Je wärmer das Wasser wird, desto weniger Sauerstoff ist in ihm gelöst, wogegen Kohlendioxid auf einen kritischen Wert ansteigen kann. Eine verstärkte Wasserumwälzung ist lebenswichtig, da das sauerstoffarme Wasser dann häufiger an die Oberfläche gelangt und Sauerstoff aufnehmen und gegen das unerwünschte Kohlendioxid austauschen kann.

✦ *Beeinflußt ein Anstieg der Temperatur die biologische Filterung?*

Ja. Wie Fische und Wirbellose brauchen die meisten Bakterien eine bestimmte Menge gelösten Sauerstoff, um wirksam zu arbeiten. Ein schnelles Ansteigen der Temperatur reduziert den Sauerstoffgehalt, und die Bakterien sterben ab oder werden wirkungslos. Die verbleibenden Bakterien gefährden außerdem die Tiere, da sie mit ihnen um den verfügbaren Sauerstoff konkurrieren. Deshalb ist eine konstante Temperatur wichtig, wenn ein biologischer Filter eingesetzt wird.

Kühlgeräte arbeiten am wirkungsvollsten, wenn sie im Freien stehen, wo sie nicht durch die Raumtemperatur beeinträchtigt werden. Es ist jedoch wichtig, sie vor Witterung und eindringenden Tieren zu schützen.

◆ Was sollte unternommen werden, wenn sich eine Heizung nicht abstellt?

Wenn das Aquarium ernsthaft überhitzt ist (30 °C und mehr), führen Sie folgende Maßnahmen durch:

1 Unterbrechen Sie die Stromzufuhr zu allen Heizgeräten.
2 Schalten Sie das Licht aus.
3 Stellen Sie einen großen Ventilator auf, der über die Oberfläche bläst. Die Verdunstung wird erhöht und damit Wärme entzogen (verdunstetes Wasser ersetzen!).
4 Belüften Sie das Wasser mit mehreren Ausströmersteinen.
5 Wenn möglich, stellen Sie einen Topffilter in ein Gefäß mit Eiswasser – achten Sie darauf, nicht den Motor unterzutauchen.
6 Lassen Sie Tüten mit Eiswürfeln oder Kühlelemente im Wasser schwimmen – dabei den Wasserspiegel absenken, damit es nicht überfließt.
7 Stellen Sie die Luftpumpe in den Kühlschrank (nicht Gefrierschrank). Die abgekühlte Luft ist nicht nur sauerstoffangereichert, sondern kühlt auch das Wasser ab, mit dem sie in Kontakt kommt.
8 Installieren Sie ein Kühlgerät, falls verfügbar, um eine Langzeitwirkung zu erzielen.
9 Wenn die Temperatur wieder normal ist, füttern Sie für 24 Stunden nicht.

Einige der erwähnten Methoden mögen in ihrer Wirkung sehr unterschiedlich sein, können die Temperatur nicht mehr als um 1–2 Grad reduzieren und sind nur als kurzfristige Maßnahmen gedacht.

Geeignete Kühlgeräte

Kühlgeräte gibt es in verschiedenen Leistungsstufen, und es ist wichtig, das richtige Modell für die Beckengröße zu wählen. Als Faustregel gilt, das Kühlgerät sollte die Wassertemperatur um mindestens 5 °C im Vergleich zur Umgebungstemperatur absenken, ohne ununterbrochen laufen zu müssen. Für mehr Komfort gibt es einige Modelle, die auch ein Heizelement enthalten, so daß die Anzahl der Geräte im Becken minimiert wird. Entsprechend der höchst korrodierenden Eigenschaft von Salzwasser besitzen die meisten speziellen Aquarien-Kühlgeräte Leitungen, die mit einer dünnen Schicht Platin versiegelt sind oder verwenden inaktive Substanzen, die einen Kontakt zwischen Wasser und Metall unmöglich machen. Solche speziellen Sicherheitsvorkehrungen lassen das Endgerät ziemlich teuer werden. Sogar Edelstahlleitungen korrodieren schließlich durch den Einfluß des Salzwassers, entlassen Giftstoffe ins Wasser und stellen die Sicherheit des ganzen Systems in Frage, falls ernsthafte Korrosion auftritt.

Eine Pumpe mit dem richtigen Durchfluß ist erforderlich, um das Aquariumwasser durch das Kühlgerät zu leiten. Ein passender Topffilter ist für diesen Zweck gewöhnlich geeignet. Kühlgeräte müssen im Freien oder sollten zumindest nicht im selben Raum wie das Aquarium aufgestellt werden, um möglichst effektiv zu arbeiten. Beim Abkühlen werden große Mengen an warmer Luft freigesetzt (Austauschwärme aus dem Becken). Wenn diese in denselben Raum geleitet wird, steigt die Umgebungstemperatur an, führt zu einer Temperaturerhöhung des Aquariums usw. Dann arbeitet das Kühlgerät sehr viel und erzeugt aber nur einen geringen Temperaturabfall. Wird es im Freien aufgestellt, achten Sie darauf, daß es witterungsgeschützt ist und daß alle Gitter aus Metall und nicht aus Plastik sind. Dadurch können keine Nagetiere ins Innere eindringen, um sich ein warmes, trockenes Versteck zu suchen, und dabei sich selbst und dem Gerät Schaden zufügen.

Ein Kühlgerät, das im Notfall angeschlossen wird, weil das Aquarium schon zu warm ist, sollte so eingestellt werden, daß es die Temperatur langsam über einen Zeitraum von 48 Stunden herabsenkt. Ein allmählicher Rückgang auf normales Niveau vermeidet unnötigen Streß bei den Tieren.

Beleuchtung

Die richtige Beleuchtung spielt eine entscheidende Rolle bei der Präsentation jedes Meerwasseraquariums, und eine Vernachlässigung dieses Bereiches kann ein eigentlich prächtiges Aquarium in ein klägliches, mittelmäßig aussehendes Becken verwandeln.

Die Bedeutung des Lichtes

Licht umfaßt ein breites Spektrum an Wellenlängen, wobei jede Wellenlänge eine bestimmte Farbe repräsentiert. Für unsere Zwecke reicht das Spektrum von Ultraviolett über Blau, Grün, Gelb, Orange und Rot bis Infrarot.

Das natürliche Sonnenlicht enthält all diese Wellenlängen, aber sie durchdringen nicht alle gleichermaßen das Wasser. Rot und Orange dringen wenig ein, Gelb und Grün reichen schon weiter, aber nur blaues Licht kann tiefer als 4,5 – 6 m ins Wasser eindringen. Die meisten Becken sind natürlich sehr flach verglichen mit dem Ozean, und keine der Wellenlängen wird spürbar herausgefiltert. Das Überwiegen einer Wellenlänge wird von der Art der Beleuchtung bestimmt. Auf diese Weise können Aquarien einen gelben, rosa, blauen oder sehr weißen Schein annehmen. Vorsichtig eingesetzt und mit der richtigen Intensität können diese Farben hauptsächlich verwendet werden, um das Aussehen der Fische zu verbessern, oder sie sind absolut notwendig für das Wohlbefinden der lichtliebenden Korallen.

Beleuchtung eines Fischbeckens

Die Beleuchtung eines ausschließlich mit Fischen besetzten Beckens ist reine Geschmackssache, da sie selten eine lebenswichtige Rolle für die Gesundheit bestimmter Arten spielt. Extrem rotes oder blaues Licht sollte jedoch vermieden werden, da hierdurch viel von der Schönheit der Korallenfische verloren gehen kann (blaues Licht kann verwendet werden, wenn man eine Tiefsee-Effekt erzielen will, wobei aber leuchtende Farben verschwinden). Wenn möglich wählen Sie eine Beleuchtung, die leicht gelb oder rot ist und einen Hauch von Blau besitzt. Auf diese Weise wird die Schönheit der Farben noch verstärkt.

✦ Wie wähle ich die beste Beleuchtung für mein Fischbecken?

Besuchen Sie so viele Händler wie möglich. Sehen Sie sich eine große Auswahl an Beleuchtungen an und wählen Sie ein System, das ihnen persönlich gefällt. Es sollte zu den Farben der Fische passen, ohne zu auffallend zu sein.

✦ Wieviele Hängelampen sind für ein Becken mit 150 cm Länge nötig?

Entweder 2 Quecksilberdampflampen mit 80 oder 125 Watt für ein Becken nur mit Fischen oder 2 Halogen-Metalldampflampen mit 150 Watt, wenn helligkeitsliebende Korallen im Becken leben. Generell reicht eine Lampe für etwa 0,2 m² Wasseroberfläche aus.

✦ Können normale Strahler oder Wolfram-Halogen-Lampen verwendet werden?

Normale Strahler sind Stromverschwendung, werden zu heiß, um sicher dicht über die Wasseroberfläche gehängt werden zu können, und besitzen ein für Wirbellose ungeeignetes Spektrum. Wolfram-Halogen-Lampen erinnern an Halogen-Metalldampflampen und sind viel billiger, aber ihre Lichtqualität ist völlig ungeeignet für Meerwasseraquarien.

✦ Wie oft müssen Lampen bei einer Betriebsdauer von 10 – 12 Stunden täglich ersetzt werden?

Viele spezielle Leuchtstoffröhren werden heute so hergestellt, daß sie mindestens 18 Monate lang ihre volle Wirkung besitzen, obwohl einige Modelle alle 6 Monate ausgetauscht werden sollten. Lesen Sie die Herstellerhinweise, um festzustellen, zu welcher Kategorie sie gehören. Quecksilberdampflampen verlieren innerhalb der ersten 3 – 6 Monate viel von ihrer Intensität und werden nach 1 Jahr sehr trüb verglichen mit neuen Birnen. Halogen-Metalldampflampen müssen alle 12 – 15 Monate ersetzt werden, wenn das blaue Ende des Spektrums erhalten bleiben soll. Obwohl das sehr teuer sein kann, ist es wichtig für die Gesundheit von lichtliebenden Wirbellosen.

✦ Wieviele Leuchtstoffröhren sollten ein Riffaquarium beleuchten?

Soviele wie über das Aquarium passen! Die Gefahr einer zu starken Beleuchtung besteht nicht, aber die Gefahr der zu geringen Beleuchtung besteht, wovon Korallen betroffen sind.

Beleuchtung eines Wirbellosenbeckens

Nicht alle Wirbellosen lieben das Licht. Langusten, Krabben, einige Garnelen, Schwämme und viele Peitschenkorallen gedeihen in gedämpftem Licht, und für sie sollten auch die richtigen Bedingungen geschaffen werden. Die meisten tropischen Wirbellosen benötigen aber eine intensive Beleuchtung mit der richtigen Wellenlänge. In ihren oberen Gewebeschichten lebt eine Algenart, genannt *Zooxanthella*. Dies ist eine echte Symbiose, bei der die Algen die Korallen mit Sauerstoff und bestimmten Nährstoffen versorgen und andererseits der Wirt den Algen einen sicheren und bequemen Lebensraum bietet und mit Kohlendioxid versorgt. Wie alle Pflanzen brauchen die Zooxanthellen Licht für die Photosynthese, ansonsten leiden sowohl die Algen als auch die Korallen oder sterben sogar ab.

Es ist fast unmöglich, diese Art von Aquarien zu sehr zu beleuchten, sogar mit den stärksten Lampen. Verglichen mit dem natürlichen Sonnenlicht

Dieses wunderbare Riff-Aquarium wird durch das richtige Licht noch verschönert. Nicht nur die Wirbellosen sind völlig zufrieden, sondern die Halogen-Metall-dampflampen erzeugen ein auch für das menschliche Auge angenehmes Licht.

ist die künstliche Beleuchtung relativ schwach (jeder, der schon einmal ein sonnenbeschienenes Aquarium gesehen hat, weiß wie gedämpft dagegen das Kunstlicht erscheint). Eine für Wirbellose geeignete Beleuchtung sollte Maxima im Violett-Blau-Bereich und am roten Ende des Spektrums aufweisen, weil in diesem Bereich die Absorbtion durch die Pflanzen am größten ist. Unglücklicherweise registriert das menschliche Auge blaues und rotes Licht nicht so sehr wie z. B. Gelb, was für die Algen kaum von Nutzen ist. Als Ergebnis besitzen viele künstliche Beleuchtungen Maxima im blauen, roten und gelben Bereich des Spektrum, was sowohl den Ansprüchen der Algen als auch denen des Menschen genügt.

Arten von Beleuchtung

Quecksilberdampflampen (HQL) gibt es in zwei Leistungsstufen: 80 und 125 Watt. Sie sehen ähnlich aus wie Halogen-Metalldampflampen, sind aber auf keinen Fall so wirkungsvoll bezüglich Intensität und Spekrum. Diese Lampen haben ein Maximum im Grün-Gelb-Orange-Bereich mit einem kleineren Anstieg am violetten Ende des Spektrums. Sie sind ausgezeichnet zum Betrachten und besitzen den Vorteil, daß sie das natürliche Kräuseln des Wassers sichtbar machen, was nur Hängelampen können.

Wenn diese Lampen für Wirbellose verwendet werden, ist es ratsam, eine zusätzliche blaue Leuchtstoffröhre für die Korallen einzusetzen, um das Ende des Spektrums abzudecken. Quecksilberdampflampen verlieren ihre Wirksamkeit schnell und müssen alle 3 – 6 Monate ersetzt werden, wenn Sie lichtliebende Korallen im Becken haben.

Leuchtstoffröhren wurden erheblich verbessert. Die praktische Handhabung und die relativ niedrige Betriebstemperatur macht sie zu den beliebtesten Aquarienlampen. Neue Modelle haben eine bessere Abstrahlung im lebenswichtigen Bereich des Lichtspektrums und bieten eine längere Lebensdauer mit nur sehr wenig Einbußen der Wirksamkeit. Die Auswahl ist heute so groß, daß es Lampen speziell für Becken nur mit Fischen, für die intensive Bestrahlung von Korallen oder blaues Licht für einen Dämmerungseffekt gibt. Um die Intensität der Leuchtstoffröhren noch mehr zu erhöhen, können zum Vorteil für die Korallen noch externe Reflektoren angebracht werden. Einige Röhren besitzen interne Reflektoren für denselben Effekt. Welche Röhren auch verwendet werden, sie erzeugen ein gleichmäßiges, manche würden sagen fades Licht.

Quecksilberdampflampen müssen an der Decke aufgehängt und vorsichtig über dem Becken positioniert werden. Wenn die Lampen dicht über der Abdeckung des Beckens hängen, blenden sie nicht den Betrachter.

Leuchtstoffröhren können nicht das fleckige Sonnenlicht nachahmen, das bei den Meerwasseraquarianern so beliebt ist.

Halogen-Metalldampflampen (HQI) sind ideal für Wirbellose ebenso wie für Aquarien nur mit Fischen. Sie liefern ein höchst intensives Licht mit einem ausgezeichneten Farbspektrum, nicht nur für Korallen, sondern auch zum Betrachten.

Halogen-Metalldampflampen sind auch nützlich für tiefe Becken, wo das Licht bis zum Boden durchdringen muß. Sie tauchen alles in einen

Die Wirksamkeit einer Leuchtstoffröhre kann durch einen geeigneten Reflektor maximiert werden. Die komplette Einheit kann in der Abdeckhaube des Beckens untergebracht werden.

✦ *Kann ich verschiedene Arten von Leuchtstoffröhren miteinander kombinieren?*

Ja, sie können gemischt werden, um das Farbspektrum abzudecken oder einen bestimmten Effekt zu erzielen. Es ist wahrscheinlich die beste Methode, um ein Becken mit Wirbellosen zu beleuchten.

✦ *Sind bei der Auswahl von Halogen-Metalldampflampen bestimmte Punkte zu berücksichtigen?*

Für Wirbellose, die Licht benötigen, wählen Sie Lampen mit einer Farbtemperatur von 6500° Kelvin (K). Das fördert einen gesunden Wuchs der Korallen. Halogen-Metalldampflampen senden einen hohen Anteil an UV-Strahlen aus, die für menschliche Augen schädlich sein können. Errichten Sie spezielle Schutzwände aus Glas, um die UV-Strahlen auf ein unschädliches Maß zu reduzieren. Die Lampen gibt es auch mit internen Schutzbeschichtungen, welche dieselbe Aufgabe erfüllen. Achten Sie darauf, daß der Schutz installiert ist, bevor Sie die Lampen anschalten.

✦ *Was ist der Mindestsicherheitsabstand zwischen der Lampe und der Wasseroberfläche?*

Ungefähr 20 cm. Wenn auf der Wasseroberfläche viel Spritzwasser entsteht, sollten die Lampen höher gehängt werden. Denken Sie immer daran, daß die Wirkung umso geringer ist, je weiter die Lampen von der Wasseroberfläche entfernt sind.

leicht bläulichen Schimmer, der sehr an natürliches Sonnenlicht erinnert. Wenn die Wasseroberfläche bewegt wird, kann der Unterwasser-Kräuseleffekt sehr stark und realistisch sein.

Obwohl dies die Beleuchtungsform ist, die von den meisten Aquarianern bevorzugt wird, hat sie zwei wichtige Nachteile. Der erste ist der hohe Preis. Zweitens erzeugen die Halogen-Metalldampflampen sehr viel Hitze: genug, um die Aquariumtemperatur in den Sommermonaten dramatisch ansteigen zu lassen. Wenn diese Wärme nicht gleichmäßig verteilt wird, muß ein Kühlgerät angeschlossen werden, was auch sehr teuer sein kann (siehe Kühlen, Seite 10–11). In Anbetracht der zusätzlichen großen Wärmeentwicklung ist eine Vorausplanung vor der Installation einer Halogen-Metalldampflampe unerläßlich. Eine zusätzliche Ventilation im Zimmer kann erforderlich sein, ebenso wie ein Ventilator, um die Hitze vom Aquarium wegzuleiten.

◤ Mit etwas Einfallsreichtum lassen sich mehrere hängende Halogen-Metalldampflampen zu einer Einheit verbinden. Glasscheiben schließen die Lücken, vermindern die Verdunstung im Becken und sind für den Betrachter unsichtbar.

Wasseruntersuchung und -qualität

Meeresfische und Wirbellose sind sehr empfindliche Tiere. Daher müssen Wasserqualität, Beleuchtung und Filtration mit äußerster Sorgfalt überwacht werden. Wenn der Aquarianer eine gute Auswahl dieser besonderen Tiere über einen möglichst langen Zeitraum pflegen möchte, müssen alle Wasserparamter ständig kontrolliert werden. Ein solides Grundwissen auf diesem Gebiet hilft dem Anfänger und dem Aquarianer mit etwas Erfahrung, später auch schwierigere Arten halten zu können.

Die meisten Fische sind erheblich einfacher zu halten als Wirbellose und vertragen bis zu einem gewissen Grad Schwankungen bezüglich der Wasserqualität. Das sollte einen aber auf keinen Fall dazu veranlassen, nachlässiger zu sein, denn der Meerwasseraquarianer wird schnell herausfinden, daß die Verbesserung der Wasserqualität auf ein für Wirbellose geeignetes Niveau in einem reinen Fischbecken bewirkt, daß die Fische gesünder bleiben, schöner gefärbt sind und länger leben.

Wassertests

Der einzige befriedigende Weg, die Anwesenheit von verschiedenen gelösten giftigen Substanzen wie Ammonium und Nitrit nachzuweisen, ist die Verwendung eines genauen Wassertests. Es ist erstaunlich, wie viele Aquarianer nur wenige oder gar keine Tests besitzen. Vielleicht erscheint ihnen dadurch ihr Hobby zu technisch. Es ist jedoch für

✦ *Können die Tests zu jeder Tageszeit durchgeführt werden?*

Am besten führt man die Tests immer ... zur selben Tageszeit durch, damit man mögliche Veränderungen auch zuverlässig feststellt.

✦ *Sind die Tests immer genau?*

Nein. Falsch gelagerte Untersuchungssets, falsche Anwendung oder Tests mit überschrittenem Verfallsdatum liefern keine zuverlässigen Ergebnisse. Es gibt auch Tests, die nicht richtig funktionieren. Besteht der Verdacht, führen Sie dieselbe Untersuchung mit einem anderen Set durch.

✦ *Sind die Reagenzien giftig?*

Ja, sie können sehr gefährlich sein, und es wird dringend geraten, sie an einem sicheren Ort außerhalb der Reichweite von Kindern oder Tieren aufzubewahren.

✦ *Sind alle Nitrattests gleich?*

Nein. Einige messen Nitrat-Stickstoff (NO_3-N), während andere das gesamte Nitrat (NO_3) bestimmen. Die Werte sind nicht gleich. Man muß sie mit einer einfachen Rechnung ineinander umrechnen. Um Nitrat-Stickstoff in Gesamtnitrat umzurechnen müssen Sie den NO_3-N-Wert mit 4,4 multiplizieren. Um NO_3 in NO_3-N umzurechnen, teilen Sie durch 4,4. Die Nitratmenge wird im allgemeinen als Gesamtnitrat (NO_3) berechnet, wenn nicht anders angegeben. Es ist ratsam, die Beschreibung vor dem Kauf zu lesen, um zu wissen, welche Methode angewendet wird.

ph-Test
Farbskala·Color Scale

6,5 — 7,0
6,0 — 7,5
5,5 — 8,0
5,0 — 8,5
4,5 — 9,0

Ein pH-Test mit einem großen Meßbereich ist für Anfänger geeignet, aber der erfahrene Aquarianer möchte genauere Ergebnisse.

den Aquarianer äußerst wichtig, die im Aquarium ablaufenden Prozesse zu verstehen und dadurch eine erfolgreiche Haltung zu ermöglichen.

Es gibt 6 grundlegende Wassertests, die jeder Meeresaquarianer besitzen und von denen er wissen sollte, wie man sie anwendet: Ammonium, Nitrit, Nitrat, pH-Wert, Dichte und Kupfer. Ammonium- und Nitrittest ermöglichen, das anfängliche Einfahren des Filters zu überwachen und zeigen an, wenn dies abgeschlossen ist. Sie warnen auch nach dem Besetzen vor Todesfällen, Überfütterung, Überbesatz und einem Zusammenbrechen der biologischen Filterung. Die Dichte und der pH-Wert sind für die Beibehaltung der Wasserqualität sehr wichtig, da sie sich leicht einstellen lassen. Der Nitrattest hat für ein Aquarium während des Einfahrens noch keine Bedeutung, erweist sich aber als lebenswichtig beim Beurteilen der Qualität des Leitungswassers. Wenn das Leitungswasser einen Wert über 45 ppm besitzt, sollte ein Wasserfilter eingesetzt werden, damit der Nitratgehalt möglichst niedrig gehalten wird. Wenn die ersten Tiere eingesetzt worden sind, beginnt sich Nitrat anzureichern und muß ständig überwacht werden. Bei der Haltung von Wirbellosen ist es immer wichtig, den Kupfergehalt des Leitungswassers zu messen. Wenn das Becken nur für Fische bestimmt ist, erweist sich dieser Test als nützlich, wenn eine Krankheit mit einem kupferhaltigen Medikament behandelt werden muß.

Es gibt noch weitere Tests, welche die Entwicklung im Aquarium überwachen und bestätigen, daß keine Katastrophen drohen: für gelösten Sauerstoff, Kohlendioxid, Alkalinität, Phosphat, Silikat, Kalzium, Redoxpotential, Leitfähigkeit, Karbonathärte, Eisen, Ozon, Jod und Strontium. Elektronische Testgeräte sind äußerst genau, aber meistens für den Hobbyaquarianer viel zu teuer.

Wann man untersuchen soll

Bei einem ganz neuen Aquarium sollten Ammonium- und Nitritgehalt jeden Tag untersucht werden. Der pH-Wert kann zu Beginn alle paar Tage und häufiger, wenn Tiere eingesetzt wurden, gemessen werden. Wenn das Aquarium einmal eingefahren ist, kann für die ersten paar Monate die Untersuchung von Ammonium- und Nitritgehalt auf einmal wöchentlich reduziert werden. Werden aber neue Tiere eingesetzt, sollte eine Woche lang täglich gemessen werden. Der Nitrat-

gehalt kann sehr schnell ansteigen, wenn das Aquarium einmal eingefahren ist, und ein Test alle 14 Tage und vor und nach einem Wasserwechsel ist ratsam.

Ein Protokollbuch führen

Es wird dringend empfohlen, daß die Geschichte eines jeden Aquariums von Beginn an aufgezeichnet wird. Testergebnisse mit Datum und Uhrzeit der Untersuchung helfen dabei, die Entwicklung der Wasserqualität über einen langen Zeitraum zu verfolgen, besonders wenn man sie mit Neuzugängen von Tieren vergleicht. Zusätzlich können Alter, Wachstum und Gesundheitszustand überwacht werden.

Achten Sie darauf, daß jedes Untersuchungsset mit flüssigen Reagenzien eine begrenzte Lebensdauer hat, wenn es einmal angebrochen ist, gewöhnlich etwa 6 Monate. Danach ist für die Genauigkeit nicht mehr garantiert, und es kann zu Fehlergebnissen führen. Am besten schreibt man auf die Packung das Datum, wann sie geöffnet wurde und das ungefähre Verfallsdatum. Lagern Sie die Tests an einem kühlen, dunklen Ort, damit sie möglichst lange halten, und kaufen Sie keine, die schon einmal geöffnet wurden.

Tests mit Reagenzien in Tabletten- oder Pulverform sind fast unbegrenzt haltbar, sollten aber auch kühl und trocken gelagert werden, damit sie genaue Ergebnisse zeigen. Bewahren Sie alle Farbtafeln im Dunkeln auf, da sonst die Farben ausbleichen.

Elektronische Messungen

Eine große Anzahl an Wasserparametern kann elektronisch gemessen werden, wobei die Werte auf einer Digitalanzeige erscheinen. Die Messungen werden entweder durch kurzes Eintauchen einer Sonde durchgeführt, oder Sonden werden dauerhaft im Wasser installiert, um eine permanente Überwachung zu ermöglichen. Welches Modell Sie auch wählen, die Sonde muß regelmäßig mit Speziallösungen geeicht werden. Auf diese Weise sind exakte Messungen gewährleistet. Komplizierte Geräte kombinieren die Messung mit der Kontrolle von anderen Geräten wie Heizung, Kühlgerät oder Ozonbildner. Die Parameter, die am häufigsten elektronisch gemessen werden sind: pH-Wert, Temperatur, Redoxpotential, Leitfähigkeit, gelöster Sauerstoff und Salzgehalt.

Untersuchen der Wasserqualität

Ammonium (NH_3/NH_4^+)
Optimaler Wert: immer null

Ammonium ist der größte Feind für Wirbellose und Fische, da es schon in sehr geringen Konzentrationen tödlich ist. Ammonium wird verursacht durch nicht eingefahrene Filter, Überfütterung, zu dichten Besatz und tote oder absterbende Tiere. Durch Aufmerksamkeit und regelmäßige Untersuchung kann das Auftreten von Ammonium vermieden werden.

Nitrit (NO_2)
Optimaler Wert: immer null

Sogar geringe Spuren von Nitrit können ein gut eingefahrenes Wirbellosenaquarium zerstören und bei Fischen viel Leid verursachen. Hier gilt dasselbe wie für Ammonium.

Nitrat (NO_3)
Optimaler Wert: unter 10 ppm, Gesamtgehalt möglichst null

Einige Fische vertragen Werte bis zu 25 ppm. Es ist für viele Fische eine relativ harmlose Substanz, aber ein guter Indikator für die allgemeine Wasserqualität. Der Wert sollte extrem niedrig sein, wenn Wirbellose gehalten werden. Ein ständig hoher Nitratgehalt ist gewöhnlich ein Anzeichen für einen zu hohen Fischbesatz. Das muß überwacht werden, und gegebenenfalls muß der Besatz vermindert werden.

Phosphat (PO_4)
Optimaler Wert: null

Wirbellose gedeihen nicht, wenn der Phosphatgehalt zu hoch ist. Phosphat gelangt in das Aquarium durch ungefiltertes Leitungswasser (was beim Vermischen mit Süßwasser oder beim Salzwasserwechsel hineingelangt), durch minderwertige Kohle und Meer-salz, aber hauptsächlich durch Abfallprodukte der Fische. Störende Algen gedeihen bei hohem Phosphatgehalt. Ein Vermindern des Besatzes, ein Wechsel mit qualitativ hochwertigem Wasser im richtigen Mengenverhältnis oder phosphatbindende Harze können dieses Problem lösen.

Temperatur
Optimaler Wert: 25 °C

Eine konstante Temperatur ist wichtig für das Wohlbefinden von Wirbellosen und Fischen. Durch heißes Wetter kann die Temperatur ansteigen, und ein Kühlgerät muß eventuell installiert werden, um wertvolle Wirbellose nicht zu verlieren. Verwenden Sie immer ein genau gehendes Thermometer.

pH-Wert
Optimaler Wert: 8,1–8,3

Der pH-Wert gibt den Säure- oder Basengehalt des Wassers an. Wirbellose reagieren empfindlich auf Schwankungen, obwohl einige natürliche Veränderungen im Laufe eines Tages zu erwarten sind. Gelöster Sauerstoff erhöht den pH-Wert, und dieser baut sich aufgrund der Photosyntheseaktivität von Mikro- und Makroalgen auf. Meßgeräte oder Tests stellen dies fest. Aquariumwasser kann gegen Ende der Nacht auf einen pH-Wert von 7,9 absinken und einen Höchstwert von etwa 8,4 erreichen, kurz bevor die Beleuchtung ausgeht. Dieser natürliche pH-Zyklus verläuft fließend und verursacht keinen größeren Streß für die Wirbellosen. Abhängig von den Inhaltsstoffen können Pufferlösungen auch die Härte auf einen gefährlich hohen Wert anheben. Regelmäßiger Wasserwechsel ist notwendig.

Alkalinität
Optimaler Wert: etwa 600 Mikroäquivalente

Natriumkarbonat ist ein wichtiger Bestandteil von Meerwasser, da es als Puffer wirkt und hilft, ein gefährliches Absinken des pH-Wertes zu vermeiden. Ist es verbraucht, wird die Pufferwirkung im Wasser vermindert und der pH-Wert wird instabil. Entsprechende Tests können vor einem niedrigen Puffergehalt und möglichen Problemen warnen.

Karbonathärte (KH)
Optimaler Wert: natürliches Meerwasser hat 7° KH

KH ist ein Maß für verschiedene Karbonate und Bikarbonate von Kalzium und Magnesium sowie bei Süß- und Meerwasser von Bor. Eine stabile KH verhindert ein schnelles Absinken der Alkalinität und ein nachfolgendes Abfallen des pH-Wertes. Um die KH in einem Meerwasseraquarium möglichst schnell auf einen Wert von 12–18° KH anzuheben, wird die Verwendung eines entsprechenden Generators empfohlen. Die meisten Aquarien pendeln sich jedoch auf einen Wert um 7° KH ein, wenn sie sich selbst überlassen werden, und es scheint kein Vorteil zu sein, die KH ständig auf einen unnatürlich hohen Wert einzustellen. Es könnte sogar schaden, da der pH-Wert entgegengesetzt beeinflußt werden kann.

Salzgehalt
Optimaler Wert: zwischen 1,021 und 1,024 g/cm³

Der Salzgehalt gibt die Gesamtheit der gelösten Stoffe im Meerwasser an. Er wird gewöhnlich als Dichte bezeichnet und in g/cm³ angegeben. Eine ständige Verdunstung von Süßwasser aus dem Becken verursacht ein Ansteigen des Salzgehaltes. Um ihn stabil zu halten, werden häufig automatisch dosierende Systeme eingesetzt, die als Osmo-Regulatoren oder Osmolatoren bezeichnet werden. Diese Systeme sind sehr genau gehende Leitfähigkeitsmeßgeräte. Sie geben die Werte in Mikrosiemens (µS) an und ersetzen das Süßwasser, welches verdunstet.

Kalzium
Optimaler Wert: 350–400 ppm

Kalzium ist ein lebenswichtiges Element in jedem Meerwasseraquarium. Zahlreiche Wirbellose entziehen es dem umgebenden Wasser in großen Mengen. Daher sollte Kalzium regelmäßig zugesetzt werden. Regelmäßiger Wasserwechsel mag ausreichen, aber ein mit Wirbellosen gut besetztes Becken erfordert eventuell zusätzliche Gaben von biologisch verwertbarem Kalzium, um die Konzentration konstant zu halten.

Gelöster Sauerstoff (O_2)
Optimaler Wert: 6–7 ppm

Sowohl Fische als auch Wirbellose profitieren von einem hohen Gehalt an gelöstem Sauerstoff. Eine gute Wasserumwälzung ist das Geheimnis, da Sauerstoff hauptsächlich an der Wasseroberfläche aufgenommen wird. Gelöster Sauerstoff beeinflußt auch den pH-Wert (siehe pH-Wert).

Kupfer
Optimaler Wert: null im Wirbellosenbecken; unterschiedlich im Fischbecken

Kupferhaltige Medikamente sind bei der Behandlung verschiedener Fischkrankheiten wie Pünktchenseuche und *Oodinium* sehr wirksam. Sie sind jedoch für Wirbellose hochgiftig und sollten niemals in Becken mit solchen Tieren verwendet werden. Eine genaue Bestimmung des Kupfergehaltes ist wichtig, da Kupfer auch für Fische in gewissen Mengen tödlich sein kann (siehe Fischgesundheit, Seite 70–73). Kupfer kann sogar durch die Hauswasserleitungen in das Aquarium gelangen, auch das sollte daher von Zeit zu Zeit untersucht werden.

Redoxpotential (rH-Wert)
Optimaler Wert: etwa 350 mV

Das Redoxpotential ist, vereinfacht gesagt, ein Maß für die Selbstreinigungskraft des Wassers. Höchst wirksame Filter und die Verwendung von Ozon helfen dabei, die Werte anzuheben. Der rH-Wert kann nur mit einem elektronischen Meßgerät und einer hochwertigen Sonde gemessen werden. Wie viele Tests für »Fortgeschrittene« ist die rH-Wert-Messung nicht unbedingt erforderlich, und die abgelesenen Werte können ohne das Verständnis aller veränderbaren Parameter schwer zu interpretieren sein.

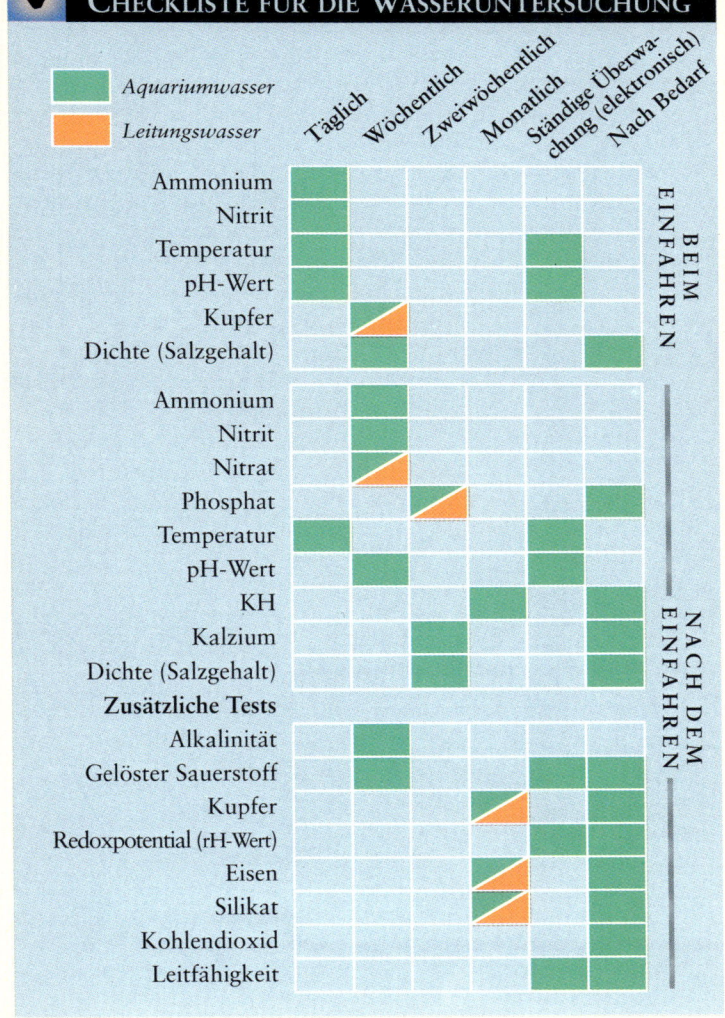

✔ CHECKLISTE FÜR DIE WASSERUNTERSUCHUNG

Legende: ■ Aquariumwasser (grün) ■ Leitungswasser (orange)

BEIM EINFAHREN

	Täglich	Wöchentlich	Zweiwöchentlich	Monatlich	Ständige Überwachung (elektronisch)	Nach Bedarf
Ammonium	■					
Nitrit	■					
Temperatur	■				■	
pH-Wert	■					
Kupfer		■/■				
Dichte (Salzgehalt)		■				■

NACH DEM EINFAHREN

	Täglich	Wöchentlich	Zweiwöchentlich	Monatlich	Ständige Überwachung (elektronisch)	Nach Bedarf
Ammonium		■				
Nitrit		■				
Nitrat		■/■				
Phosphat			■/■			
Temperatur	■				■	
pH-Wert		■			■	
KH				■		
Kalzium				■		
Dichte (Salzgehalt)				■		■

Zusätzliche Tests

	Täglich	Wöchentlich	Zweiwöchentlich	Monatlich	Ständige Überwachung (elektronisch)	Nach Bedarf
Alkalinität	■					
Gelöster Sauerstoff	■				■	■
Kupfer			■/■			
Redoxpotential (rH-Wert)					■	
Eisen			■/■			
Silikat			■/■			
Kohlendioxid						■
Leitfähigkeit						■

Umkehrosmose

Vor nicht allzu langer Zeit hat man noch Leitungswasser benutzt, um das Salzwasser zu mischen. Aber in den letzten Jahren scheint sich die Wasserqualität durch Verunreinigungen wie Nitrate, Phosphate, andere Mineralsalze, Bakterien, gelöste organische Substanzen und Schwermetalle, um nur einige zu nennen, verschlechtert zu haben. Dies mag auf die menschliche Gesundheit wenig Einfluß haben, aber es ist ein echtes Problem für Aquarianer, besonders mit Meerwasseraquarien. Eine schlechte Wasserqualität kann unerwünschte Algen fördern, die Fische und Wirbellosen zusätzlich belasten und zu Krankheit und Tod führen, wodurch unerklärliche Verluste und ein Mißlingen dieses Hobbys verursacht werden. Aus diesem Grund filtern mehr und mehr Menschen das Leitungswasser. Die hohe Filterwirksamkeit einer Umkehrosmoseanlage hat die Aufmerksamkeit vieler Aquarianer auf sich gezogen, die sie verwenden, um die wertvollen Tiere zu schützen.

Was ist Umkehrosmose?

Osmose ist der natürliche Vorgang, bei dem bestimmte Moleküle in einer wäßrigen Lösung durch eine halb-durchlässige Membran wandern können, wogegen andere Moleküle aufgrund ihrer Größe, Form oder anderer Gründe nicht hindurch gelangen (siehe Seite 78–79).

Um ein Gleichgewicht aufrecht zu erhalten, wandern Wassermoleküle von einer weniger dichten Lösung in eine konzentriertere Lösung, um diese zu verdünnen und ein Gleichgewicht herzustellen. Für unsere Zwecke ist es nicht das, was wir wollen. Deshalb wird der Druck des Leitungswassers dazu benutzt, die Wassermoleküle in die falsche Richtung durch die Membran zu drücken, wobei die unerwünschten Verunreinigungen zurückbleiben und fortgespült werden.

Die Funktionsweise

TFC-Membranen (»Thin Film Composite«) haben sich als für den Aquarianer am meisten geeignet erwiesen, da sie mit einer Rückhaltung von über 90 Prozent an Verunreinigungen (Nitrate, Phosphate, Pestizide, Schwermetalle und eine Reihe andere Substanzen) höchst effektiv sind. TFC-Membranen sind jedoch empfindlich gegen Chlor im Leitungswasser und brauchen einen Vorfilter mit Aktivkohle, um dieses zu entfernen und eine vorzeitige Zersetzung zu verhindern.

In Gebieten mit großen Mengen an Feststoffen im Leitungswasser kann auch ein spezieller Sedimentfilter nützlich sein. Er hilft, die Membran zu schützen und ihre Lebensdauer zu verlängern. Eine TFC-Membran hält 1–5 Jahre abhängig von der Ausgangsqualität des Wassers, welches

DIE UMKEHROSMOSE

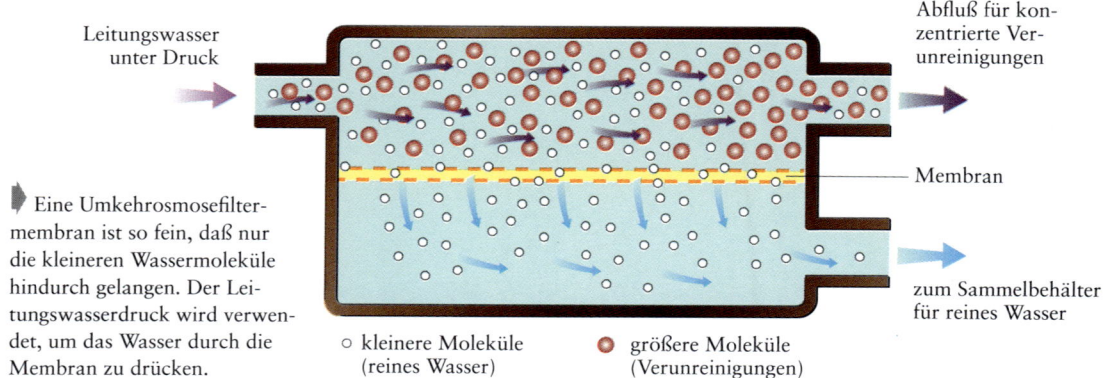

Leitungswasser unter Druck

Abfluß für konzentrierte Verunreinigungen

Membran

► Eine Umkehrosmosefiltermembran ist so fein, daß nur die kleineren Wassermoleküle hindurch gelangen. Der Leitungswasserdruck wird verwendet, um das Wasser durch die Membran zu drücken.

zum Sammelbehälter für reines Wasser

○ kleinere Moleküle (reines Wasser)   ● größere Moleküle (Verunreinigungen)

◆ *Kann eine Umkehrosmoseanlage benutzt werden, wenn der Wasserdruck niedrig ist?*

Eine Spezialpumpe kann den erforderlichen Wasserdruck erzeugen, falls er unter 40 psi (2,8 kg/cm²) liegt.

◆ *Kann eine Umkehrosmoseanlage sofort benutzt werden?*

Um richtig zu funktionieren, entzieht die Anlage dem Wasser den Sauerstoff und muß vor dem Benutzen 24 Stunden belüftet werden.

◆ *Arbeitet die Anlage noch, wenn der Durchfluß vermindert ist?*

Ja, solange der Druck hoch genug bleibt.

◆ *Gibt es andere Parameter, die den Durchfluß beeinflussen?*

Ja, die Temperatur. Je niedriger die Temperatur ist, umso langsamer ist der Fluß.

Umkehrosmoseanlagen können unterschiedlich konstruiert sein, aber die Funktionsweise bleibt dieselbe. Hier ist der Sedimentfilter im linken Zylinder, der Kohlefilter in der Mitte und die TFC-Membran im rechten Zylinder.

sie filtern muß, wogegen Kohle- und Sedimentfilter alle 4–6 Monate gewechselt werden sollten. Die Membran kann Teilchen bis zu 1/10 000 Mikrometer Größe (man sieht mit bloßem Auge nur 40 Mikrometer!) filtern, daher ist der Vorgang langsam, und auf 5 Teilchen wird nur 1 Teilchen reines Wasser gewonnen. Es gibt keine Stromverbindungen. Eine Umkehrosmoseanlage arbeitet mit Hilfe eines Leitungswasserdruckes von 40–100 psi (2,8–7,0 kg/cm²).

Es gibt Umkehrosmoseanlagen, die unterschiedlich viel reines Wasser in 24 Stunden produzieren. Es ist nicht ratsam, die Anlage über längere Zeit ausgeschaltet zu lassen, daher sollte eine für die individuellen Ansprüche geeignete Anlage gekauft werden. Man sollte also nicht eine Anlage kaufen, die 40 Liter am Tag produziert, wenn man nur 100 Liter alle 14 Tage benötigt. (Obwohl man die Ausbeute mit Freunden teilen kann.) Wenn Sie nicht wissen, wie hoch Ihr Bedarf ist, holen Sie sich Rat bei einem Fachmann für Aquarienzubehör und nicht beim Wasserwerk.

Standort

Die meisten Umkehrosmoseanlagen passen gut unter das Waschbecken, können aber überall hin gestellt werden, wo ein Wasseranschluß mit hohem Druck vorhanden ist. Sie können einfach angeschraubt werden, was keine Verlegung von Rohren oder andere Arbeiten erfordert. Ein Abfluß muß installiert werden. Viele verwenden das Abwasser zum Wässern des Gartens, Auffüllen des Gartenteiches usw. Lagern Sie das gereinigte Wasser in lebensmittelechten Gefäßen, wie man sie zur Weinbereitung verwendet. Die Verwendung anderer Gefäße kann ungeeignet sein, da das saubere Wasser leicht Giftstoffe aus dem Kunststoff »herauslaugt«.

Eine lohnende Investition

Obwohl die anfängliche Investition hoch erscheint, kann eine Umkehrosmoseanlage dem Meerwasseraquarianer viel Ärger ersparen, indem sie das Risiko, Tiere durch Verunreinigungen zu verlieren, vermindert. Unerwünschte Algen werden auch wesentlich leichter unter Kontrolle gebracht. Es gibt nur wenige Wundermittel in der Meerwasseraquaristik und keinen wirklichen Ersatz für reines, sauberes Wasser.

Bodenfilter

Bodenfilter wurden über viele Jahre als die beste Möglichkeit für eine biologische Filterung in der Meerwasseraquaristik angesehen. Und trotz der Entwicklung neuerer Systeme (siehe Seite 24–25 und 26–27) ist es bis heute die beliebteste Filtermethode. Es gibt zwei grundlegende Systeme.

Das Saugfilter-Prinzip

Dies ist die klassische und am meisten verbreitete Methode, weil sie leicht verständlich und einfach einzusetzen ist. Zuerst wird der Aquariumboden möglichst flächendeckend mit Bodenfilterplatten ausgelegt. Sie können entweder aus kleinen Stücken zusammengesetzt oder in einem Stück mit feinen Schlitzen sein. Einige Aquarianer kleben sie am Beckenboden mit Silikon fest. Als nächstes sollte bei einem 120-cm-Becken in jeder hinteren Ecke ein Luftrohr an der Platte befestigt werden. Die Rohre müssen eventuell abgesägt werden, damit die Pumpen darauf befestigt werden können.

Wenn die Platten verlegt sind, werden sie mit einem geeigneten groben Substrat wie Korallenkies, zerkleinerten Muschelschalen oder Dolomitgranulat bedeckt, etwa 4 kg auf eine Fläche

✦ *Ist es erforderlich, die Filterplatten am Boden festzukleben?*

Nein, das Gewicht des Filtergrundes sorgt dafür, alle Zwischenräume der Platten zu verschließen.

✦ *Kann das Filterrohr mit Luft betrieben werden?*

Ja, aber Kreiselpumpen arbeiten wesentlich wirkungsvoller und fast genauso günstig.

✦ *Kann ich eine Schicht Filterwatte über die Filterplatten anstatt einer Trennfolie legen?*

Die Watte verstopft und wird innerhalb weniger Monate wasserundurchdringlich. Ein Ersetzen bedeutet eine erhebliche Störung des ganzen Aquariums.

✦ *Wie kann man das Material auf Verunreinigungen untersuchen?*

Ein starker Magnet in einer Plastiktüte wird über das Substrat gehalten, um Metallstückchen zu entfernen.

✦ *Was passiert, wenn zwei verschiedene Pumpen für denselben Filtergrund verwendet werden?*

Die stärkere Pumpe reduziert den Wasserfluß von der schwächern, weil sie dagegen arbeitet. In extremen Fällen wird das Wasser durch die schwächere Pumpe nach unten gezogen, wodurch dann der ganze Filtergrund nutzlos wird.

Vorteile von Bodenfiltern

1 Leicht verständlich und weit verbreitet.
2 Einfach zu handhaben, daher für Anfänger geeignet.
3 Relativ preiswert für kleinere Becken.
4 Ein natürlicher Lebensraum für Bodenbewohner.
5 Geräuscharm.
6 Aufgrund des kalziumreichen Substrates ist der Kalziumgehalt höher und stabiler.
7 Der pH-Wert wird durch die Alkalinität des Substrates gepuffert.
8 Es entsteht eine große, natürliche Oberfläche, auf der Bakterienrasen wachsen.
9 Da Bodenfilter seit vielen Jahren im Einsatz sind, kann die genaue Besatzdichte mit den Formeln auf Seite 57 und 59 ermittelt werden.

Nachteile von Bodenfiltern

1 Verdrängt große Mengen Wasser.
2 Der Filtergrund sieht unnatürlich aus.
3 Neigt dazu, durch organische Abfälle zu verstopfen.
4 Bakterien verbrauchen Sauerstoff aus dem Becken (was durch zusätzliche Umwälzung durch Pumpen ausgeglichen werden kann).
5 Der Korallensand muß nach 2 Jahren allmählich ersetzt werden.
6 Kalziumkarbonat im Substrat kann die Wirksamkeit von Medikamenten mindern.
7 Korallensand und -kies sind unter Naturschutzgesichtspunkten weniger akzeptabel.
8 Eine Verunreinigung des Beckens durch rostige Metallstückchen im Korallensand und -kies, die dem Meer entnommen wurden, ist möglich.

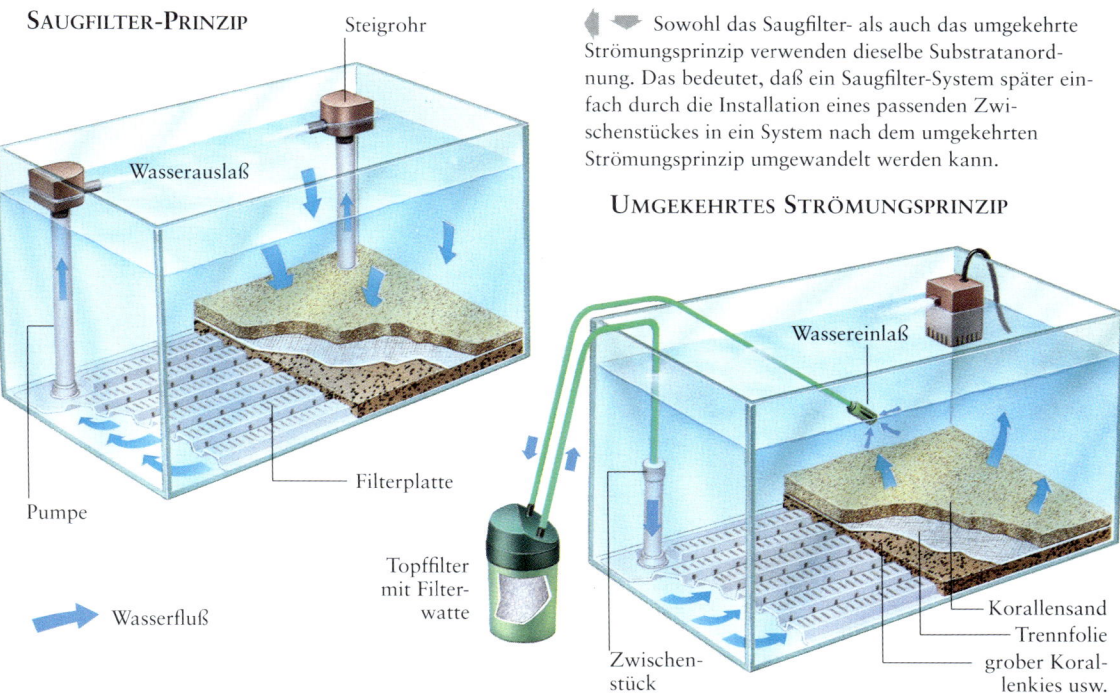

SAUGFILTER-PRINZIP

Steigrohr

Wasserauslaß

Pumpe

Wasserfluß

Filterplatte

Topffilter
mit Filter-
watte

Sowohl das Saugfilter- als auch das umgekehrte Strömungsprinzip verwenden dieselbe Substratanordnung. Das bedeutet, daß ein Saugfilter-System später einfach durch die Installation eines passenden Zwischenstückes in ein System nach dem umgekehrten Strömungsprinzip umgewandelt werden kann.

UMGEKEHRTES STRÖMUNGSPRINZIP

Wassereinlaß

Zwischen-
stück

Korallensand
Trennfolie
grober Koral-
lenkies usw.

von 30 x 30 cm. In diesem Beispiel braucht man 16 kg. Eine Trennfolie, die nicht mehr ist als ein feines Plastiknetz, muß dann auf das grobe Material gelegt und genau zurechtgeschnitten werden, damit sie in allen Ecken und um das Luftrohr paßt. Bedecken Sie die Trennfolie mit einer Schicht Korallensand, wiederum mit 4 kg pro 30 x 30 cm. Die Trennfolie verhindert, daß sich die beiden Substrate miteinander vermischen und einen verdichteten, unwirksamen Filtergrund bilden. Es ist ratsam, das Material vor dem Verteilen gründlich zu waschen und es genau auf Fremdkörper und Verunreinigungen zu untersuchen.

Die Pumpen sollten den gesamten Beckeninhalt mindestens 3mal pro Stunde vollständig umwälzen. Wenn mehrere Pumpen verwendet werden, sollten sie alle vom selben Hersteller und mit derselben Leistung sein, um eine maximale Wirkung zu erzielen. Der Korallensand muß regelmäßig gerecht werden, damit er nicht verdichtet, wodurch der Durchfluß reduziert werden würde. Mulm und Schmutzstoffe können zur selben Zeit abgesaugt werden.

Das umgekehrte Strömungsprinzip
Der Filtergrund für das umgekehrte Strömungsprinzip ist derselbe wie bei der Saugfilter-Methode, aber die Richtung des Wasserstroms ist umgekehrt. Er wird durch das Rohr nach unten und durch die verschiedenen Medien gesaugt. Die Energie liefern am besten ein oder mehrere Topffilter, die den gesamten Beckeninhalt mindestens 3mal pro Stunde umwälzen. Damit eine gleichmäßige Wasserverteilung im Filtergrund stattfindet, ist eine Filterplatte mit feinen Schlitzen gewöhnlich wirksamer.
Eine zusätzliche Wasserpumpe ist für eine gute Wasserzirkulation notwendig. Der Vorteil des umgekehrten Strömungsprinzips ist der, daß ständig aus dem Wasser Schmutzstoffe entfernt werden, die sonst in den Sand hineingezogen werden, sich anreichern und ihn verstopfen. Deshalb geben Sie nur mechanisches Filtermaterial in den Topffilter (Filterwatte) und wechseln Sie es etwa alle 2 Wochen, abhängig von der Besatzdichte. Biologisches Filtermaterial ist völlig unnötig, da die bakterielle Tätigkeit auf den Filtergrund beschränkt bleiben sollte. Aktivkohle sollte vermieden werden, da sie dem Filtergrund Nährstoffe entzieht und die biologische Aktivität hemmt.

Rieselfilter

Menschliche Abwässer werden seit der Jahrhundertwende über Rieselfilter gereinigt, aber erst in jüngerer Zeit hat man sich diese Technik in der Aquaristik zunutze gemacht. Wasser, das verschiedene Stickstoffverbindungen (wie Ammonium und Nitrit) enthält, wird über ein Substrat gerieselt oder gesprüht, das besonders geeignet für die Besiedelung mit Bakterien ist. Wenn sich das Wasser durch das Medium saugt, nutzen aerobe (sauerstoffverbrauchende) Bakterien die gelösten Komponenten als Nahrung und wandeln sie in weniger giftige Stoffe um. *Nitrosomonas*-Arten wandeln Ammonium in Nitrit und *Nitrobacter*-Arten Nitrit in Nitrat um. Es gibt auch noch andere Bakterien, die Nitrat in freien Stickstoff umwandeln, sie wachsen aber nur unter anaeroben (sauerstofffreien) Bedingungen und sind gewöhnlich bei einem Rieselfilter nicht vorhanden.

Rieselfilter sind wesentlich wirksamer als klassische Bodenfilter. Das hat einen einfachen Grund. Die *Nitrosomonas*- und *Nitrobacter*-Bakterien müssen viel Kontakt zu Sauerstoff haben, um ihre Aufgabe möglichst gut zu erfüllen. Bei normalen Bodenfiltern sind die nützlichen Bakterien auf den im Wasser gelösten Sauerstoff angewiesen. Ist dieser gering, ist auch die Bakterienmenge gering, und der Filter wird zunehmend wirkungsloser. Rieselfilter haben dagegen Zugang zu unbegrenzten Mengen freien Sauerstoffes, und die Bakterien können nicht nur höchst effektiv arbeiten, sondern sie haben auch optimale Umfeldbedingungen, unter denen sie sich schnell vermehren. Bodenfilter tragen immer noch zu einem erfolgreich funktionierenden Aquarium bei. Einige Aquarianer verwenden eine Kombination aus Boden- und Rieselfilter bei demselben Becken mit außergewöhnlichem Erfolg.

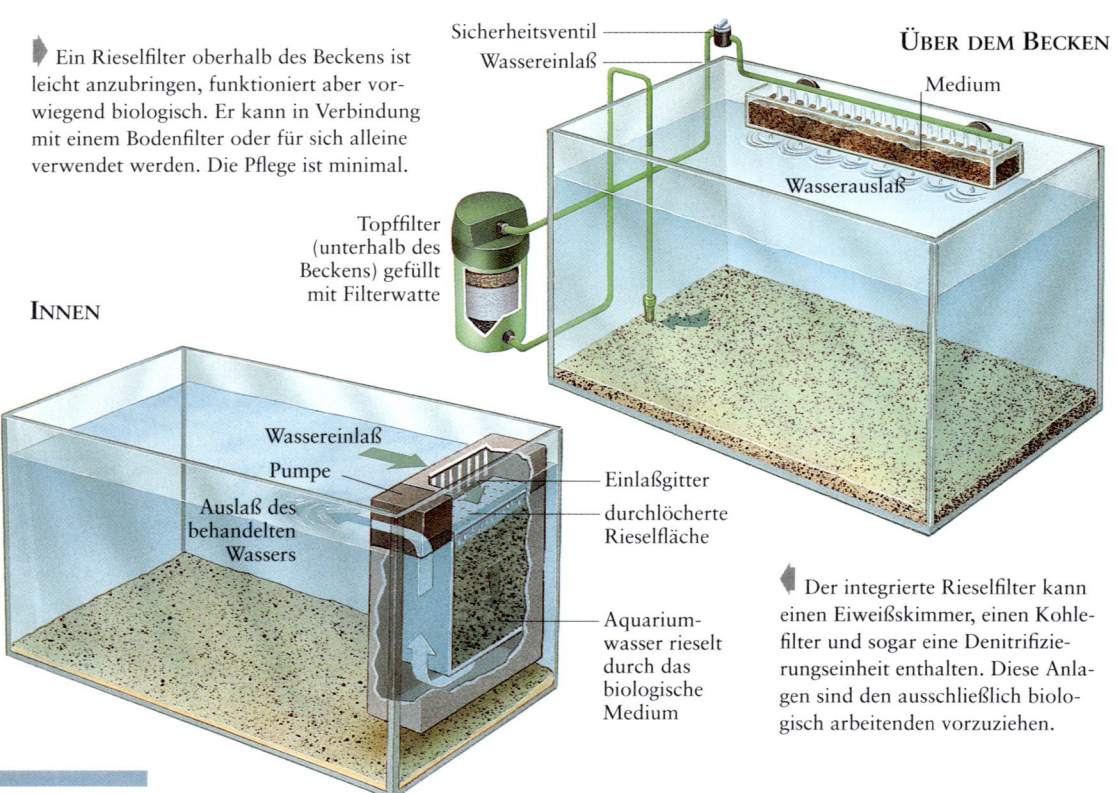

◗ Ein Rieselfilter oberhalb des Beckens ist leicht anzubringen, funktioniert aber vorwiegend biologisch. Er kann in Verbindung mit einem Bodenfilter oder für sich alleine verwendet werden. Die Pflege ist minimal.

Sicherheitsventil

Wassereinlaß

ÜBER DEM BECKEN

Medium

Wasserauslaß

Topffilter (unterhalb des Beckens) gefüllt mit Filterwatte

INNEN

Wassereinlaß

Pumpe

Auslaß des behandelten Wassers

Einlaßgitter

durchlöcherte Rieselfläche

Aquariumwasser rieselt durch das biologische Medium

◖ Der integrierte Rieselfilter kann einen Eiweißskimmer, einen Kohlefilter und sogar eine Denitrifizierungseinheit enthalten. Diese Anlagen sind den ausschließlich biologisch arbeitenden vorzuziehen.

Vorteile von Rieselfiltern

1 Die Geräte können versteckt werden.
2 Eine Oberflächenvergrößerung fördert die Bakterien.
3 Einfache Instandhaltung.
4 Abfallstoffe werden vorher herausgefiltert.
5 Kein Wasser oder Freiraum geht im Becken für das Filtersubstrat verloren.
6 Beim Filtern des Wassers werden große Mengen Sauerstoff gelöst.
7 Medikamente sind wirksamer, da sie nicht mit Kalk in Verbindung geraten.
8 Bequem für automatische und halbautomatische Wasseraustauschsysteme.
9 Eine Reihe zusätzlicher Geräte kann mit dem Filter oder später installiert werden.

Nachteile von Rieselfiltern

1 Kosten.
2 Begrenzte Auswahl an Modellen.
3 Einige sind schwierig zu installieren.
4 Kundendienst kann mangelhaft sein.
5 Kann in Betrieb laut sein.
6 Einige Becken brauchen Bohrungen oder einen gesicherten Überlaufmechanismus.
7 Risiko von undichten Verbindungen.
8 Vorfilter müssen im allgemeinen täglich kontrolliert werden.
9 Tiere können eingesaugt werden.
10 KH-, pH-Wert- und Kalzium-Puffer werden wahrscheinlich benötigt.
11 Die Besatzdichte kann nicht so genau wie bei Bodenfiltern ermittelt werden.

✦ *Sind Rieselfilter nur für große Becken geeignet?*

Nein, jede Beckengröße ist geeignet, wenn hochwertiges Wasser benötigt wird.

✦ *Können mehr Fische eingesetzt werden, wenn ein Rieselfilter installiert wird?*

Nein. Rieselfilter sind zur Verbesserung der Wasserqualität geeignet, sollten aber keine Entschuldigung darstellen, um das Becken zu dicht zu besetzen.

✦ *Vermindern Rieselfilter die Notwendigkeit für Wasserwechsel?*

Nein. Ein 15–25%iger Wasserwechsel alle zwei Wochen sollte bei jedem Aquarium unabhängig von der Filtermethode stattfinden.

✦ *Vermindern Rieselfilter den Nitratgehalt?*

Nein, ein getrennter Nitratfilter ist erforderlich, obwohl er in den Rieselfilter mit eingebaut werden kann.

✦ *Ist in einem Zierbecken eine zusätzliche Umwälzung notwendig?*

Die Erfahrung lehrt, daß zusätzliche Umwälzpumpen gewöhnlich im Hauptbecken erforderlich sind, um den Rückfluß aus dem Rieselfilter zu unterstützen.

✦ *Sollte man besser Plastik-, Keramik- oder Korallenkies im Filter verwenden?*

Bei jedem Filtermodell wird vom Hersteller angegeben, welches Material am besten geeignet ist, und das sollte berücksichtigt werden, um die besten Ergebnisse zu erzielen. Alle der erwähnten Materialien sind geeignet.

➥ Viele Meerwasseraquarianer finden, daß ein Rieselfilter unter dem Becken viele Vorteile hat. Dazu gehören seine Vielseitigkeit, ein natürlicheres Bild und eine erfolgreiche Funktion.

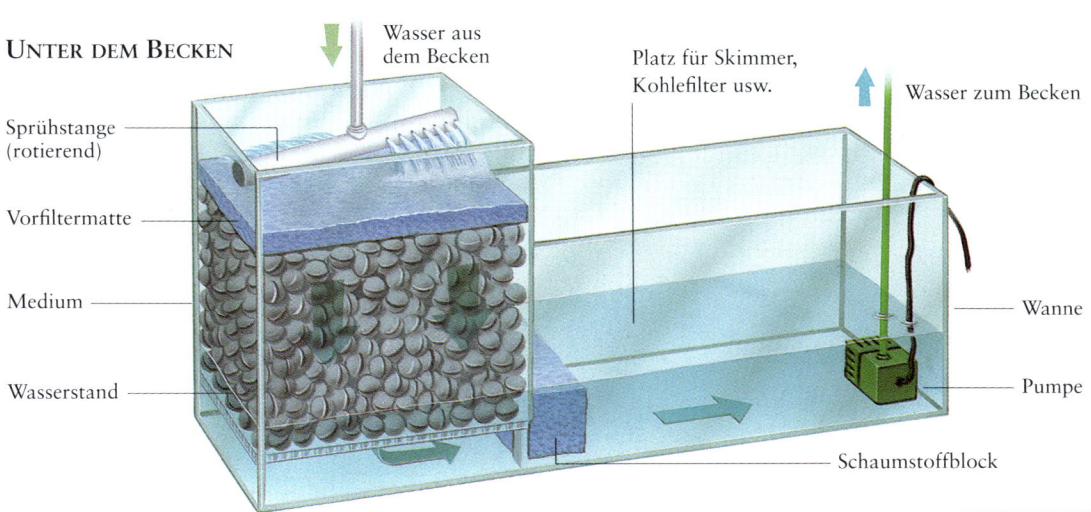

UNTER DEM BECKEN

Wasser aus dem Becken

Platz für Skimmer, Kohlefilter usw.

Wasser zum Becken

Sprühstange (rotierend)

Vorfiltermatte

Medium

Wasserstand

Wanne

Pumpe

Schaumstoffblock

Topffilter

Außen-Topffilter gehören zu den vielseitigsten, aber häufig falsch verstandenen Geräten in der Aquaristik. Topffilter können auf drei verschiedene Arten verwendet werden.

Für mechanische Filterung

In diesem Fall wird der Filter mit Filterwatte gefüllt, um aufgewühlte Feststoffe herauszufiltern und um als Vorfilter für Bodenfilter nach dem umgekehrten Strömungsprinzip oder für Rieselfilter zu dienen. Für einen guten Wasserdurchfluß und eine lange Lebensdauer des Mediums ist es wichtig, das Material ziemlich locker einzufüllen. Abhängig von der Besatzdichte des Aquariums muß das Filtermaterial alle 1–2 Wochen ersetzt werden.

Für chemische Filterung

Der Topffilter sollte mit einem adsorbierenden Material wie Aktivkohle oder speziellem Harz gefüllt werden. Er kann völlig unabhängig oder als Vorfilter für einen UV-Sterilisator arbeiten. In diesem Fall sollte vor dem Auslaß noch Filterwatte eingesetzt werden. Das chemische Medium sollte in einen speziell für diese Zwecke geeigneten Nylonsack gefüllt werden. Wenn dieser nicht verfügbar ist, kann man es auch zwischen zwei Lagen von Filterwatte legen. Wird diese Methode angewandt, muß die Filterwatte eimal wöchentlich gewechselt werden, damit sie nicht verstopft und den Wasserdurchfluß behindert. Bei einigen Filter gibt es passende Einsätze. Ersetzen Sie das Filtermaterial alle 2 Monate bei Aktivkohle, aber richten Sie sich nach den Herstellerhinweisen bei Harzen und anderen Filtersubstraten.

Für biologische Filterung

Der Filter sollte mit einem porösen Material gefüllt werden, das ziemlich grob ist und einen guten Wasserdurchfluß ermöglicht. Wenn der Durchfluß auf irgendeine Weise behindert wird, beginnen die Bakterien abzusterben. Geben Sie das biologische Medium in einen Nylonsack, damit es nicht in den Antriebsmotor gezogen wird.

Da diese Filtertypen so wenig wie möglich gestört werden dürfen, ist es nicht ratsam, sie mit anderem Filtermaterial wie Filterwatte, das regelmäßig gewartet werden muß, zu kombinieren.

➤ Die drei wichtigsten Möglichkeiten, einen Topffilter zu verwenden, sind hier abgebildet. Diese Modelle bestehen aus ineinander steckbaren Einsätzen, die jeweils unterschiedliche Substrate enthalten.

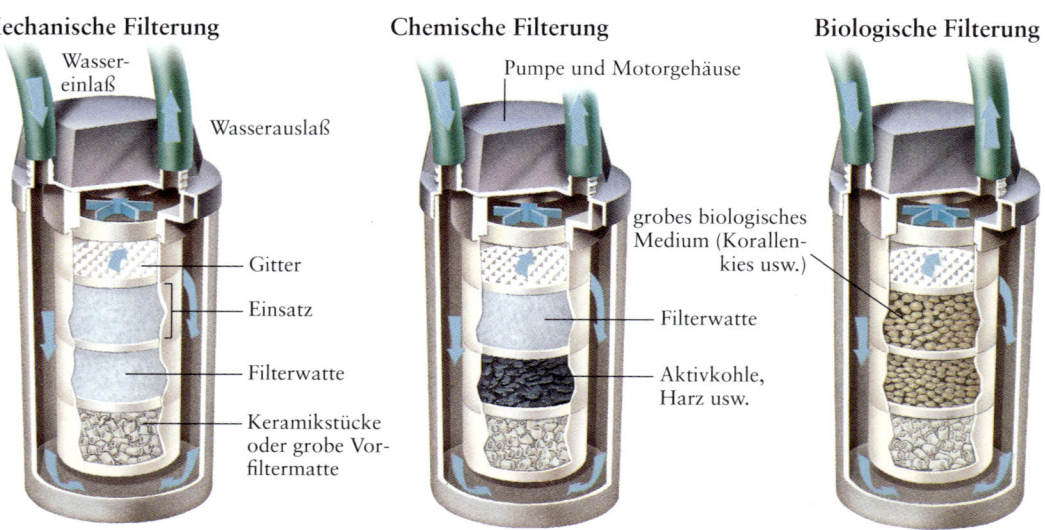

Mechanische Filterung

Wasser-einlaß
Wasserauslaß
Gitter
Einsatz
Filterwatte
Keramikstücke oder grobe Vorfiltermatte

Chemische Filterung

Pumpe und Motorgehäuse
Filterwatte
Aktivkohle, Harz usw.

Biologische Filterung

grobes biologisches Medium (Korallenkies usw.)

♦ *Kann Korallensand als biologisches Medium verwendet werden?*

Nein, er verdichtet sich zu schnell und behindert den Wasserdurchfluß.

♦ *Was ist die richtige Füllung für einen Topffilter, der in Verbindung mit einem Bodenfilter arbeitet?*

Wenn ein Bodenfilter mit umgekehrtem Strömungsprinzip (Seite 22 – 23) verwendet wird, ist eine zusätzliche biologische Filtermasse nicht notwendig, und nur mechanisches Material sollte im Topffilter verwendet werden.

♦ *Wie kann man die Wartung von Topffiltern vereinfachen?*

Die Wartung ist erheblich einfacher, wenn zwei Ventile am Ein- und Auslaßschlauch befestigt werden. Die Wassersäule wird dann nicht unterbrochen, wenn der Topf entfernt wird, und das Risiko von Undichtigkeiten wird erheblich vermindert.

♦ *Wie kann man verhindern, daß sich Algen in den Schläuchen absetzen?*

Ein nützlicher Tip ist, kein Licht an die Schläuche gelangen zu lassen, indem man sie mit schwarzer Plastikfolie umwickelt. Hierdurch erhalten die Algen kein Licht und dürften sich überhaupt nicht bilden.

♦ *Warum ist der Motor in seinem Gehäuse so laut geworden?*

Das kann mehrere Gründe haben:
1 Es fließt nicht genug Wasser hindurch, so daß die Pumpe nicht reibungslos arbeitet.
2 Es ist Luft im Gehäuse eingeschlossen.
3 Der Motor oder das Gehäuse sind verschlissen.
Kaufen Sie keine sehr billigen Filter, da sich Fremdkörper im Innern befinden können und sie in kurzer Zeit laut werden. Teurere, aber qualitativ hochwertigere Filter sind immer eine gute Investition.

▶ Es gibt viele verschiedene Ausführungen von Topffiltern für den Aquarianer. Wählen Sie ein Qualitätsprodukt mit der richtigen Kapazität und Pumpleistung. Zu groß ist besser als zu klein.

Wenn der Filter groß genug und die Besatzdichte relativ gering ist, ist es möglich, einen Topffilter allein für die biologische Filterung zu verwenden, wobei auf den Bodenfiltergrund verzichtet werden kann und dem Becken mehr Wasservolumen zur Verfügung steht. Dies ist aber nicht für einen Anfänger, außer unter Anleitung eines erfahrenen Aquarianers, zu empfehlen.
Es ist äußerst wichtig, daß Topffilter locker gefüllt und richtig instand gehalten werden, damit die richtige Wassermenge den Pumpenmotor erreicht. Wenn der Motor trocken läuft, können irreparable Schäden auftreten, oder Sie haben zumindest ein klapperndes, lautes Gerät. Stellen Sie Topffilter immer tiefer als das Aquarium und nie auf gleiche Höhe oder höher. Dadurch arbeitet der Siphon richtig. Im Idealfall sollte sich die Oberkante des Filters dicht unterhalb des Aquariumbodens befinden. Je größer der Abstand nach unten ist, umso weniger Wasser wird aufgrund des Druckes zurückgepumpt. Verwenden Sie aber nie mehr Schlauch als notwendig, da ein erhöhter Druck den Wasserfluß vermindert und die Pumpe unnötig belastet. Reibung bewirkt denselben Effekt.
Säubern Sie das Einlaßsieb und die Auslässe einmal wöchentlich oder gegebenenfalls noch öfter.

Alle Rohre sollten mit einer speziellen Schlauchbürste alle 3 Monate von Algen und Schmutz gesäubert werden. Unterschätzen Sie nicht zuletzt den Nutzen eines groben Vorfilters oder von Keramikstücken. Sie filtern nicht nur größere Schmutzpartikel aus dem Wasser, sondern ermöglichen auch, daß die Pumpe das Wasser durch die verschiedenen Substrate wirksamer zieht. Versuchen Sie nie, die Vorfilterstufe einzusparen, um Platz für andere Filtermedien zu erhalten.

Eiweißabschäumung

Die Eiweißabschäumung ist ein mechanischer Vorgang, um Abfallstoffe aus dem Salzwasser zu entfernen, lange bevor sie biologisch oder chemisch behandelt werden können.

Das Prinzip, welches dahinter steckt, ist relativ einfach. Die Moleküle von vielen organischen und anorganischen Stoffen sind stark an die Grenzschicht zwischen Wasser und Gas gebunden. Das kommt daher, weil jedes Molekül ein wasseranziehendes (hydrophiles) und ein wasserabstoßendes (hydrophobes) Ende besitzt. Die Stoffe, die auf diese Weise reagieren, werden als oberflächenaktive Agentien bezeichnet. Zu ihnen zählen Proteine, Aminosäuren, Farbstoffe, Fettsäuren, Albumine, Fette, Kohlenhydrate, Enzyme, Detergentien, Kupferionen und viele anorganische Stoffe.

Wie funktioniert das?

Die Eiweißabschäumung erschafft eine riesige Grenzschicht zwischen Wasser und Luft, indem Millionen winziger Blasen in einem begrenzten Raum gebildet werden, an welche sich die oberflächenaktiven Agentien anheften. Da die Blasen natürlicherweise aufsteigen, wird ein öliger Schaum an der Oberfläche gebildet, der ständig von der darunter befindlichen Schaumsäule nach oben gedrückt wird, bis er in einen Sammelbehälter für Abfallstoffe überläuft. Hier zerplatzen die Blasen, und der flüssige Rest wird gesammelt und kann entfernt werden. Die Farbe variiert von Dunkelbraun bis Gelb.

Es ist klar, daß die Abschäumung umso effektiver ist, desto mehr Blasen gebildet und desto länger sie in der Suspension gehalten werden. Untersuchungen an den neuesten Modellen zeigen tatsächlich, daß durch einen wirksamen Abschäumer der richtigen Größe bis zu 80 Prozent aller organischen Abfallstoffe aus dem Meerwasseraquarium entfernt werden können. Ein Nachteil ist, daß ein Einweißabschäumer die Wirksamkeit von Medikamenten mit anorganischen Ionen (wie Kupfer) herabsetzen kann, da sie oberflächenaktiv sind und schnell entfernt werden. In diesem Fall sollte der Abschäumer sofort nach Zugabe der Substanz für 12 Stunden ausgeschaltet werden. Es ist fraglich, ob der Abschäumer für die ganze Behandlungsdauer abgeschaltet werden sollte, da folglich die Anreicherung mit Abfallstoffen die Vorteile der Behandlung zunichte machen kann und eine erhöhte Belastung darstellt.

Drei grundlegende Arten der Abschäumung

Die verschiedenen erhältlichen Typen von Eiweißabschäumern sind Kleinabschäumer, Gegenstromabschäumer und Injektorabschäumer.

Kleinabschäumer werden im Aquarium untergebracht und sind die einfachsten und am wenigsten wirksamen Modelle. Ein Lindenholzausströmer wird am unteren Ende eines hohlen Acrylrohrs angebracht, an dessen oberen Ende sich ein Sammelbehälter befindet. Die Blasenbildung und die Kontaktzeit sind minimal. Daher sind diese Modelle nur für die kleinsten und gering besetzten Aquarien geeignet. Ozon kann bei diesem Modell nicht verwendet werden.

Eine Verbesserung des Kleinabschäumers ist der **Gegenstromabschäumer.** Er wird vermutlich am häufigsten verwendet, und obwohl einige Modelle veraltet sind, ist dieses Gerät im allgemeinen einfach zu installieren und ziemlich wirkungsvoll. Technisch gesehen erinnert es an einen Kleinabschäumer, der zusätzlich mit einem Gegenstrommechanismus ausgestattet ist. Dadurch werden die Blasen innerhalb des Acrylrohrs für eine längere Zeit in Suspension gehalten, so daß eine größere Menge an oberflächenaktiven Substanzen angezogen und gesammelt werden kann. Dieses Modell gibt es in verschiedenen Längen. Man sollte immer die längstmöglichen Geräte, die in das Becken passen, kaufen, um eine maximale Wirkung zu erzielen. Es ist sowohl beim Kleinabschäumer als auch beim Gegenstromabschäumer wichtig, sie in der richtigen Höhe ins Wasser zu setzen. Das Gitter direkt unterhalb des Sammelbehälters sollte sich in Höhe der Wasseroberfläche befinden.

Eine Verbesserung des Gegenstromabschäumers gibt es auch. Er wird außerhalb des Aquariums aufgestellt. Das Aquariumwasser wird oben in einen Zylinder gepumpt und mit einem Strom feiner Blasen vermischt, die von einem Lindenholzausströmer produziert werden. Es entsteht ein Gegenstromeffekt, wenn das Wasser am Boden des Gerätes ausdringt, und die Blasen versuchen, gegen den Strom anzusteigen. Die Kontaktzeit kann erheblich verlängert werden und folglich arbeitet dieser Abschäumertyp sehr effektiv. Er kann den meisten Aquarianern nur dringend empfohlen werden. Der Sammelbehälter füllt sich mit einer Flüssigkeit, die wie starker Kaffee oder dünner Orangensaft aussieht. Die Farbe und Menge der gesammelten Stoffe hängt stark von der Anzahl der Tiere ab. Auf jeden Fall

sollte der Sammelbehälter regelmäßig geleert und gereinigt werden, um bakterielle Verunreinigungen und dadurch entstehende Geruchsbildung zu vermeiden. Bei normalem Betrieb ist der flüssige Abfall praktisch geruchlos.

Der dritte Typ von Eiweißabschäumern ist das **Injektor-Modell,** die bis heute wirkungsvollste Abschäummethode (und gewöhnlich das teuerste der drei Modelle). Die elektrischen Abschäumer sind so vielseitig, daß sie über, unter oder neben dem Becken oder sogar in einem äußeren Rieselfiltergefäß installiert werden können. Die größeren Injektorabschäumer sind besonders für dicht besetzte, reine Fischbecken zu empfehlen.

DER VERBESSERTE GEGENSTROM-EIWEISSABSCHÄUMER

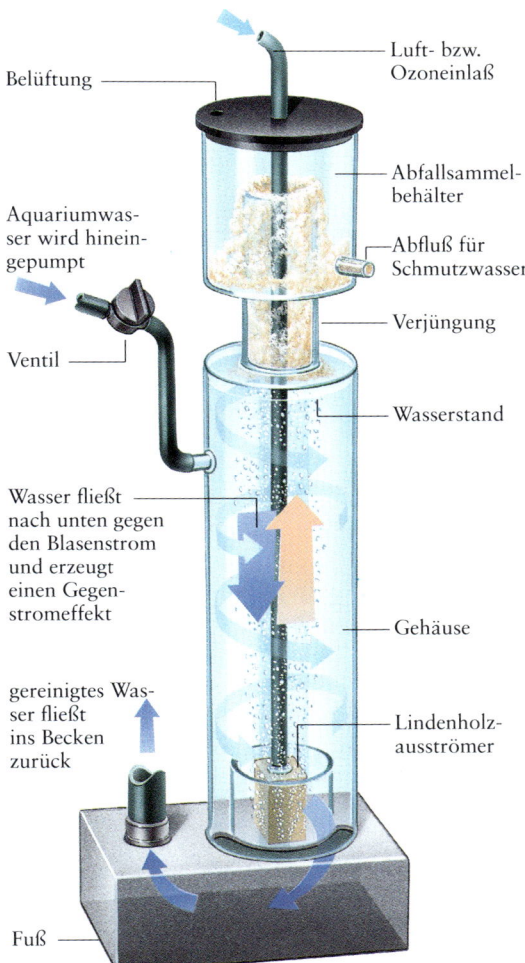

Belüftung

Luft- bzw. Ozoneinlaß

Aquariumwasser wird hineingepumpt

Abfallsammelbehälter

Abfluß für Schmutzwasser

Ventil

Verjüngung

Wasserstand

Wasser fließt nach unten gegen den Blasenstrom und erzeugt einen Gegenstromeffekt

Gehäuse

gereinigtes Wasser fließt ins Becken zurück

Lindenholzausströmer

Fuß

F & A ...

✦ *Müssen alle Meerwasseraquarien mit einem Eiweißabschäumer ausgestattet werden?*

Ja, es ist ein unerläßliches Gerät, das Verunreinigungen entfernt, die durch andere Filter nicht erfaßt werden.

✦ *Was muß getan werden, wenn die Abfallflüssigkeit farblos ist und in großer Menge anfällt?*

Bei dem Abschäumer müssen Luft- und Wasserzufuhr sorgfältig eingestellt werden. Diese Situation ist bei neu eingerichteten Geräten nicht ungewöhnlich.

✦ *Wie oft sollte der Holzausströmer ersetzt werden?*

Für maximale Wirksamkeit erneuern Sie den Ausströmer alle 2 Monate. Dabei kann gleichzeitig das Gerät von innen gereinigt werden.

✦ *Muß der Abfallsammelbehälter jeden Tag gereinigt werden?*

Nein, die meisten modernen Abschäumer besitzen ein Überlaufrohr, welches die Flüssigkeit in den Abfluß oder in ein großes Gefäß leitet, das 1–2 mal wöchentlich gereinigt werden muß.

✦ *Ist es wichtig, Ozon zusammen mit einem Eiweißabschäumer zu verwenden?*

Nein, viele Abschäumer arbeiten sehr gut ohne Ozon, obwohl ihre Wirksamkeit dadurch erheblich verbessert werden kann (siehe Ozon, Seite 30–32).

◀ Der verbesserte Gegenstromabschäumer wird immer aus durchsichtigem Acryl hergestellt, damit der Aquarianer die Bläschendichte und den Wasserspiegel kontrollieren kann. Ein breiter, stabiler Fuß ist wichtig, damit das Gerät sicher steht.

Ozon

Von Anfang an hat die Verwendung von Ozon bei den Meerwasseraquarianern viel Verwirrung gestiftet. Dabei läßt sich einfach sagen, der Ozonisator erhöht die Wirksamkeit des Eiweißabschäumers und die Zerstörung gelöster Feststoffe und verbessert so alles in allem die Qualität des Aquariumwassers.

Der Ozonisator

Ozon (O_3) ist ein instabiles Gas, das ensteht, wenn wasserfreie Luft durch ein Feld mit sehr hoher Spannung geleitet wird, was gewöhnlich in einem als Ozonisator bezeichneten Gerät stattfindet. Normaler Sauerstoff (O_2) ist ein stabiles Molekül, aber der Ozonisator bewirkt, daß ein zusätzliches Atom angehängt wird und sich dadurch instabile Ozonmoleküle (O_3) bilden. Das zusätzliche Atom ist bestrebt, diese vorübergehende Bindung zu lösen und reagiert mit anderen organischen und anorganischen Molekülen. Wenn dies geschieht, oxidiert das Ozon die Stoffe, mit denen es in Kontakt kommt.

In Verbindung mit einem Eiweißabschäumer, wie es fast immer der Fall ist, oxidiert das Ozon gelöste Feststoffe, die sich im Wasser angereichert haben (und »verbrennt« sie fast vollständig). Die Folge ist ein Anstieg des Redoxpotentials. Das Redoxpotential oder der rH-Wert ist ein Maß für die Selbstreinigungskraft des Wassers – je sauberer das Wasser, umso höher ist der rH-Wert (siehe Seite 19).

Außerdem klärt das Ozon das Wasser, indem es Farbstoffe oxidiert und entfärbt, welche die Gelbfärbung von Meerwasser verursachen. Es erhöht auch leicht die Sättigung mit Sauerstoff und tötet die Zellen von frei schwimmenden Bakterien, Viren und Algen ab, was zu einer leichten Desinfektionswirkung bei infiziertem Wasser führt. Unglücklicherweise werden auch die nützlichen Organismen und Substanzen zerstört, da Ozon keine Unterschiede zwischen schädlich und harmlos macht. Ozon kann jedoch nicht mit der Wirksamkeit eines UV-Sterilisators konkurrieren, wenn es um die Vernichtung von frei schwimmenden Parasiten im Aquarium geht.

F & A...

✦ *Wie berechnet man die richtige Menge Ozon für ein Aquarium?*

Außer dem genauen Beobachten der physischen Auswirkungen auf die Tiere, ist der einzige Weg, um sicherzugehen, daß Ozon die Wasserqualität verbessert, die Verwendung eines Redoxpotentialmeßgerätes. Alle anderen Möglichkeiten sind nicht zuverlässig.

✦ *Welches Redoxpotential sollte eingestellt werden?*

Für viele reine Fischbecken reicht ein Wert von 250–350 mV aus. Empfindliche Wirbellose gedeihen am besten bei 350–450 mV, aber es sollte auf keinen Fall ein Wert nahe oder über 500 mV erreicht werden.

✦ *Wie stellt man fest, ob Ozon in das Aquarium gelangt?*

Indem man den Restozongehalt mit einem speziellen Test, den es im Fachhandel gibt, untersucht.

✦ *Wie wirkt sich Restozon auf die Tiere aus?*

Es schädigt die Kiemen der Fische, wodurch diese heftig mit den Kiemen fächeln, sich kratzen und schwer atmen. In schweren Fällen treten Todesfälle auf. Korallen sehen über einen lange Zeit unansehnlich aus und können wie Krebstiere aus unerfindlichen Gründen sterben.

Moderne Ozonisatoren sind kompakt. Das Innere des Modells zeigt die Kammer (unten), in der aus normaler Luft in einem Hochspannungsfeld Ozon erzeugt wird.

Die sichere Anwendung von Ozon

Sie müssen sicherstellen, daß Ozon niemals direkten Zugang zum Aquariumwasser hat, da es sogar in ziemlich niedrigen Restmengen für die zarten Gewebe von Fischen, Wirbellosen und Algen äußerst schädlich ist, ganz zu schweigen von den nützlichen nitrifizierenden Bakterien. Bei der richtigen Verwendung beispielsweise zusammen mit einem Gegenstromabschäumer muß das Ozon nur durch die Mittelsäule nach unten und durch den Holzausströmer geleitet werden. Es darf nicht in die Gegenstromeinheit eingespeist werden, weil sonst das Ozon in das Becken gelangt und dort ziemlichen Schaden anrichtet. Injektorabschäumer, die für die Aufnahme von Ozon vorgesehen sind, haben ein Problem, da der Wasserdurchsatz so hoch ist, daß viel von dem Ozon entweicht und direkt in das Aquarium gepumpt wird. Nur sorgfältige Überwachung der Ozonmenge und des Durchflusses des Injektorabschäumers kann dieses mögliche Risiko verringern.

Eine Alternative zu einem Eiweißabschäumer ist ein Sicherheitsgefäß, in dem Aquariumwasser mit Ozon behandelt wird. Diese Vorrichtung, als Ozonreaktor bezeichnet, wird normalerweise in Verbindung mit einem Rieselfilter, der unter dem Becken steht, angeboten. Aber überschüssiges Ozon muß noch gefahrlos entsorgt werden. Jedes überschüssige Ozon sollte aus dem Raum geleitet

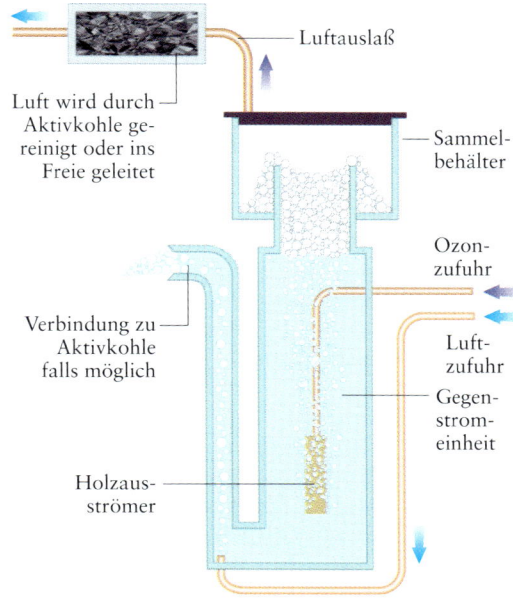

Luftauslaß

Luft wird durch Aktivkohle gereinigt oder ins Freie geleitet

Sammelbehälter

Ozonzufuhr

Verbindung zu Aktivkohle falls möglich

Luftzufuhr

Gegenstromeinheit

Holzausströmer

Die Einleitung von Ozon in einen Gegenstromabschäumer kann nur durch den Holzausströmer in der Mittelsäule erfolgen. Eine maximale Kontaktzeit mit dem Wasser wird durch die Methode ermöglicht, während theoretisch nichts ins Aquarium gelangt.

Aufgrund der möglichen Gefahren bei der Verwendung von Ozon sollte das unten stehende Diagramm möglichst genau befolgt werden.

DER SICHERE WEG, OZON ZU VERWENDEN

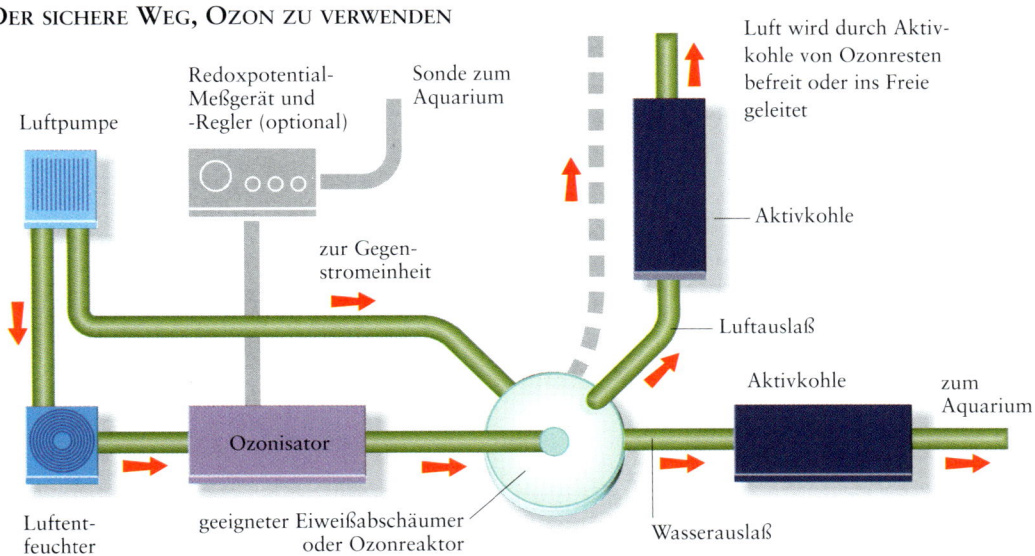

Redoxpotential-Meßgerät und -Regler (optional)

Sonde zum Aquarium

Luftpumpe

Luft wird durch Aktivkohle von Ozonresten befreit oder ins Freie geleitet

Aktivkohle

zur Gegenstromeinheit

Luftauslaß

Aktivkohle

zum Aquarium

Ozonisator

Luftentfeuchter

geeigneter Eiweißabschäumer oder Ozonreaktor

Wasserauslaß

oder durch Aktivkohle gefiltert werden, welche die Wirkung auf Menschen neutralisiert. Werden keine geeigneten Maßnahmen getroffen, kommt es zu Übelkeit, Kopfschmerzen, Depressionen und Augenreizungen.

Obwohl Ozon einen typischen Geruch besitzt, ist es schwierig, ihn zu beschreiben. Einige erinnert er an Seeluft, andere an Elektrizität. Ein leichter Ozongeruch unter der Aquariumabdeckung ist normal, aber wenn man es im Raum als stechenden Geruch empfindet, muß eine der oben beschriebenen Maßnahmen ergriffen werden.

Durch den Kontakt mit Ozon können viele Gegenstände wie Plastikluftschläuche und sogar der Eiweißabschäumer selber mit der Zeit zerstört werden. Da Luftschläuche aus Plastik in relativ kurzer Zeit brüchig werden, ist es sicherer, statt dessen Silikonschläuche zu verwenden und den Ozongehalt so niedrig wie möglich zu halten, um die Lebensdauer des Abschäumers zu verlängern. Gummi wird auch von Ozon angegriffen, und Abschäumer mit Gummidichtungen dürfen, auch für kurze Zeit, nicht mit diesem Gas betrieben werden.

Ozonmenge messen

Die Ozonmenge wird in Milligramm pro Stunde (mg/h) gemessen und kann automatisch durch eine Redoxpotential-Meß- und Kontrolleinheit geregelt werden. Auf diese Weise wird ein gewünschtes Redoxpotential (in mV) eingestellt und der Ozonisator automatisch ein- und ausgeschaltet. Diese Geräte sind jedoch teuer, und die meisten Aquarianer stellen ihren Ozonisator per Hand auf einen bestimmten Wert im Dauerbetrieb ein. Die Ozonmenge für ein durchschnittliches Aquarium sollte bei 3 – 5 mg/h pro 45 Liter liegen, obwohl dieser Wert um den Faktor drei, abhängig von der Besatzdichte u. a., erhöht werden kann. Ebenso kann dieser Wert erheblich vermindert werden, wenn der Ozongehalt im Raum zu hoch ist oder die Tiere Anzeichen von Streß zeigen. Denken Sie daran, daß mehr nicht immer besser ist und eine nur geringe Ozonmenge ausreichen kann, um die Gesundheit der Tiere zu verbessern.

Ozon und Wirbellose

Ozon ist tödlich für die Larven von marinen Wirbellosen. Wenn zu erwarten ist, daß sich Röhrenwürmer, Schwämme und andere Organismen im Aquarium fortpflanzen, muß auf den Einsatz von Ozon entweder verzichtet oder es auf ein extrem niedriges Niveau begrenzt werden.

Es gibt auch einige Beweise dafür, daß Kalzium mit Ozon reagiert, wodurch dieses wichtige Mineral aus dem Wasser verschwindet und Tieren wie Steinkorallen dieser wichtige Stoff entzogen wird. Meerwasseraquarianer, die sich auf die Haltung von Steinkorallen und anderen Wirbellosen, die Kalzium nutzen, spezialisieren wollen, sollten auf die Verwendung eines Ozonisators verzichten.

Ozon ist auch ungeeignet, wenn das Becken mit Medikamenten behandelt wird, weil es sie unwirksam macht.

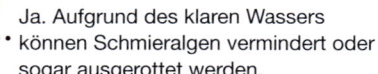

✦ *Kann Ozon eine Wirkung auf unerwünschte Algen haben?*

Ja. Aufgrund des klaren Wassers können Schmieralgen vermindert oder sogar ausgerottet werden.

✦ *Kann man weniger Wasserwechsel durchführen, wenn Ozon verwendet wird?*

Nein. Ozon ersetzt nicht die lebenswichtigen Elemente im Meerwasser, die altern und sich verbrauchen. Nur ein regelmäßiger Wasserwechsel kann das.

✦ *Sollten irgendwelche Vorsichtsmaßnahmen ergriffen werden, wenn ein Ozonisator in Gebrauch ist?*

Ja, Wasser darf niemals in das Gerät zurückfließen. Entweder stellen Sie ihn oberhalb des Beckens auf oder Sie verwenden ein Rückflußventil. Vermeiden Sie feuchte oder nasse Standorte.

✦ *Wird die Wirksamkeit eines Ozonisators erheblich reduziert, wenn feuchte Luft hineingezogen wird?*

Ja. Ozonisatoren sollten mit einem speziellen Luftentfeucher ausgestattet sein, der kleine Perlen enthält, die Feuchtigkeit aus der Atmosphäre aufnehmen und den Ozonisator mit trockener Luft versorgen.

✦ *Einige Ozonisatoren sind auf einen speziellen Auslaß von 25 mg/h oder 50 mg/h eingestellt. Ist das sicher?*

Nur in Verbindung mit einem Redoxpotentialregler, ansonsten gibt es keine Möglichkeit die genaue Menge an Ozon, das ins Becken gelangt, zu kontrollieren. Denken Sie immer daran, daß Ozon ein potentiell gefährliches Gas ist und mit Vorsicht behandelt werden muß. Jeglicher stechender Geruch (wie nach Seeluft oder Elektrizität) in einem Raum mit einem Aquarium, ist ein Anzeichen für zuviel Ozon.

UV-Entkeimung

Wie bei dem Ozonisator ist es wichtig, daß der Aquarianer zu verstehen versucht, wie die UV-Entkeimung funktioniert, um eine kompetente Entscheidung zu treffen.

Wie es funktioniert
Es ist bekannt, daß Licht eines bestimmten Wellenlängenbereiches sowohl in Luft als auch in Wasser eine keimtötende Wirkung hat. Dieser Wellenlängenbereich liegt zwischen dem Blau-Violett-Bereich des sichtbaren Spektrums und den kürzeren, unsichtbaren Wellenlängen der Röntgenstrahlen. Diese Wellenlängen werden in Nanometer (nm) gemessen. Die Wellenlänge mit der stärksten keimtötenden Wirkung liegt bei 254 nm, obwohl eine UV-Lampe einen breiteren Bereich von 100–280 nm abdeckt. Dieser Bereich wird allgemein als UVC-Strahlung bezeichnet. Wenn Aquariumwasser dicht an einer Lampe, die UVC-Strahlen produziert, vorbeiströmt, werden die meisten Mikroorganismen zerstört oder ernsthaft geschädigt. Zu diesen Organismen gehören Bakterien, Pilzsporen, freischwimmende Algen, Viren und Dinoflagellaten wie *Oodinium*- und *Cryptocaryon*-Arten.

Für eine volle Wirkung müssen bestimmte Bedingungen herrschen: Das an der Lampe vorbeiströmende Wasser muß sauber und frei von Schwebteilchen und Verfärbungen sein; die Durchflußrate an der Lampe sollte genau eingestellt werden; die Lampe muß die richtige Leistung für die Menge des zu behandelnden Wassers besitzen (siehe Tabelle Seite 34); und das Gehäuse muß sauber gehalten und die Röhre regelmäßig erneuert werden.

Bei diesen Voraussetzungen ist es leicht verständlich, daß die UV-Entkeimung am besten an den Rückflußschlauch eines geeigneten Topffilters oder eines anderen vorreinigenden Geräts angeschlossen wird. Dieser Filter sollte mit Filterwatte gefüllt sein zum Herausfiltern von Schwebteilchen und mit hochwertiger Aktivkohle, um alle Verfärbungen, die eine Behandlung beeinträchtigen könnten, zu adsorbieren. Wichtig ist auch eine optimale Durchflußrate durch den Entkei-

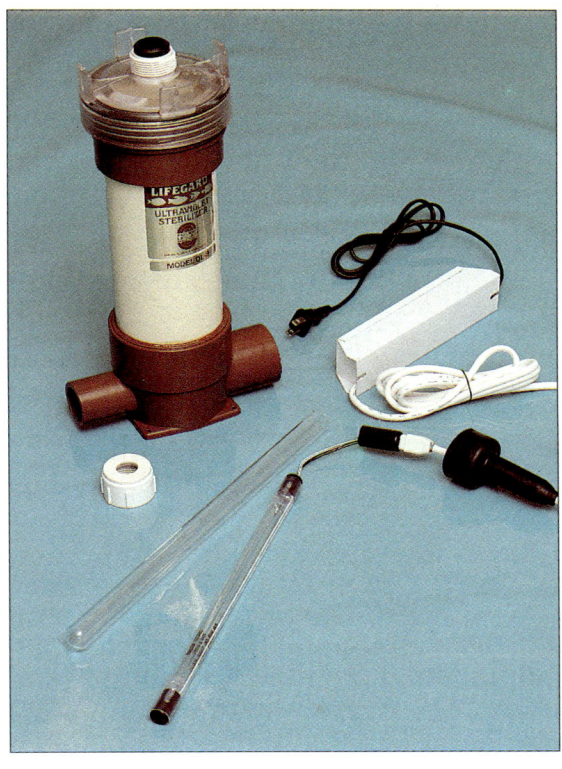

Meerwasserbecken-Entkeimer können für Reinigungs- und Reparaturzwecke einfach in ihre Einzelteile zerlegt werden. Aquarianer sollten sich mit dem Aufbau vor dem Anschließen vertraut machen.

mer. Ist sie zu schnell, werden die Organismen nicht zerstört. Ist sie zu langsam, vermehren sich unerwünschte Organismen schneller, als sie behandelt werden. Die korrekte Durchflußrate für Meerwasserbecken finden Sie in der Tabelle auf der nächsten Seite.

Wartung der UV-Entkeimung
Es ist äußerst wichtig, daß die Quarzmanschette, welche die UV-Lampe umgibt und schützt, frei von jeglichen Ablagerungen gehalten wird. Wird dies vernachlässigt, wird die Wirsamkeit erheblich herabgesetzt, und das Aquarium bleibt in einigen Fällen völlig ungeschützt.

Richtwerte zur UV-Entkeimung von Meerwasserbecken

Lampe	Aquariumgröße	Durchfluß pro Stunde
8 Watt	bis zu 180 l	etwa 725 l
15 Watt	bis zu 365 l	etwa 1360 l
25 Watt	bis zu 455 l	etwa 1820 l
30 Watt	bis zu 680 l	etwa 2045 l
50 Watt	bis zu 910 l	etwa 2275 l

◀ Es ist praktisch unmöglich, ein Meerwasseraquarium zu stark zu entkeimen. Deshalb kann man ruhig ein Modell mit höherer Leistung als hier angegeben installieren, wenn man es möchte. Man kann auch zwei oder mehr Entkeimer in Reihe anschließen, um einen besseren Effekt zu erzielen. Die Durchflußrate kann entsprechend erhöht werden.

Säubern Sie die Manschette, indem Sie sie vorsichtig mit einer weichen Bürste abschrubben und mit klarem Wasser nachspülen. Hartnäckige Ablagerungen erfordern ein mildes Reinigungsmittel, wobei man darauf achten muß, nicht die Manschette zu verkratzen und alle Spuren des Mittels vor dem Wiedereinsatz zu entfernen. Führen Sie diese Reinigung alle 3 Monate durch. Es mag interessieren, daß eine Quarzmanschette verwendet wird, weil UV-Strahlen Probleme haben, Glas zu durchdringen, wogegen sie durch Quarz ungehindert hindurchtreten. Die Einsatzdauer einer UV-Lampe beträgt ca. 5000 Betriebsstunden oder etwa 6 Monate. Es gibt keine Möglichkeit festzustellen, ob eine Lampe an Wirksamkeit verloren hat. Daher wechselt man sie am besten alle 6 Monate aus.

Sind alle Entkeimungsgeräte gleich?
UVC-Strahlen besitzen einen äußerst begrenzten Wirkungsspielraum, und die Dicke des wasserführenden Hohlraums ist entscheidend. Für Meeresaquarien und Süß- oder Brackwasseraquarien sollte er nicht größer als 6 mm sein. Ist er größer, werden viele schädliche Organismen von der Behandlung nicht erfaßt. Entkeimer, die für Teiche gebaut werden, haben eine größere Kammer von 12 mm Dicke oder mehr, da sie wegen der viel größeren Wassermenge einen höheren Umsatz benötigen. Da hier das Hauptziel ist, weniger resistente einzellige Algen (»grünes Wasser«) zu vernichten, ist eine größere Kammer akzeptabel. Der Meerwasseraquarianer muß daher darauf achten, das richtige Modell zu wählen. Lesen Sie immer genau die Herstellerangaben, um festzustellen, welches Modell geeignet ist.

Standardausrüstung
Die Nützlichkeit eines UV-Entkeimers, um die meisten üblichen, im Wasser entstehenden Krankheiten und die Algenblüte zu bekämpfen, steht außer Frage, aber es gibt viele andere Krankheitserreger, die keine freischwimmenden Stadien besitzen und nicht behandelt werden können. Deshalb kann der Entkeimer weder als »Allheilmittel« noch als Entschuldigung für eine vernachlässigte Aquariumwartung angesehen werden. Es ist von Vorteil, daß er einfach zu installieren ist, keine Tiere schädigen kann wie ein falsch benutzter Ozonisator und nur sehr wenig Wartung benötigt. Für den Aquarianer, der sowohl Fische als auch Wirbellose hält, kann ein Entkeimer dabei helfen, Krankheiten abzuwehren, die ansonsten mit Medikamenten behandelt werden müßten, die Wirbellose schädigen. Unter diesen Umständen sollten sich alle mit einem gemischten Becken zum Schutz der Tiere einen Entkeimer zulegen.

Sicherheitshinweis: UV-Strahlen können die Augen erheblich schädigen. Man darf niemals direkt hineinschauen!

UV-ENTKEIMUNG

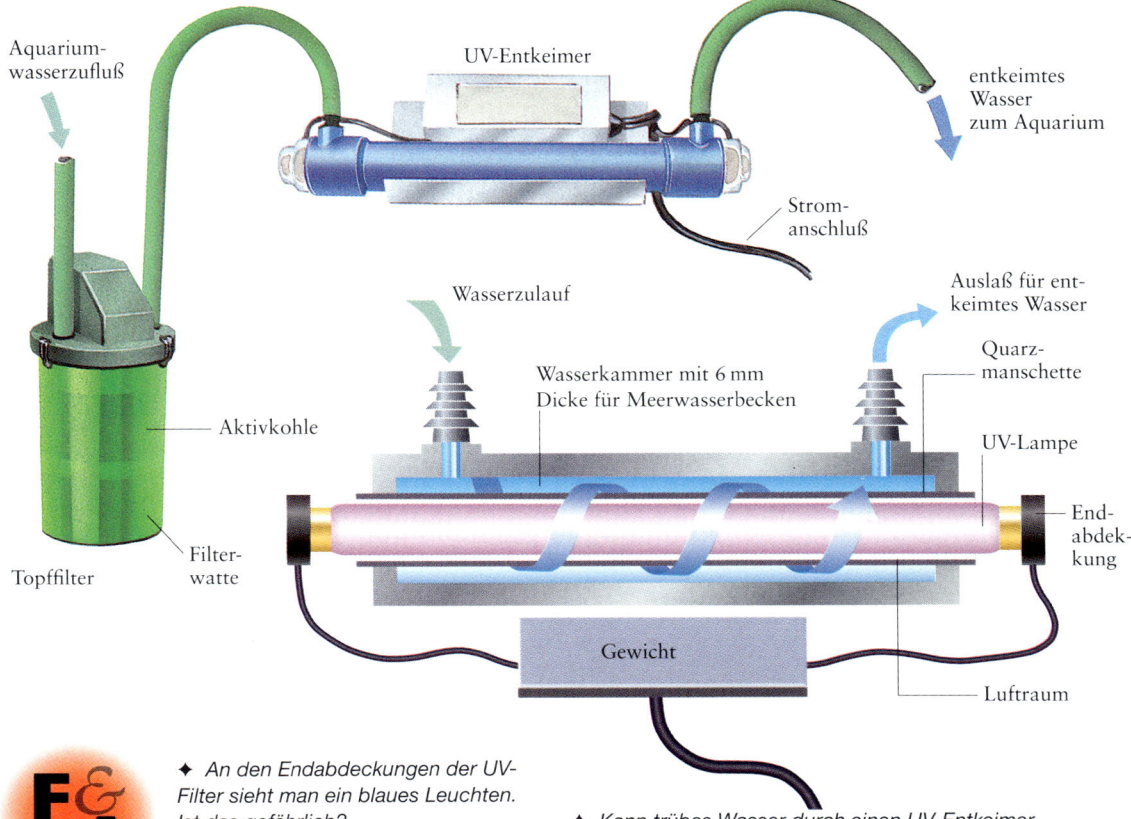

Aquarium-
wasserzufluß

UV-Entkeimer

entkeimtes
Wasser
zum Aquarium

Strom-
anschluß

Wasserzulauf

Auslaß für ent-
keimtes Wasser

Quarz-
manschette

Wasserkammer mit 6 mm
Dicke für Meerwasserbecken

Aktivkohle

UV-Lampe

End-
abdek-
kung

Filter-
watte

Topffilter

Gewicht

Luftraum

F & A

✦ *An den Endabdeckungen der UV-Filter sieht man ein blaues Leuchten. Ist das gefährlich?*

... Nein. Er ist so konstruiert, daß man erkennt, ob die Lampe angeschaltet ist. Die Plastikkappen filtern alle schädlichen Strahlen heraus.

✦ *Wo sollte das Gerät aufgestellt werden?*

An einem trockenen Platz mit guter Luftzirkulation – möglichst unter dem Becken. Niemals unter die Abdeckhaube stellen!

✦ *Wenn das Aquarium dunkel ist, kann man ein blaues Leuchten ausgehend von der Rückflußleitung des UV-Filters sehen. Ist das normal?*

Ja, durchaus normal. Es schädigt weder Fische noch Wirbellose, da die schädlichen Strahlen herausgefiltert werden, lange bevor die blauen Strahlen sichtbar werden.

✦ *Kann die Lebensdauer der Lampe verlängert werden, indem man sie nur 12 Stunden täglich anschaltet?*

Dies ist nicht zu empfehlen, obwohl die Lampe länger hält. Das Aquarium ist dann für einen zu langen Zeitraum ungeschützt. Sinn der Sache ist es, einen durchgehenden Schutz zu gewährleisten.

✦ *Kann trübes Wasser durch einen UV-Entkeimer geklärt werden?*

Ja, wenn die Trübung durch frei schwimmende Algen oder Bakterien verursacht wird, ist ein Entkeimer sehr wirksam.

✦ *Einige Modelle sollen sowohl für Meerwasserbecken als auch Teiche geeignet sein. Kann das stimmen?*

Wahrscheinlich. Tests haben gezeigt, daß die optimale Kammergröße 6 mm betragen muß, und das kann für einen Teich auch verwendet werden. Wenn aber der Abstand 12 mm oder mehr beträgt, sind die Geräte nur für Teiche geeignet. Wenn das ausgewählte Modell keine Angaben über den Abstand besitzt, wählen Sie eines, bei dem der Wert angegeben ist.

✦ *Gibt es eine einfache Methode, um festzustellen, wann man die UV-Lampe ersetzen muß?*

Ja. Schreiben Sie das Datum für den Austausch auf das Gerät oder in das Protokollbuch oder ihren Kalender.

✦ *Töten UV-Entkeimer die Faden- und Schmieralgen, die sich schon im Aquarium befinden?*

Nein. Sie können nur die Sporen abtöten, die dicht an der Röhre vorbeiströmen.

Aktivkohle

Aktivkohle kann aus verschiedenen Rohstoffen hergestellt werden, einschließlich Tierknochen, Holz, Kokosnuß und anderen Nußschalen und natürlich Kohle. Nach der Herstellung ist die Kohle höchst porös und kann zwei wichtige Funktionen im Aquarium erfüllen: Sie adsorbiert hydrophobische (wasserabstoßende) organische Moleküle, indem diese an die eigentliche Struktur des Materials gebunden werden. Und sie absorbiert organische Moleküle im Innern von mikroskopisch kleinen Kanälen, wo sie festgehalten werden.

Außer unerwünschten organischen Stoffe werden auch andere Substanzen wie Kupfer, Spurenelemente und Schwermetalle aus dem Aquariumwasser entfernt. Wenn Aktivkohle nicht verwendet wird, können sich diese Stoffe bis zu einer kritischen, giftigen Menge anreichern. Nur Kupfer kann durch einen Test nachgewiesen werden, aber der Aquarianer vermag die Wirksamkeit des Kohlefilters anhand der Klarheit des Wassers zu beurteilen. Schauen Sie längs am Aquarium entlang. Wenn das Wasser nicht kristallklar ist (höchstens mit einem gelben Schimmer), muß entweder die Aktivkohle ersetzt werden, oder es wird vermutlich nicht genug Kohle der richtigen Qualität verwendet.

Viele Aquarianer werden überrascht sein zu hören, daß die besten Aktivkohlekörnchen nur 1–2 mm Durchmesser haben und leicht, ziemlich hart, aber nicht fest sind. In Wasser schwimmen sie oben und geben ein zischendes Geräusch von sich, wenn Wasser aufgenommen wird und Luft austritt. Die Vorteile einer Aktivkohle von guter Qualität, die alle 2 Monate erneuert wird, können nicht genug betont werden. Obwohl es möglich ist, ein Becken ohne sie zu betreiben, sind es die Risiken nicht wert, eingegangen zu werden.

F & A...

✦ *Wo wird die Aktivkohle am besten eingesetzt?*

Manche Filtersysteme besitzen eine spezielle Kammer für Aktivkohle. Wenn nicht, wird sie am besten in einen Topfaußenfilter mit mechanischem oder chemischem, aber nicht biologischem Filtermaterial gefüllt.

✦ *Warum wird nicht normale Kohle verwendet?*

Aktivkohle ist wesentlich wirkungsvoller und entfernt alle Giftstoffe, die von den meisten Süßwasserfischen, aber nicht von Meerestieren vertragen werden.

✦ *Kann man durch die Verwendung von Aktivkohle weniger häufig oder gar keinen Wasserwechsel mehr durchführen?*

Nein, Wasserwechsel bleibt immer ein wichtiger Bestandteil der Wartung.

✦ *Sind alle Kohlen für die Verwendung in der Aquaristik vorgesehen?*

Nein, ganz im Gegenteil. Die meisten Kohlen sind für die Verwendung in der chemischen Industrie und für die Luftreinigung vorgesehen. Viele sind mit Phosphorsäure behandelt, wodurch Phosphate ins Becken gelangen würden. Testen Sie Aktivkohle auf Phosphatgehalt, indem Sie einige frische Körnchen in 10 ml destilliertes Wasser legen. Nach 10 Minuten untersuchen Sie das Wasser auf Phosphat. Kohlen, die kein Phosphat enthalten, sind zu empfehlen.

✦ *Kann eine hochwertige Aktivkohle helfen, den Zustand von sessilen Wirbellosen zu verbessern?*

Ja, in vielen Fällen, besonders in Verbindung mit dem Austausch von einem Drittel des Wassers.

✦ *Kann die Verwendung von Aktivkohle einen Eiweißabschäumer ersetzen?*

Nein. Abschäumer und Kohle entfernen verschiedene Verunreinigungen und können sich nur ergänzen.

Aktivkohle aus Kokosnußschalen.

Phosphate

Phosphate sind ebenso wie Nitrate Landwirten und Gärtnern seit langer Zeit als nützlicher Dünger bekannt. Wie Nitrate werden überschüssige Phosphate auf der Erde in Bäche und Flüsse geschwemmt und gelangen schließlich in unser Leitungswasser. Gewiß ist die Verunreinigung mit Phosphaten wesentlich geringer als mit Nitraten, und wir sprechen häufig von Größenordnungen von 1–2 ppm (mg/l), aber die Auswirkungen können in dieser geringen Menge ähnlich sein – erhöhtes Aufkommen von Schmieralgen (schleimige und fädige) und eine allgemeine Verschlechterung der Wasserqualität. Leitungswasser ist nicht die einzige Möglichkeit, wie Phosphate ins Aquarium gelangen können. Einige Meersalze enthalten große Mengen an Phosphat wie auch einige Sorten von Aktivkohle. Es wird auch angenommen, daß schädliche Mengen an Phosphaten aus Korallensand und sogar Tuffstein im Aquarium austreten können, obwohl das vermutlich eher mit einem Absterben von Organismen auf oder in dem Substrat zusammenhängt. Schließlich sind offensichtlich die Fische die Haupterzeuger von Phosphat. Ihre Abfallprodukte enthalten wie bei den meisten anderen Tieren hohe Mengen an Phosphat.

Es gibt entsprechende Test-Sets, mit denen der Aquarianer die Phosphatkonzentration im örtlichen Leitungswasser messen sollte, um die Belastung festzustellen. Die Mengen im Meersalz und in der Aktivkohle können durch die Untersuchung einer Lösung mit destilliertem Wasser (nachweislich phosphatfrei) festgestellt werden. (Die Tests können nach 10 Minuten durchgeführt werden.) Die Phosphatbelastung kann durch Wechsel des Filtermaterials oder die Installation eines Leitungswasserfilters wie einem Deionisator, einem Umkehrosmosegerät oder durch ein geeignetes Harz vermindert werden.

Grenzwerte

Ein reines Fischbecken verträgt eine Konzentration von 1–2 ppm (oder manchmal viel mehr, abhängig von den Arten), wenn es nicht zu einer Algenpest kommt. In diesem Fall sollte der Wert

F & A...

✦ *Äußere Faktoren ausgeschlossen, was verursacht dann eine Phosphatverschmutzung?*

Große Phosphatmengen werden durch Überbesatz und/oder Überfütterung, nicht ausreichenden Wasserwechsel (15–25% alle 2 Wochen sind empfohlen), unzureichende Filterung (Fehlen von Eiweißabschäumer, Aktivkohle usw.) oder einer Kombination aus allem verursacht.

✦ *Sind Phosphate wichtig für das Wachstum von Zieralgen?*

Nur in sehr kleinen Mengen.

◀ Phosphattests gibt es heute speziell für den Einsatz in der Meerwasseraquaristik.

auf 0,5 ppm oder weniger eingestellt werden. Wirbellosenaquarien müssen ständig auf einem sehr geringen Wert gehalten werden. Das absolute Maximum für gesunde Wirbellose und zur Vorbeugung unerwünschter Algen ist 0,05 ppm. Phosphatentfernende Stoffe sind wirkungsvoll, aber haben alle einen großen Nachteil: Sowohl Makro- als auch Mikroalgen werden weitgehend innerhalb von 24 Stunden nach der Zugabe vernichtet. *Caulerpa* und andere Arten müssen vor der Behandlung entfernt werden, um eine erhebliche Verschmutzung zu verhindern. Der plötzliche Abfall der Phosphatkonzentration wird häufig als Grund für dieses Algensterben angegeben. Das scheint aber äußerst unwahrscheinlich und kann auch an Giften liegen, die aus dem Wirkstoff austreten, oder an plötzlichen Veränderungen der Wasserbedingungen.

Nitrate

Aus gutem Grund sind viele Meerwasseraquarianer über die ungewöhnlich hohen Nitratgehalte im Leitungswasser und damit auch in ihren Becken besorgt. Obwohl Nitrat längst nicht so giftig wie Ammonium oder Nitrit ist, kann es doch Fische erheblich schwächen, wodurch sie anfällig für Nitratvergiftungen und eine Reihe tödlicher Krankheiten werden. Wirbellosen ergeht es sehr schlecht, außer bei den niedrigsten Konzentrationen.

Nitrate im Leitungswasser sind heute für den Aquarianer ziemlich leicht zu entfernen. Außerdem werden andere potentiell schädliche Stoffe wie Phosphate und Sulfate häufig gleichzeitig entfernt. Harze, Deionisierer und Umkehrosmosegeräte erledigen diese Aufgabe. Eine Umkehrosmose (siehe Seite 20–21) liefert eine tadellose Wasserqualität, aber es ist auch die teuerste Möglichkeit. Die meisten Aquarianer kaufen ein austauschbares Harz, das wirksam und einfach zu verwenden ist.

Die Anreicherung von Nitraten im Aquarium kann durch Wechsel mit belastetem Wasser auftreten, entsteht aber auch von selbst durch den biologischen Filtervorgang. Dicht besetzte oder überfütterte Aquarien, wo der Nitratgehalt schnell außer Kontrolle geraten kann, leiden am meisten darunter.

Verminderung des Nitratgehaltes im Aquarium

Es gibt drei Methoden, um Nitrat im Aquarium zu vermindern. Die erste und einfachste ist der regelmäßige Wasserwechsel mit nitratfreiem Wasser. Abhängig von der Besatzdichte sollte bei den meisten Becken alle zwei Wochen 15–25 Prozent des Wassers ausgetauscht werden. Diese Methode wird als **Verdünnung** bezeichnet.

Die zweite, weniger vorhersehbare Methode ist das Einpflanzen von vielen Makroalgen wie *Caulerpa* spp. Die Algen nutzen Nitrat als Nährstoff. Wenn sie regelmäßig abgeerntet werden, werden so die Giftstoffe aus dem Becken entfernt, und neues Wachstum wird gefördert, um den Prozeß fortzusetzen. Diese Methode nennt man **Assimilation**.

NITRATFILTER

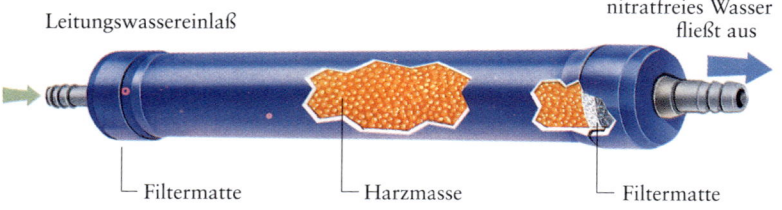

Leitungswassereinlaß

nitratfreies Wasser fließt aus

Filtermatte   Harzmasse   Filtermatte

Nitratfilter müssen von Zeit zu Zeit neu geladen werden, um eine höchstmögliche Wirksamkeit zu besitzen. Das geschieht durch das Berieseln mit einer Salzwasserlösung. Die meisten Modelle können etwa tausendmal aufgeladen werden.

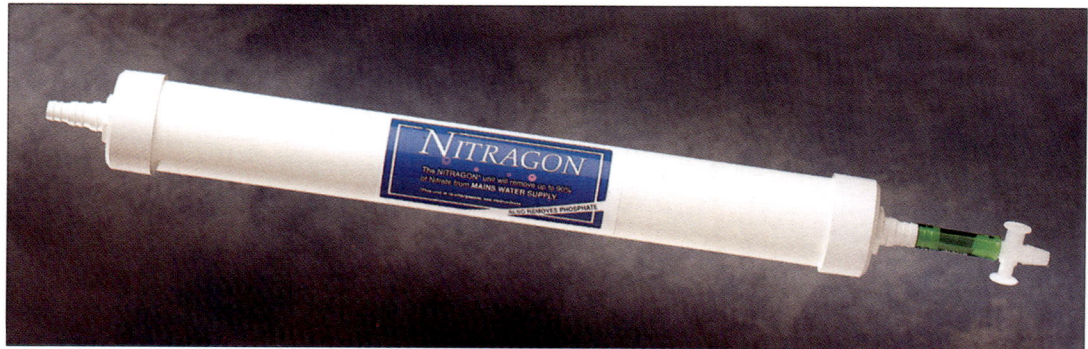

◆ *Wie wirkt hoher Nitratgehalt auf Fische?*

Appetitlosigkeit, blasse Farben, Tumore, Flossenfäule und eine herabgesetzte Widerstandsfähigkeit.

◆ *Können Nitrate anders als durch das Leitungswasser eingeschleppt werden?*

Ja, einige minderwertige Salzmischungen enthalten Nitrat ebenso wie einige Algendünger. Es ist ratsam, die gewählte Salzmischung mit destilliertem oder anderem nitratfreiem Wasser zu vermischen und auf Nitrat zu untersuchen. Algendünger wird fast immer aus Natriumnitrat hergestellt und sollte auch getestet werden. Minderwertige Aktivkohle kann auch eine Nitratquelle sein, obwohl die meisten Sorten nitratfrei sind.

◆ *Kann ein hoher Nitratgehalt ein Anzeichen für weitere Probleme sein?*

Ja. Hohe Nitratgehalte sind gewöhnlich mit verschlechterten Wasserbedingungen verbunden. Als Ausgleich sollte häufiger ein Wasserwechsel stattfinden.

◆ *Vermindert ein Wasserwechsel von 50 Prozent die Nitratmenge um denselben Wert?*

Ein 50%iger Wasserwechsel reduziert den Nitratgehalt nicht um 50 Prozent. Nur regelmäßige Wasserwechsel führen zu einer dauerhaften Herabsetzung.

◆ *Warum zeigen einige Tests ihre Ergebnisse in verschiedenen Skalen?*

Einige Hersteller haben als Meßwert die Menge der Nitrogen-Ionen (Nitrat-Stickstoff, NO_3-N) gewählt, während andere den Gesamtnitratgehalt (NO_3) messen. Um NO_3-N in NO_3 umzurechnen, muß man mit 4,4 multiplizieren. Andersherum muß man durch 4,4 dividieren. Angaben in diesem Buch beziehen sich immer auf NO_3. Um Verwirrung zu vermeiden, kontrollieren Sie vor dem Kauf immer die Skala auf dem Test.

Die dritte Methode, die **Denitrifikation**, ist sicherlich sehr wirkungsvoll, aber erfordert einen getrennten Filterbereich. Hier wird ein anaerobes (sauerstofffreies) Umfeld geschaffen, durch welches das Aquariumwasser langsam hindurchsickert (nicht zu verwechseln mit einem aeroben Rieselfilter). Anaerobe Bakterien nehmen die Nitrate auf, wandeln sie zunächst in Stickoxide und schließlich in freies Stickstoffgas um.

Die Durchflußrate durch den Denitrifikationsfilter muß sorgfältig kontrolliert werden: zu schnell, und das Nitrat wird in Nitrit zurückverwandelt, zu langsam, und tödlicher Schwefelwasserstoff mit seinem unverwechselbaren Geruch nach faulen Eiern wird gebildet. Kommerzielle Denitrifikationssysteme sind erhältlich, und viele »Totalsysteme« haben sie standardmäßig integriert. Es ist auch ziemlich einfach, sie aus einem Abflußrohr aus Kunststoff herzustellen.

Natürlich sollte nichts den Aquarianer davon abhalten, alle vorbeugenden Maßnahmen zur Herabsetzung des Nitratgehaltes zu ergreifen, und man sollte anstreben, in einem reinen Fischbecken einen Gesamtnitratgehalt (NO_3) von weniger als 25 ppm und in einem Wirbellosenaquarium unter 10 ppm zu erreichen. Wenn alle diese Möglichkeiten zur Verminderung des Nitrats erfolglos bleiben, muß der Aquarianer ernsthaft erwägen, den Besatz des Beckens zu vermindern.

☞ Durch Aufteilen des Filterkastens in Abteile wird die Länge des Filters erheblich vergrößert, wodurch die anaeroben Bakterien mehr Zeit haben, das durchströmende Wasser zu reinigen. Das einströmende Wasser muß mechanisch gefiltert werden, damit Teilchen, die Verstopfungen verursachen können, entfernt werden.

DENITRIFIKATIONSFILTER

geeignetes Medium: Schwämme, Lavagranulat, Korallenkies usw.

Zustrom vorgefilterten Wassers

Abfluß des gereinigten Wassers

Einfahren des Aquariums

Von allen Ereignissen, die beim Betrieb eines Meerwasseraquariums stattfinden, muß das anfängliche Einfahren des biologischen Filters als wichtigstes eingestuft werden. Der Filter reinigt das Aquarium von Stoffwechselabfallprodukten schnell und wirkungsvoll. Ein falsches Einrichten führt zu einem schnellen Anstieg von Ammonium und Nitrit, die extrem giftig sind und zum Tod der Tiere innerhalb weniger Stunden führen können.

Um solch ein tragisches Ereignis zu vermeiden, ist es äußerst wichtig, daß sich im Aquarium verschiedene Arten von nützlichen, aeroben (sauerstoffliebenden), ammoniumzersetzenden Bakterien der Gattung *Nitrosomonas* ansiedeln, bevor Tiere eingesetzt werden. Diese Bakterien produzieren als Abfallprodukte Nitrite, die etwas weniger giftig für Tiere, aber immer noch gefährlich sind. Diese werden wiederum von anderen Bakterien der Gattung *Nitrobacter* aufgenommen. Sie produzieren auch ein Abfallprodukt, das aus weit harmloseren Nitraten besteht, die von anderen Bakterien unter anaeroben (sauerstofffreien) Bedingungen zersetzt werden.

Diese Baktieren sind nicht an marine Bedingungen gebunden. In der Tat treten sie praktisch überall an Land und im Wasser auf, wo organisches Material zum Zersetzen vorhanden ist. Sie sind Bestandteil des sogenannten Stickstoffzyklus (siehe Grafik).

Methoden für das Einfahren

Wenn das neu eingerichtete Aquarium in Betrieb ist, können verschiedene Methoden angewendet werden, um Bakterien einzuführen und zu fördern, damit sie sich in dem richtigen Filtermedium ansiedeln. Die erste und häufigste Methode ist das Zusetzen einer im Handel erhältlichen speziellen Flüssigkeit, die über mehrere Tage hinweg in bestimmten Dosen oder in einer einmaligen Gabe zugesetzt wird, abhängig von den Bestandteilen und Herstellerangaben. Die Ansiedlung und Vermehrung der Bakterien kann durch die Messung von Ammonium- und Nitritgehalt verfolgt werden.

Wenn alle Spuren von Ammonium und Nitrit verschwunden sind, kann man annehmen, daß *Nitrosomonas*- und *Nitrobacter*-Bakterien Fuß gefaßt haben, und die ersten Tiere können eingesetzt werden. Das Einfahren kann bis zu 28 Tage brauchen, um abgeschlossen zu sein. Da alle Systeme verschieden sind, sind einige eher fertig, andere brauchen etwas länger.

Lebende Bakterienkulturen als fast sofortiger Start des Einfahrens sind im Handel erhältlich. Diese Kulturen enthalten die richtigen Bakterienarten in riesigen Mengen, die sich sofort in dem biologischen Medium ansiedeln. Um die große Anzahl der Bakterien zu bewahren, werden die Kulturfläschchen gekühlt gelagert. Die Bakterien bleiben dann 3 Monate lebensfähig. Bakteriolo-

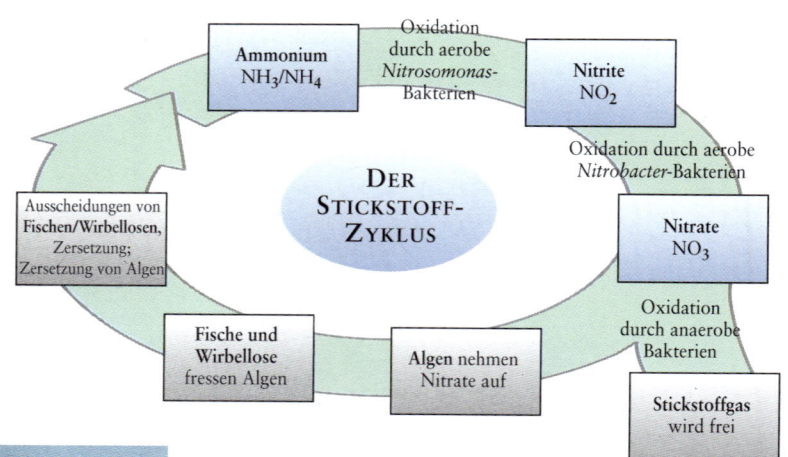

Der Stickstoffzyklus beschreibt die Abfolge der chemischen Reaktionen, bei denen Stickstoff durch ein Ökosystem, in diesem Fall das Meerwasseraquarium, zirkuliert. Im Aquarium ist das Ziel, möglichst viel dem System in Form von Stickstoffgas zu entziehen und die Anreicherung von schädlichem Ammonium und Nitriten zu verhindern.

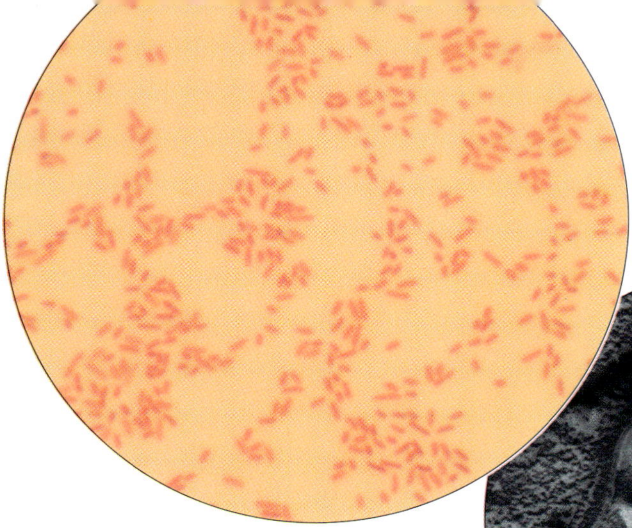

◀ *Nitrosomonas*-Bakterien in 500facher Vergrößerung.

▼ *Nitrobacter*-Bakterien in 60 000facher Vergrößerung.

EINFAHREN DES BIOLOGISCHEN FILTERS

KONZENTRATIONEN in ppm (mg/l)

Nitrite

Ammonium

Einfahrphase abgeschlossen, Tiere können eingesetzt werden

Nitrate

TAGE

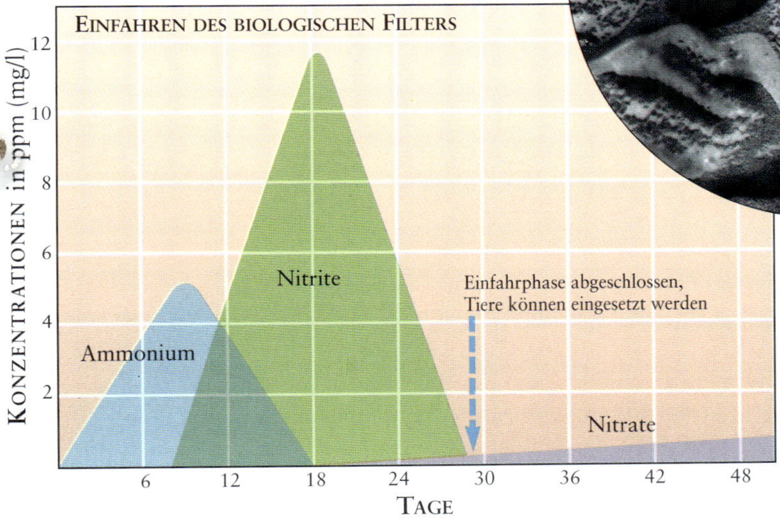

◀ Ungefähre Darstellung der Veränderungen in der Konzentration von giftigen Bestandteilen während des Einfahrens. Zuerst reichert sich Ammonium an, wird in Nitrit und dann in Nitrat umgewandelt. Die Ammonium- und Nitritmengen sollten bei Null liegen, bevor Tiere eingesetzt werden.

✦ *Welches ist die zuverlässigste und sicherste Methode zum Einfahren?*

Spezielle Flüssigpräparate haben mehrere Vorteile. Auch wenn es bedeutet, etwas zu warten, bis sich die Bakterien angesiedelt haben, kann der ganze Vorgang mit Wasseruntersuchungen verfolgt werden, um sicherzugehen, daß die Bedingungen für Tiere sicher sind. Es ist auch unmöglich, dadurch Krankheiten oder Verschmutzungen einzuschleppen.

✦ *Können lebende Bakterienkulturen eine Lagerung unter warmen Bedingungen überstehen?*

Bakteriologen sagen, daß die Lagerung unter solchen Bedingungen zu einem rapiden Verlust der Bakterien führt, was bedeutet, daß das Produkt unzuverlässig wird. Die Produkte sollten gekühlt sein.

✦ *Ist es möglich, das Einfahren bei einem mit der Flüssigkeit beimpften Becken zu beschleunigen?*

In einigen Fällen kann das Anheben der Temperatur auf 32 °C den ganzen Vorgang beschleunigen und könnte eine sinnvolle Alternative für Becken sein, bei denen das Einfahren zäh verläuft. Reduzieren Sie die Temperatur langsam auf 25 °C, bevor Tiere eingesetzt werden.

✦ *Leben Nitrosomonas- und Nitrobacter-Bakterien nur in dem Filter?*

Nein. Sie leben auf Steinen, Glas und Algen. In der Tat auf fast jeder Oberfläche, die gut mit Sauerstoff versorgt und ziemlich fest ist. Durch das Entfernen sämtlicher Steine aus einem eingefahrenen Becken und das Ersetzen durch neue kann die biologische Reinigungswirkung des Aquariums herabgesetzt werden. Dasselbe gilt für Steine, die gesäubert wurden.

gen bestehen darauf, daß dies die beste Methode ist, um die Kulturen für einen sofortigen Einsatz aufzubewahren.

Eine andere Methode, die seit den ersten Tagen der Meerwasseraquaristik angewandt wird, ist das Einsetzen einiger Riffbarsche in das noch nicht eingefahrene System, deren Abfallprodukte das Wasser mit Ammonium und Nitrit anreichern, was die Bakterien zum Ansiedeln und Vermehren veranlaßt. Obwohl Riffbarsche ziemlich widerstandsfähig sind, sind sie nicht immun gegen die Giftstoffe ihrer eigenen Abfallprodukte und sterben häufig daran. Solchen Giftstoffen ausgesetzt zu sein, erhöht auch die Wahrscheinlichkeit, Krankheiten wie die Pünktchenseuche oder *Oodinium* zu bekommen, wodurch das Aquarium sofort eine mögliche Gefahr und ein Infektionsherd für die zukünftig dort lebenden Tiere ist. Riffbarsche sind sehr territoriale Fische, und wenn sie die anfängliche Belastung überstehen, können sie gegenüber neuen Insassen sehr aggressiv werden. Alles in allem sollte diese Methode nicht angewandt werden.

Lebende Steine waren auch eine beliebte, wenn auch ziemlich enttäuschende alternative Methode, um die benötigten Bakterien einzuführen. Die meisten Tiere in einem Lebenden Stein sind jedoch sehr empfindlich gegen Ammonium und Nitrit und sterben schnell in einem Becken, das nicht eingefahren ist. Unter Berücksichtigung des relativ hohen Preises eines Lebenden Steines und dem möglichen Verlust der Tiere, kann auch diese Methode dem Aquarianer nicht empfohlen werden.

Einfahren mit Black Mollies

Um Fische zum Einfahren eines Beckens zu verwenden, haben sich Black Mollies als geeignete, jedoch unerwartete Alternative erwiesen. Black Mollies sind vom Menschen gezüchtete Hybriden, die immer noch Eigenschaften ihrer wilden Vorfahren in sich tragen. Ihre Fähigkeit, unter Meerwasserbedingungen zu leben und zu gedeihen und die Wirkung von hohen Ammonium- und Nitritgehalten aufzuheben, macht sie für das Einfahren eines Aquariums geeignet. Man muß Vorsicht walten lassen, wenn sie von Süßwasser- auf Meerwasserbedingungen umgestellt werden. Am einfachsten erfolgt dies, indem man Meerwasser in ihr Becken tropfen läßt mit einer Frequenz von einem Tropfen pro Sekunde. Der

◆ *Wie oft sollten biologische Filter gereinigt werden?*

Nicht oft, gerade häufig genug, damit sie nicht durch Mulm und Schmutzstoffe verstopfen. Spülen Sie Schwämme, Sand, Kies und andere Materialien in Aquarienwasser aus. Ein Ausspülen unter Leitungswasser tötet die Bakterien und zerstört den Filter.

◆ *Stehen nitrifizierende Bakterien in direkter Beziehung zu der Anzahl der Tiere im Becken?*

Ja. Darum bringt jeder Neuzugang das biologische Gleichgewicht vorübergehend durcheinander, bis die Bakterien sich vermehrt haben, um die zusätzlichen Abfallstoffe verarbeiten zu können. Daher besetzen Sie das Aquarium langsam.

◆ *Was tun, wenn das Einfahren nicht erfolgreich ist?*

Wenn die Anlage richtig funktioniert und das Wasser nicht durch Giftstoffe von außen belastet wird, müssen alle Aquarienfilter schließlich eingefahren sein. Vier Wochen sind keine ungewöhnlich lange Zeit, um darauf zu warten, bis die letzten Spuren von Ammonium und Nitrit verschwinden.

Black Mollies sind hauptsächlich Süßwasserfische, können aber an Meerwasserbedingungen angepaßt werden, wo sie sinnvoll für das Einfahren eines neuen Beckens eingesetzt werden können.

♦ *Können die Lampen während des Einfahrens angeschaltet bleiben?*

Ja. Es gibt keinen Grund, der dagegen spricht. Früher empfahl man, das Einfahren sollte im Dunkeln stattfinden, obwohl die Erfahrung lehrt, daß es nur wenig oder keinen Unterschied macht.

♦ *Kann man mit dem Besetzen beginnen, wenn noch Restmengen von Ammonium und Nitrit vorhanden sind?*

Nein. Der Filter ist noch nicht voll eingefahren, und wenn Tiere eingesetzt werden, steigen die Konzentrationen von Ammonium und Nitrit auf einen gefährlichen Wert.

♦ *Ist es möglich, ein nicht besetztes Becken über einen langen Zeitraum in einem biologisch eingefahrenen Zustand zu halten?*

Ja, ein Tropfen des Flüssigpräparates auf 4 Liter wöchentlich hält es biologisch aktiv und bereit zum Besetzen.

Überlauf wird weggeschüttet, und nach 6–12 Stunden haben sich die Mollies völlig an die Meerwasserbedingungen angepaßt. (Umgekehrt erfolgt die Anpassung an Süßwasser genauso.) Mollies sind nicht aggressiv und ernähren sich von Meeresalgen, was eine ungewöhnliche und nützliche Ergänzung für das Meerwasseraquarium ist. Nicht alle Mollies vertragen diese Umstellung. Es sollten nur Black Mollies für diesen Zweck verwendet werden.

»Aussäen« von Korallensand

Ein »Aussäen« von Korallensand aus einem eingefahrenen System in das Substrat kann helfen, das Einfahren zu beschleunigen, indem eine lebende Bakterienkultur eingeführt wird. In Zusammenhang mit einem entsprechenden flüssigen Präparat kann es sich als sehr erfolgreich erweisen. Man sollte darauf achten, daß pH-Wert und Dichte beider Aquarien übereinstimmen, damit die Bakterien nicht absterben, wodurch die ganze Aktion wirkungslos wäre. Man sollte auch aufpassen, wenn das Becken, aus dem der Sand stammt, schon einmal eine Krankheit hatte oder mit Medikamenten behandelt wurde. Sie kann in einem neuen, unbehandelten Umfeld schnell wieder ausbrechen und Probleme bei den Tieren verursachen.

Von Zeit zu Zeit scheint der Markt überschwemmt zu werden mit Granulaten, Pulvern, Tropfen und anderen Mitteln, die den Anspruch erheben, ein Aquarium könne durch sie innerhalb von 24 Stunden bis drei Wochen eingefahren sein. Der Aquarianer mag gerne eines dieser Produkte ausprobieren. Aber man sollte daran denken, daß sich Bakterien nur mit einer bestimmten Geschwindigkeit vermehren können und daß Angaben, die über der natürlichen Vermehrungsfähigkeit liegen, häufig zu bitteren Enttäuschungen für den Anfänger führen. Deshalb kontrollieren Sie immer den Verlauf des Einfahrens, indem Sie Ammonium- und Nitrigehalt messen und niemals Tiere einsetzen, bis beide Tests Null ergeben (die Black-Molly-Methode ist natürlich davon ausgenommen).

Die meisten Medikamente sind völlig sicher und schädigen die nitrifizierenden Bakterien nicht. Eine Ausnahme sind Antibiotika, die alle Bakterien vernichten, den biologischen Filter ernsthaft schädigen oder sogar zerstören und somit die Tiere zusätzlich belasten.

Wasserwechsel

Der Wasserwechsel ist wahrscheinlich die einzige wichtige Maßnahme, die der Meeresaquarianer ergreifen kann, um den wertvollen Tierbestand zu stärken, zu beleben und zu bewahren.

Das Meerwasser ist eine unglaublich komplizierte Mischung aus Substanzen, die plötzlichen Wechseln innerhalb der Begrenzung eines Aquariums unterworfen sind. Wenn nicht regelmäßig aufgefüllt wird, verändert die Mischung den gewünschten Zustand, führt zu einer Belastung der Tiere und wahrscheinlich zu Krankheit und Tod. Es ist klar, daß Wasser eine schwere Substanz ist, die nicht unbedingt den Anreiz bietet, daß man große Mengen von ihr bewegt, besonders wenn man davon nur Rückenschmerzen zu erwarten hat. Aber es gibt drei Methoden für den Wasserwechsel, die es dem Aquarianer erleichtern.

Temporär

Wenn ein geeigneter Abfluß relativ nahe zur Verfügung steht (innerhalb von etwa 9 m), können eine Aquariumpumpe und ein langer Schlauch die Arbeit erheblich erleichtern. Die Pumpe wird nicht nur zum Absaugen der erforderlichen Wassermenge aus dem Becken verwendet, sondern kann auch eingesetzt werden, um das neue Wasser ins Aquarium zu pumpen. Obwohl eine Elektropumpe verwendet werden kann, ist eine Aquarienpumpe wesentlich effizienter, besonders wenn die Schläuche recht lang sind.

✦ *Gibt es irgendwelche nützlichen Ratschläge, die befolgt werden sollten, wenn die temporäre Wasserwechselmethode angewendet wird?*

Ja. **1** Kaufen Sie eine Pumpe mit guter Qualität und der richtigen Kapazität. **2** Decken Sie den Ansaugstutzen ab, damit keine Tiere hineingezogen werden. **3** Kaufen Sie Schläuche von guter Qualität ohne Knicke und bewahren Sie sie aufgerollt auf (Knicke behindern den Durchlauf). **4** Verwenden Sie nur für Aquariumwasser vorgesehene Pumpen und Schläuche, um Verunreinigungen zu vermeiden.

✦ *Wie kann bei dem halbautomatischen System eine gleichmäßige Temperatur im Wasserbehälter gewährleistet werden?*

Eine kleine Pumpe oder ein Ausströmer können für zusätzliche Zirkulation (zum Temperaturausgleich) und für die Verteilung des Salzes sorgen.

✦ *Ist es wichtig, frisch vermischtes Meerwasser in einem speziellen Behälter aufzubewahren?*

Ja. Nicht alle Behälter sind geeignet, da einige Giftstoffe in das Wasser abgeben. Ein lebensmittelechtes Gefäß ist am besten und sollte unbedingt verwendet werden.

✦ *Kann eine Meerwassermischung unbegrenzt aufbewahrt werden?*

Es ist ratsam, eine frisch gemischte Salzwasserlösung innerhalb von 48 Stunden zu verwenden, um eine Infizierung mit Bakterien, Algen oder in der Luft befindlichen Schadstoffen (z. B. Zigarettenrauch) zu verhindern.

☞ Markieren Sie die Wasserhöhe, bevor Sie mit dem Absaugen beginnen, so daß Sie die genaue Menge Wasser ermitteln können, die ersetzt werden muß.

TEMPORÄRER WASSERWECHSEL

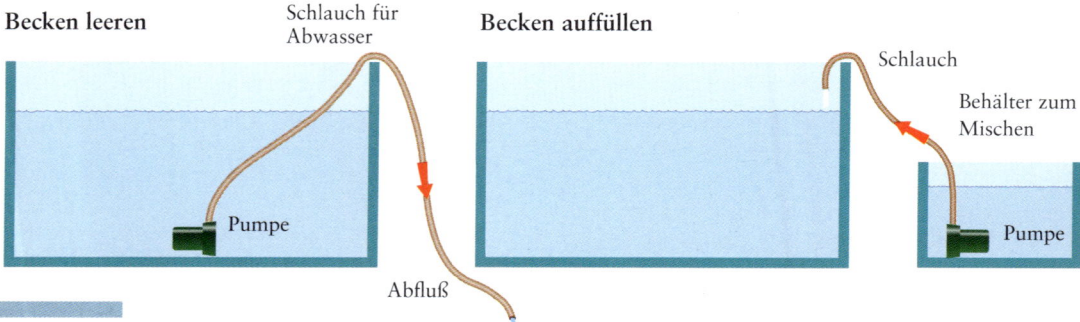

Becken leeren Schlauch für Abwasser **Becken auffüllen** Schlauch Behälter zum Mischen Pumpe Pumpe Abfluß

Halbautomatisch

Diese Methode ähnelt der des temporären Wasserwechsels, aber einige der Verbindungen und Geräte sind dauerhaft angeschlossen. Zum Beispiel ist die Abflußleitung fest mit den Anschlüssen verbunden. Das Schmutzwasser wird durch ein Ventil dem Abfluß entnommen und einem Rieselfilter, Topffilter oder ähnlichem zugeführt. Ein Behälter mit dem Austauschwasser wird entweder neben das Aquarium oder an einen unauffälligen Platz etwas weiter weg gestellt. Mit diesem Aufbau können geringe, aber sehr regelmäßige Wasserwechsel mit wenig Aufwand durchgeführt werden. Trotz der Tatsache, daß nur kleine Mengen Wasser auf einmal ausgetauscht werden, ist es sinnvoll, eine Heizung in dem Gefäß mit dem Ersatzwasser anzubringen, die auf dieselbe Temperatur wie im Aquarium eingestellt wird. Das verhindert Temperaturschwankungen im Becken, die bei jedem Wechsel durch das kühlere Wasser auftreten würden.

Automatisch

Wenn Raum, Geldbeutel und Begeisterung für die perfekte Einrichtung ausreichen, ist ein automatisches Wasserwechselsystem die perfekte Lösung. Eine dauerhafte Abflußleitung ist noch erforderlich, aber durch sie laufen pro Sekunde nur ein oder zwei Tropfen Wasser. Eine dosierbare Pumpe angeschlossen an einen Schwimmerschalter ist erforderlich, um das abgeflossene Wasser zu ersetzen, ohne daß das Becken überläuft. Die Menge, mit der das Wasser aus dem Becken verdunstet, muß berücksichtigt werden, wenn sich der Salzgehalt nicht erheblich verändern soll. Ein Leitfähigkeitskontrollgerät ist erforderlich, um die richtige Menge Süßwasser zurück in das System zu leiten, damit das richtige Gleichgewicht bestehten bleibt.

Der Behälter mit der frischen Meerwassermischung kann versteckt werden, damit er zu der ganzen Einrichtung paßt. Da das Ersetzen des Wassers relativ langsam erfolgt, ist eine Heizung nicht unbedingt erforderlich.

➤ Einrichtungen zum automatischen Wasserwechsel können die schwere Arbeit erleichtern und mit wichtigen Wartungsarbeiten verbinden. Ein Rieselfilter unter dem Becken ist nicht unbedingt notwendig, solange eine dauerhafte Abflußmöglichkeit vorhanden ist. Die Füllung des Ersatzbeckens muß regelmäßig kontrolliert werden.

AUTOMATISCHER WASSERWECHSEL

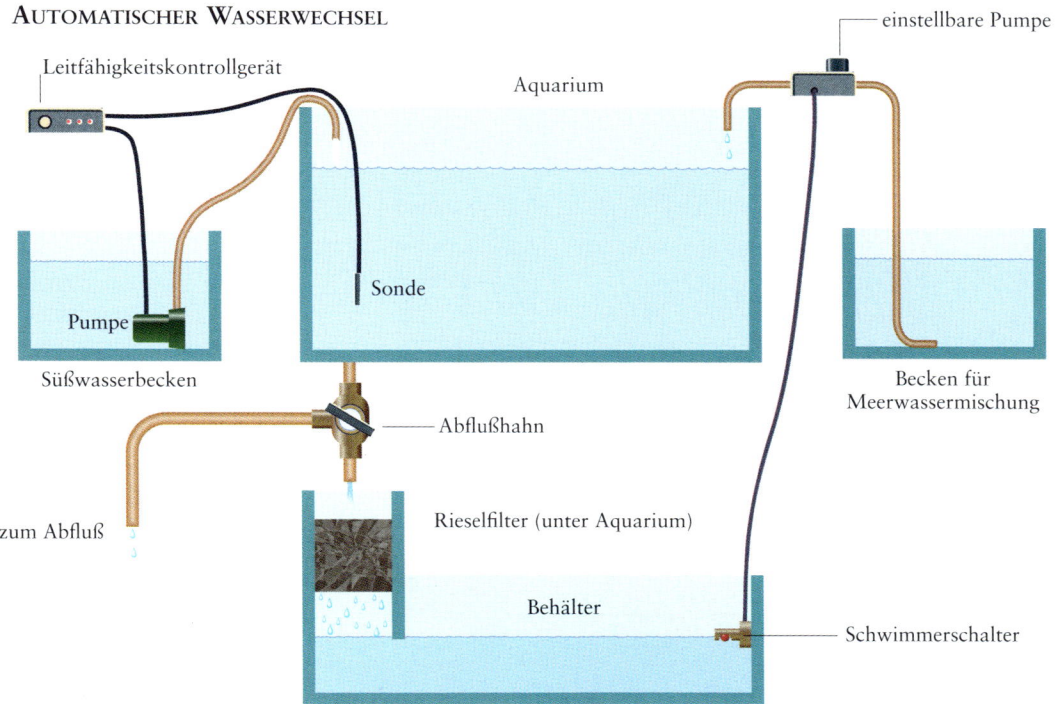

Leitfähigkeitskontrollgerät

Aquarium

einstellbare Pumpe

Pumpe

Sonde

Süßwasserbecken

Becken für Meerwassermischung

Abflußhahn

zum Abfluß

Rieselfilter (unter Aquarium)

Behälter

Schwimmerschalter

Wasserumwälzung

Die enormen Vorteile der richtigen Wasserbewegung im Meerwasseraquarium werden von den meisten Aquarianern häufig unterschätzt. Das ist nur zu verständlich, wenn so viele andere Elemente wie Beleuchtung und Filterung anscheinend viel mehr Aufmerksamkeit erfordern. Bei den meisten Aquarien (insbesondere Riff-Aquarien) bewegt sich das Wasser häufig kaum, und die Tiere erscheinen leblos und unnatürlich in ihrem Aussehen. Das steht natürlich im totalen Gegensatz zu den normalen Bedingungen in der freien Natur.

Die Flachwasserzonen im Korallenriff sind Bereiche von äußerst starken, manchmal gewaltigen Wasserbewegungen. Sie kommen durch Wellen zustande, die sich über viele Kilometer durch das tiefe Meer bewegen und plötzlich durch den erhöhten Meeresboden nur noch begrenzten Platz haben. In den meisten Fällen nehmen die Riffaußenseiten die volle Wucht dieser Kräfte auf und erzeugen starke Strömungen nach innen, um und über die Tierkolonien, wogegen lokale Strudel und Verwirbelungen für wahllose Turbulenzen verantwortlich sind. Sessile Wirbellose und viele Fische sind gut an diese Naturkräfte angepaßt und brauchen häufig solche Bedingungen zum Gedeihen.

Die Vorteile von Wasserbewegungen

Die zwei Haupttypen von Wasserbewegungen, die in einem Becken nachgestellt werden, sind Strömung und Turbulenzen. Strömung ist die Vorwärts- und Rückwärtsbewegung des Wassers quer über das Riff, wie sie durch Wellen verursacht wird. Sie drückt Seefächer in die eine und dann in die andere Richtung, fast im rechten Winkel. Turbulenzen sind eher willkürliche Bewegungen des Wasser in alle Richtungen, verursacht durch Strudel und Verwirbelungen. Durch sie drehen und winden sich Weich- und Lederkorallen in alle Richtungen.

Indem man mittelmäßige bis starke Strömungen und Turbulenzen im Aquarium erzeugt, wird eine Reihe von Vorteilen ersichtlich:

Kohlendioxid (CO_2) wird weit schneller verteilt. Da es die Neigung hat, das Wasser anzusäuern, wodurch der pH-Wert sinkt, entfällt ein Grund für eine pH-Absenkung, wenn weniger dieses Gases sich im Wasser befindet.

Sauerstoff (O_2) kann sich besser im Wasser lösen und hebt den pH-Wert leicht an. Das kommt daher, weil Sauerstoff das Wasser basischer macht, und deshalb steigt der pH-Wert an. Als zusätzlicher Vorteil fördern die richtigen Konzentrationen von CO_2 und O_2 Gesundheit und Widerstandskraft von Fischen und Wirbellosen.

Die Polypen dieser *Clavularia* wiegen sich in der Strömung. Wie ihr Nachbar, die Riesenmuschel *Tridacna crocea*, nutzen sie die vielen Vorteile von bewegtem Aquariumwasser.

Unerwünschte Gase wie Stickstoff (als Produkt der Denitrifikation, die auf und zwischen den Steinen stattfindet) und Ammonium werden viel schneller entfernt, wenn eine rege Zirkulation stattfindet, besonders an der Wasseroberfläche.

Einheitliche Temperatur. Die ständige und häufige Vermischung des Wassers vermeidet warme und kalte Stellen.

»**Totzonen**«, in denen keine Wasserbewegung stattfindet, treten wesentlich seltener auf.

Tierische Abfallprodukte, besonders von sessilen Wirbellosen, werden schnell und wirksam entfernt. Dagegen kommen Nährstoffe und Elemente, die sich im Meerwasser befinden, häufiger mit den Tieren in Kontakt.

Schmutzstoffe lagern sich nicht so stark ab, sondern bleiben in Lösung und werden von den Filtern entfernt.

Die **physikalische Stimulation** durch Strömungen und Turbulenzen fördert die Gesundheit der meisten Tiere.

Wasserbewegung erzeugen

Man braucht eine Reihe von sehr starken Pumpen, um das Aquariumwasser zu bewegen. Der Widerstand von Steinen und Dekorationsgegenständen hemmt den Fluß erheblich. Mindestens 2 Pumpen werden für ein 90 cm langes Becken

benötigt, 3 für ein 120-cm-Aquarium, 4 für ein 150-cm-Becken, 5 für ein 180 cm langes Becken usw. Das erscheint bei einem größeren Aquarium sehr viel, aber eine realistische Strömung in einem 400–1000 Liter großen Becken zu erzeugen, ist keine leichte Aufgabe!

Man muß mit den Positionen etwas herumprobieren, um die beste Wirkung zu erzielen. Wenn die Ausströmöffnungen gegeneinander weisen, entstehen zufällige Muster von Turbulenzen und verschiedenartige Strömungen. Eine kreisförmige Strömung wie bei einem Whirlpool sollte man möglichst vermeiden, wenn nicht ein entgegengerichtetes Element vorhanden ist, welches das Muster unterbricht. Obwohl die Tiere den Vorteil einer zusätzlichen Strömung wahrnehmen sollen, ist es nicht ratsam, den Auslaß einer Pumpe direkt auf ein Tier zu richten. Dadurch entstehen unerwünschte Schäden an den Tieren!

Umwälzpumpen können durch einen elektronischen Strömungsregler kontrolliert werden. Er kann auf eine bestimmte An-Aus-Sequenz oder auf ein Zufallsmuster programmiert werden. Die meisten haben den zusätzlichen Vorteil einer Fütterungszeitschaltuhr, so daß alle Pumpen für etwa 5 Minuten ausgeschaltet werden können, um die Tiere unter ruhigen Bedingungen zu füttern. Das Einschalten erfolgt automatisch.

✦ *Sollte das Strömungsmuster während der Nacht verändert werden?*

Ja. Die meisten Korallen und Fische begeben sich im Dunkeln in eine Ruhephase und wissen ruhige Bedingungen zu schätzen. Einige Umwälzpumpen können zusammen ausgeschaltet werden. Die Koppelung mit der Lichtschaltuhr ist eine gute Idee.

✦ *Erzeugen Filterpumpen genug Zirkulation?*

Die Erfahrung hat gezeigt, daß es nicht so ist. Die meisten Becken besitzen eine Umwälzung, die sehr träge ist. Schalten Sie niemals die Pumpen aus, die biologische Filter antreiben, oder verbinden Sie sie nicht mit dem Strömungsregler, wenn dieser stillsteht.

✦ *Können Sie einige Arten aufführen, denen eine zusätzliche Strömung zugute kommt und einige, bei denen das nicht der Fall ist?*

Für *Xenia* spp., Pumpkorallen, Anemonen, Steinkorallen, Weichkorallen, Hornkorallen, Muscheln, Seefächer, Polypenkolonien, Schwämme und Seescheiden ist es von Vorteil. Pilzkorallen, Seepferdchen, Seenadeln,

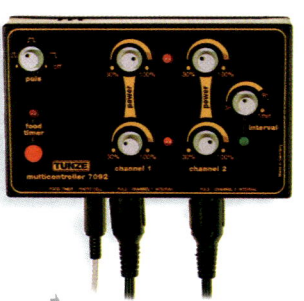
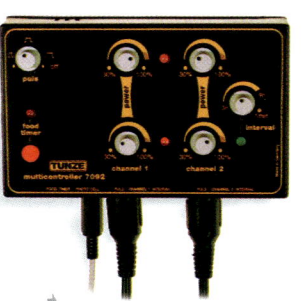

Ein Strömungsregler steuert automatisch verschiedene Umwälzpumpen.

Eine Umwälzpumpe sollte leise und energiesparend sein, nicht so schnell verstopfen und regelmäßig gewartet werden.

Haie, Kardinalfische, Rochen und einige Algenarten bevorzugen ruhigere Bedingungen.

✦ *Bewirkt der Einsatz von so vielen Pumpen nicht einen großen Stromverbrauch?*

Die meisten Pumpen haben eine geringe Stromaufnahme von 4–20 Watt.

Dekorationsgegenstände

Eine attraktive Dekoration ist für die Zurschaustellung jeder Meeresgemeinschaft äußerst wichtig. Die falsche Wahl kann die teuerste Einrichtung wie einen Haufen Unterwasserschutt aussehen lassen. Obwohl die Auswahl meistens Geschmacksache ist, gibt es auch praktische Erwägungen, ob z. B. die Steine sicher sind, die Wasserqualität negativ beeinflussen und zu den Tieren passen. Alle Steine beeinflussen das Meerwasser irgendwie, aber einige können sich in einer Salzwasserumgebung als giftig erweisen.

Tuffstein: Dies ist der beliebteste Stein für Meerwasseraquarien. Er kommt natürlich an heißen Quellen vor, wo das Wasser kalkhaltig ist. Er wird auch in ehemaligen Meeresböden gefunden. In der Landwirtschaft und in der Aquaristik wird er dort eingesetzt, wo alkalische Bedingungen erforderlich sind. Tuffstein ist weich, leicht zu bearbeiten und puffert den pH-Wert von jedem Aquarium, wenn er sich im Bereich zwischen 7,5 – 9,0 bewegen soll. Er verdrängt viel Wasser, ist aber alles in allem eine ausgezeichnete Wahl für das Meerwasseraquarium.

Lavagestein: Natürliches vulkanisches Gestein ist für ein Meerwasseraquarium nicht zu empfehlen, da es Schwermetalle und giftige Substanzen enthält. Das Lavagestein, das es im Aquaristikbedarf gibt, ist häufig ein Nebenprodukt der Hochofenindustrie und wird als völlig sicher und nicht reaktiv verkauft. Es gibt jedoch Berichte von giftigen Verunreinigungen in Lavagestein, und deshalb sollte man nur von einer zuverlässigen Quelle kaufen. Sicheres Lavagestein ist der ideale Lebensraum für Wirbellose und Fische. Es ist leicht, porös, verdrängt wenig Wasser und hält in sicherer Struktur zusammen. Negativ ist, daß Lavagestein sehr teuer ist, gefährliche scharfe Kanten besitzt und gewöhnlich nicht bearbeitet werden kann. Es hat überhaupt keine Puffereigenschaft und kann sogar leicht sauer sein.

Kalkstein: Kalkstein ist ein sehr harter, besonders alkalischer Stein, der gut in ein Meerwasseraquarium paßt. Er verdrängt jedoch große Mengen Wasser, und sein Abbau sollte aus Umweltschutzgründen nicht erfolgen.

Schiefer: Schiefer ist nicht reaktiv und kann unbedenklich verwendet werden. Er sieht ziemlich unnatürlich aus, ist schwer und verdrängt viel Wasser.

Seepocken: Große Schalen von Seepocken sind sehr dekorativ und stellen geeignete Behausungen für kleine Fische und Wirbellose dar. Sie werden gewöhnlich von Schiffsrümpfen bei der Wartung abgekratzt. Daher verursacht ihre Gewinnung keine Schäden an Riffen.

künstliche Koralle

Seepocken

Tuffstein

Korallen und künstliche Nachbildungen: Tote Korallenskelette können attraktiv aussehen, aber sie waren einmal Bestandteil eines lebenden Riffs und wurden lebend gesammelt und an der Sonne getrocknet. Eine zunehmende Zahl von Meerwasseraquarianern stellt dieses Vorgehen in Frage, besonders seit künstliche Korallen (die aus ungefährlichen Harzen gegossen werden) überall erhältlich sind. Peitschenkorallen und Seefächer werden auch am besten als künstliche Nachbildungen gekauft, da diese länger halten und einfacher zu reinigen sind.

Lebender Stein: Siehe Seite 50 – 51.

Sandstein: Dekorativer Sandstein mit attraktiven Sandstrahlformen und verschiedenfarbigen Streifen ist eine interessant Wahl für jemanden, der etwas Ungewöhnliches möchte. Jedoch verfärbt er sich stark, da Mikroalgen sich auf der Oberfläche ansiedeln.

Versteinertes Holz: Versteinertes Holz ist ungefährlich, aber verdrängt große Mengen an Wasser und hat nur einen geringen dekorativen Effekt.

Andere Dekorationsgegenstände: Keramikkrüge und -vasen können verwendet werden, um eine besonders Wirkung zu erzielen und sind ungefährlich. Etwas Kreativität ist notwendig, damit das Bild überzeugend wirkt. Plastikfiguren und anderer Krimskrams wirken selten gut. Sie sind manchmal sogar gefährlich, da einige Kunststoffe und Farben in Salzwasser giftig sind.

Neue Natursteine und künstliche Dekorationen sind jederzeit erhältlich. Am wichtigsten ist, daß sie für die Verwendung in Salzwasser geeignet sind.

✦ *Wie errichte ich eine Riffwand?*

Bauen Sie eine stabile Basis aus Tuffstein und flachen Sie jeden Stein ab, damit er sicher steht. Errichten Sie die Wand aus mittelgroßen Lavasteinen, die fest zusammenhängen. Für maximale Sicherheit sollte die Höhe ungefähr der Basisbreite entsprechen.

✦ *Kann Tuffstein aus einem mit Kupfer behandelten Becken in einem Wirbellosenbecken verwendet werden?*

Nein. Das Kupfer lagert sich auf dem Stein ab und kann leicht wieder ins Wasser abgegeben werden und somit eine ernste Gefahr für alle Wirbellosen darstellen.

✦ *Ist es besser, große oder kleine Tuffsteinstücke zu kaufen?*

Im allgemeinen kaufen Sie größere Stücke, da sie jederzeit zerbrochen werden können. Strukturen aus kleinen Stücken fallen eher zusammen.

✦ *Was ist ein Korallen-Diorama?*

Hierzu wird eine trockene, beleuchtete Schachtel hinter dem Becken aufgestellt und mit Gegenständen wie Peitschenkorallen, Muscheln, Steinen, Seepocken usw. gefüllt. Die Wirkung kann sehr echt sein, wenn man die Dinge durch das Aquarium betrachtet, da es dem Bild eine größere Tiefe verleiht. Um die Illusion zu erhalten, muß die rückseitige Glasfront immer algenfrei gehalten werden.

✦ *Beschädigen scharfkantige Steine den Aquariumboden?*

Es ist immer möglich, daß der Aquariumboden bricht, wenn scharfkantige Steine als Basis für eine Riffwand verwendet werden. Vermindern Sie das Risiko, indem Sie weichere Steine wie Tuff verwenden.

✦ *Wie können Steine und Dekorationsgegenstände ihre natürliche Erscheinung behalten?*

Alle Steine und Dekorationsgegenstände verfärben sich, wenn sie von Algen besiedelt werden. Das Originalaussehen kann wiedererlangt werden, wenn sie für 24 Stunden in ein Bleichmittel gelegt werden. Alle Spuren des Bleichmittels müssen durch Abspülen unter fließendem Wasser entfernt werden, bevor sie in das Aquarium zurückgestellt werden. Bleichmittel sind sehr giftig und verursachen Schäden an Tieren, falls irgendwelche Rückstände in das Wasser gelangen. Eine sichere, wenn auch etwas umständliche Methode ist das Säubern der Steine durch Auskochen.

✦ *Schadet das Reinigen der Steine dem Aquarium?*

Ja, nitrifizierende Bakterien leben auf den Oberflächen der Steine und wirken als zusätzliche Filterung. Ein Säubern vernichtet die Kolonien, und im Aquarium reichern sich mehr Ammonium und Nitrit an, bis die Steine wieder besiedelt sind.

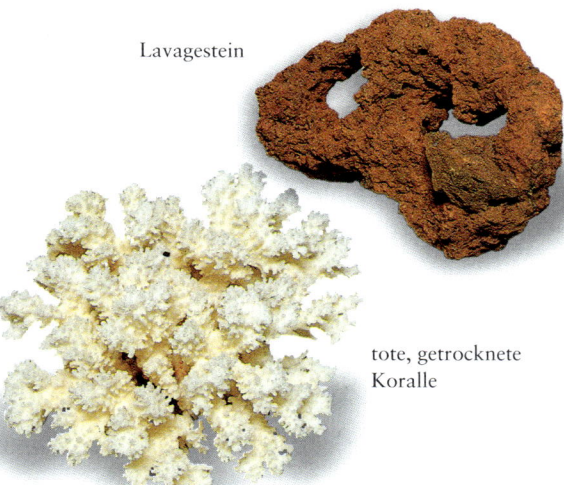

Lavagestein

tote, getrocknete Koralle

Lebende Steine

Lebende Steine sind einfach Stücke aus Kalkstein oder anderen kalkhaltigen Gesteinen, die einige Zeit im Meer verbracht haben und zum Lebensraum für verschiedene Wirbellose und Algen geworden sind. Die Qualität des Steins wird daran gemessen, wie viele Arten auf oder in jedem Stück gefunden werden. Je mehr Arten vorhanden sind, umso besser die Qualität und umso höher der Preis – zumindest in der Theorie! Wertvolle Lebende Steine sollten mindestens einige verschiedene Arten von Krabben, Garnelen, Anemonen, Röhrenwürmern, Seesternen, Schwämmen, Seescheiden, Entenmuscheln, inkrustierten Algen (und einige andere Formen von Algen), Polypen und Weichtieren beherbergen.

Einen Lebenden Stein kaufen

In den meisten Fällen muß der Aquarianer einen Lebenden Stein bestellen, ohne die Gelegenheit zu haben, ihn vorher zu untersuchen. Bestehen Sie immer auf eine vollständige Beschreibung von dem, was sie erwartet. Entspricht die Ware nicht dieser Beschreibung, können Sie reklamieren. Jeder erfahrene Händler kann Lebende Steine von einem Spezialimporteur bestellen. Auf diese Weise sollte der Stein direkt ohne Verzögerung von seinem Ursprungsort zum Kunden gelangen. Lebende Steine werden gewöhnlich »trocken« (ohne Wasser, aber noch naß) in stabilen Plastiktüten verschickt, um die Frachtkosten zu senken. Diese Methode ist akzeptabel, solange es unterwegs keine Verzögerung gibt. Der Preis wird nach Trockengewicht berechnet.

Es ist wichtig, den Lebenden Stein sofort beim Händler abzuholen, sobald er geliefert wird oder zumindest am selben Tag. Unter diesen Bedingungen sollte er verpackt bleiben, bis er beim Kunden zu Hause ist. Wenn er nicht am selben Tag abgeholt werden kann, hat der Händler kaum eine andere Wahl, als ihn in ein Becken zu stellen, und einige Tiere werden in andere Steine abwandern, die nicht mit verkauft werden. Außerdem wird bei Tieren und Pflanzen zusätzlicher Streß verursacht, da sie unnötigerweise von einem Becken ins andere gesetzt werden.

✦ *Treten mit Lebenden Steinen irgendwelche Schädlinge auf?*

Ja, und das ist einer der Hauptnachteile. Fangschreckenkrebse, Pistolenkrebse, Vielborster, räuberische Schnecken und Nacktkiemerschnecken kommen zahlreich in lebenden Steinen vor. Alle Schädlinge aus dem Stein zu entfernen, ist nicht einfach und erfordert einen langen Zeitraum der Isolation, währenddessen jeder Schädling einzeln entfernt werden kann.

✦ *Was ist ein »kurierter« Lebender Stein?*

Beim Versand sterben viele Tiere und Algen, die in oder auf dem Stein leben. Damit der Ammoniumgehalt im Aquarium nicht ansteigt, wenn sich die Tiere und Pflanzen zersetzen, wird der Stein in ein isoliertes Becken gesetzt, bis die Verunreinigungen keine weitere Gefahr mehr darstellen. Der Stein ist dann »kuriert«.

✦ *Können lebende Steine bei der Filterung behilflich sein?*

Ja. Kalkstein ist äußerst porös, und in den Poren kann Denitrifikation stattfinden. Die äußere Oberfläche wird leicht von aeroben Bakterien besiedelt, so daß hier die Oxidation von Ammonium und Nitrit stattfinden kann. Natürlich können andere Steinarten dieselbe Funktion erfüllen.

✦ *Lebende Steine sollten die Grundlage für die »Berliner« Filtermethode sein. Ist das richtig?*

Ja. In Verbindung mit einem leistungsstarken und äußerst wirkungsvollen Eiweißabschäumer stellen Lebende Steine einen Lebensraum für nitrifizierende und denitrifizierende Bakterien dar, um die hauptsächliche biologische Filterfunktion zu übernehmen.

✦ *Überleben alle Lebensformen den Transport?*

Nein. Die wünschenswerten Tiere und Pflanzen sind empfindlich und sterben häufig ab, wogegen die widerstandsfähigeren Schädlinge normalerweise unbeschadet überleben. Sehr häufig ist ein Lebender Stein eine teure Enttäuschung und nicht mehr als ein im Meer verschlissener Stein.

✦ *Ist es ratsam, große Mengen an Lebenden Steinen in ein schon gut besetztes Aquarium zu geben?*

In Anbetracht des zwangsläufigen Anstiegs der Ammoniumkonzentration, nein. Wenn zusätzliche Lebende Steine eingesetzt werden müssen, sollten über einen längeren Zeitraum einzelne Stücke eingebracht werden.

Bei der Ankuft am Bestimmungsort sollte der Stein sofort aus der Transporttüte genommen und in ein eingefahrenes Aquarium gestellt werden. Er wird eine Menge Wasser verdrängen, daher ziehen Sie vorher genug ab, damit es nicht überläuft. Jeglicher Mulm, Schmutzstoffe und fauliges Wasser am Boden der Tüte sollten weggeworfen werden, da sie sehr belastet sind. Stellen Sie die Steine möglichst so auf, daß die »lebende« Seite nach außen weist. Es ist normalerweise nicht nötig, einen Lebenden Stein zu füttern, da sich die verschiedenen Lebensformen

Ein erstklassiger Lebender Stein, wie hier abgebildet, sollte eine Fülle von sessilen Wirbellosen ebenso wie Kresbtiere und Algen beherbergen. Steine, die verschlissen und steril sind, sind das Geld nicht wert.

selbst versorgen. Viele sessile Wirbellosen mögen allerdings Rädertierchen oder den Saft von einer aufgetauten Herz- oder Miesmuschel.

Gute Wasserqualität ist erforderlich

Wenn ein Lebender Stein in ein eingefahrenes Aquarium gesetzt wird, macht eine Erhöhung von Ammonium (verursacht durch den unvermeidbaren Tod von Tieren und Algen) nicht viel aus. Wird der Stein aber in ein nicht eingefahrenes System gesetzt, reichert sich Ammonium an und führt zum Tod von noch mehr Tieren. Lebende Steine gedeihen nur in einem Aquarium mit sehr guter Wasserqualität und intensiver Beleuchtung. Sie sind außerdem nicht für Becken geeignet, in denen hauptsächlich Fische leben.

Mikro- und Makroalgen

Algen sind äußerst urtümliche, pflanzenähnliche Organismen, die schon fast so alt wie das Leben selbst sind. Aufgrund dieser langen Entwicklungsgeschichte haben sich Algen praktisch an alle Lebensräume angepaßt, in denen Feuchtigkeit und Licht zur Verfügung stehen. Von heißen Quellen bis zu arktischen Gewässern, von Schneefeldern auf den höchsten Bergen bis zu dampfenden tropischen Regenwäldern, fast alle ökologischen Nischen konnten von den Algen besetzt werden.

Tropische Meere sind keine Ausnahme, und viele Arten von Mikro- und Makroalgen findet man auf Riffen und in Lagunen. Die Begriffe »Mikro« und »Makro« sollten in diesem Zusammenhang erklärt werden. Mikroalgen bestehen aus einzel-nen Zellen oder aus zu kleinen Gruppen vereinten Zellen. Sie können als freischwimmendes Phytoplankton oder auf Steinen wachsend leben. Makroalgen sind viel größer und besitzen eine unverwechselbare pflanzenähnliche Struktur, die leicht zu erkennen ist, wie z. B. bei den *Caulerpa*-Arten. Dies sind die Algen, die von den meisten Meerwasseraquarianern als dekorativ angesehen werden.

Algen blühen niemals und stehen immer in Verbindung mit Wasser. Sie besitzen nicht das innere

➤ *Caulerpa prolifera* ist, wie der wissenschaftliche Name sagt, eine schnellwüchsige, wuchernde Art, die einfach zu halten ist, aber regelmäßig abgeerntet werden muß, um sie unter Kontrolle zu halten.

Bekannte Algenarten

Caulerpa prolifera: üppig wuchernd und pflegeleicht.

Caulerpa brachypus: ähnlich wie *C. prolifera*, aber mit kleinerem Phylloid. Benötigt gute Wasserqualität.

Caulerpa racemosa, C. sertularioides, C. taxifolia, C. mexicana und *C. cupressoides*: schnellwüchsig und ideal für Anfänger, können aber sessile Wirbellose überwuchern.

Acetabularia spp.: zarte, kelchförmige Arten, benötigen gute Beleuchtung und Wasserqualität.

Valonia ventricosa: oft als Blasenalge bezeichnet. Kann zur Plage werden, wenn sie zwischen sessilen Wirbellosen wächst; läßt sich leicht mit dem Fingernagel abkratzen.

Rhodophyceae: eine Gruppe aus dekorativen Rotalgen, die sehr langsam wachsen.

Kalkalgen

Codiacea spp.: hübsche Rotalgen, die langsam wachsen.

Halimeda spp.: attraktive, kaktusähnliche Algen, die meist schnell wachsen.

Pencillus capitatus: erinnert an einen Rasierpinsel, ist aber schwer zu kultivieren.

⬆ Rote und rosa Kalkalgen inkrustieren Steine, Glas, Pumpen und praktisch alle Oberflächen mit den bevorzugten Bedingungen. Sie können durch gute Wasserqualität und ausreichende Kalziumkonzentration gefördert werden.

F & A ...

✦ *Geben Algen irgendwelche Nebenprodukte ins Wasser ab?*

Ja, sie geben bei Tageslicht Sauerstoff als Nebenprodukt der Photosynthese ab und bei Nacht Kohlendioxid. Normalerweise kommt der Sauerstoff besonders den Fischen zugute, aber wenn das Aquarium übersetzt ist und ein üppiger Algenbewuchs besteht, kann die Kohlendioxidproduktion in der Nacht sehr belastend und in einigen Fällen sogar gefährlich für die Tiere sein. Gute Wasserzirkulation hilft, diese Problem zu mindern.

✦ *Was sind die idealen Bedingungen für nicht kalkaufnehmende Algen?*

Beckengröße über 90 Liter; kein Ammonium; kein Nitrit; Nitrat entsprechend dem Besatz und nicht extra für ein Algenwachstum erhöht; alle zwei Wochen ein 15–25%iger Wasserwechsel; Filterung durch eine der anerkannten Methoden. Kalkalgen benötigen dieselben Bedingungen wie Steinkorallen (siehe Seite 151).

✦ *Brauchen verschiedene Algen unterschiedliche Beleuchtungsarten?*

Ja. Im allgemeinen bevorzugen grüne Kalkalgen die höchste Intensität, und Grünalgen brauchen zumindest durchschnittliche Beleuchtung. Braun- und Rotalgen vertragen weniger Licht, wachsen dann aber gewöhnlich langsamer.

✦ *Was bedeutet »Algen ernten« und warum tut man das?*

»Ernten« bedeutet einfach Ausdünnen und Entfernen. Viele *Caulerpa*-Arten profitieren davon, weil es jüngeren Wuchs fördert. Es ist außerdem eine nützliche Methode, um wild wuchernde Arten unter Kontrolle zu halten. Achten Sie auf ausgewachsene Algen und entfernen Sie diese, wobei die jüngeren, kräftigen Triebe weiter wachsen sollen. Unter günstigsten Bedingungen muß ein Abernten regelmäßig erfolgen.

✦ *Was ist ein »Absterben« und wie läßt es sich verhindern?*

Manchmal stirbt ein ganzer Algenbestand ohne ersichtlichen Grund ab. Die Phylloide werden blaß und irgendwelche Giftstoffe, die sich in der Alge angereichert haben, werden freigesetzt und verursachen eine mögliche Verunreinigung. Es gibt verschiedene Gründe dafür. Der erste ist Mangel an genügend Licht der richtigen Qualität. Der zweite (häufigere) Grund ist eine verschlechterte Wasserqualität, die zur Selbstzerstörung der Alge führt. Manchmal werden die Algen einfach zu alt, um weiterzuleben, was durch regelmäßiges Abernten vermieden werden kann. Wenn ein Absterben auftritt, entfernen Sie alle toten Algen so schnell wie möglich. Die Rhizoide, mit denen die Pflanzen an Steinen festgeheftet waren, können noch grün sein und sich vielleicht wieder erholen, wenn sich die Bedingungen verbessert haben.

Gerüst, das ihren auf dem Land lebenden Verwandten ermöglicht, aufrecht zu stehen. Algen knicken um, wenn sie aus dem Wasser genommen werden. Ausnahmen sind Kalkalgen, die dem Meerwasser Hydrogenkarbonat entziehen, um eine Struktur aufzubauen, die starr ist. Diese Arten sind schwieriger zu halten und zu vermehren.

Makroalgen vermehren sich auf dreierlei Weise: durch »Ausläufer«; durch Sporen, die ins Wasser abgegeben werden; und durch Regeneration von kleinen Stücken, die von der Mutterpflanze abgebrochen sind und sich selbst an einem anderen Ort ansiedeln.

Obwohl viele Makroalgen ähnlich wie Landpflanzen aussehen, sind die Bezeichnungen für ihre Einzelteile ganz anders. Den Blättern der Landpflanzen entspricht das Phylloid, der Stiel ist das Cauloid und die Wurzeln sind das Rhizoid, das nur zur Verankerung im Boden dient und keine Nährstoffe aufnimmt, obwohl es tief in das Substrat eindringen kann. Wie Pflanzen führen Algen Photosynthese durch, wobei sie aus Kohlendioxid und Wasser unter Verwendung von Lichtenergie verwendbare Nährstoffe und Sauerstoff als Nebenprodukt produzieren. Je tiefer das Wasser ist, in dem eine Art lebt, umso geringer ist der Gehalt an grünen Pigmenten, wobei gewöhnlich mehr rote und braune Pigmente auftreten, um die begrenzte Lichtmenge zu nutzen.

Makroalgen nehmen auch Nährstoffe in Form von Nitrat, Nitrit, Ammonium und Eisen durch ihre Gewebe auf. Deshalb kann ein gesunder Bestand von schnellwüchsigen Algen wie viele *Caulerpa*-Arten helfen, unerwünschte Giftstoffe unter Kontrolle zu halten, obwohl es einer erheblichen Menge an Algen bedarf, um eine gute Wirkung zu erzielen.

Viele Meeresalgen vertragen einen ziemlich großen Temperaturbereich. Tropische Arten gedeihen bei gleichbleibenden Temperaturen zwi-

◆ *Warum werden Kalkalgen weiß und sterben ab?*

Kalkalgen brauchen optimale Wasserbedingungen und gedeihen oft nicht, wenn ihren Bedürfnissen nicht entsprochen wird. Es ist jedoch auch völlig normal, daß sie ihre grünen Pigmente während der Dunkelheit verlieren und völlig weiß aussehen können.

◆ *Wie können pflanzenfressende Fische wie Doktorfische und Kaiserfische regelmäßig mit frischen Algen versorgt werden?*

Kultivieren Sie eine der wuchernden Arten in einem getrennten, kleinen, aber gut beleuchteten Becken und füttern Sie damit in regelmäßigen Abständen. Einige Wirbellose wie Seeigel brauchen Algen als Hauptbestandteil ihrer Nahrung, und sie sollten ihnen daher geboten werden.

◆ *Sind Fischmedikamente für Algen schädlich?*

Viele Behandlungen sind für Algen harmlos, aber kupferhaltige Präparate können zum Absterben führen.

◆ *Wie sollten neu gekaufte Algen in ein Aquarium eingeführt werden?*

Meeresalgen mögen keine Veränderungen im osmotischen Druck, der durch schnelle Schwankungen der Dichte verursacht wird. Deshalb setzen Sie die Algen wie Fische oder Wirbellose ein. Lassen Sie die Tüte 10 Minuten im Becken schwimmen, und lassen Sie dann alle 5 Minuten eine Tasse voll Aquariumwasser in die Tüte. Nach 40 Minuten können die Algen aus der Tüte genommen und eingepflanzt werden.

◆ *Kann man ein Becken nur mit Algen einrichten?*

Ja. Reine Meersalgenaquarien werden in vielen Ländern immer beliebter. Mit gut über 20 Arten, die für den Aquarianer üblicherweise erhältlich sind, kann solch ein Becken prächtig aussehen.

schen 23 – 29 °C, abhängig von den Bedürfnissen der Tiere. In einem reinen Fischbecken können Algen eine bunte und interessante Alternative für Wirbellose sein, solange die Wasserqualität ziemlich gut ist. Viele pflanzenfressende Fische nutzen aber diese erwünschte Nährstoffquelle und vernichten schnell den verfügbaren Bestand. Algen sind auch eine nützliche und attraktive Ergänzung für ein Wirbellosenaquarium. Jedoch müssen Sie dafür sorgen, daß die richtigen Arten mit ihnen zusammen leben. Algen, die üppig wuchern, überwachsen und ersticken bald die Korallen, auch wenn sie regelmäßig stark zurückgeschnitten werden. Einige Algenarten lassen sich fast nicht mehr ausrotten, wenn sie sich einmal angesiedelt haben. Der langsamere Wuchs macht die leichter zu handhabenden Kalkalgen und die Rot- und Braunalgen zu einer besseren Wahl. Sie gedeihen auch wegen der höheren Wasserqualität viel besser in einem Wirbellosenaquarium als in einem reinen Fischbecken.

◄ *Pencillus capitatus*, auch als Neptuns Rasierpinsel bezeichnet, ist eine ziemlich starre Kalkalge. Es ist schwer, sie im Becken zu halten, da sie optimale Wasser- und Beleuchtungsbedingungen ebenso wie einen hohen Kalziumgehalt braucht.

◄ *Caulerpa sertularioides* ist weit verbreitet und ideal für das Meerwasseraquarium.

◄ *Gracillaria sp.* ist eine langsamwüchsige und sehr attraktive Rotalge. Die Rhizoide regenerieren häufig zu neuem Wuchs auf frisch eingesetzten Lebenden Steinen. Eine gute Wasserqualität ist wichtig, um diese Arten gesund zu erhalten.

Verträglichkeit zwischen Fischen untereinander

FISCHVERTRÄGLICHKEITSTABELLE

Die Fische müssen die Gelegenheit erhalten, friedlich innerhalb des Aquariums zusammen leben zu können. Stellen Sie mit Hilfe dieser Tabelle einen Plan mit verträglichen Arten zusammen.

Das Zusammensetzen von unverträglichen Fischen ist neben zu dichtem Besatz und Überfütterung eine der Hauptursachen für eine erfolglose Haltung von Meeresfischen. Die Unverträglichkeit äußert sich auf dreierlei Weise. Im ersten Fall tyrannisiert ein mehr oder weniger dominanter Fisch eine nicht verwandte Art. Wenn der unterdrückte Fisch immer weiter gestreßt wird, erliegt er wahrscheinlich einer Krank-

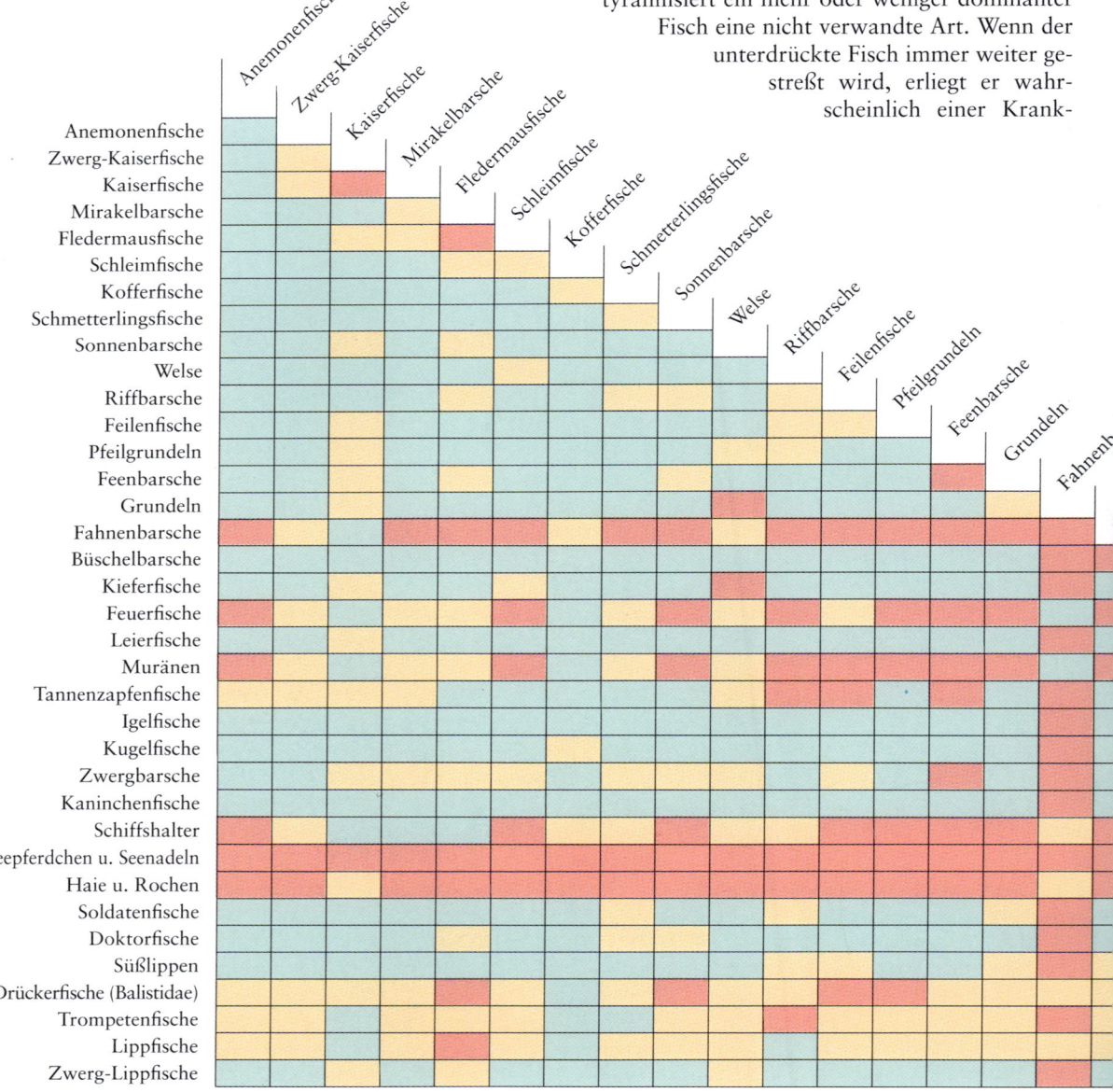

heit, die, falls sie ansteckend ist, die anderen Tiere infiziert.

Im zweiten Fall sorgen territoriale Arten für Unruhe unter den Tieren. Obwohl die Größe hier maßgebend sein kann, können sogar kleine Fische sehr territorial sein und größeren Arten das Leben schwer machen. Wenn zwei Vertreter derselben Art extrem territorial sind und in dasselbe Becken gesetzt werden, können die daraus resultierenden Kämpfe sehr ernst werden und zum Tod des Verlierers und vermutlich zu einem schwer verletzten Sieger führen. Gelegentlich gehen ein männlicher und weiblicher Fisch nach anfänglichem Gerangel ein Bündnis ein und teilen sich das Becken danach in Einvernehmen, aber der unerfahrene Aquarianer sollte nicht versuchen, solch eine Partnerschaft aufzubauen.

Die dritte Form der Unverträglichkeit erscheint offensichtlich; viele Fische gehen »verloren«, weil sie von einem Beckengenossen gefressen wurden. Ein Raubfisch wird häufig als relativ harmloses Jungtier eingesetzt, aber innerhalb kürzester Zeit frißt er Fische, die halb so groß sind wie er! Raubfische kann man nur mit Arten, die genauso groß oder größer sind, zusammenhalten.

F & A...

✦ *Ist die Reihenfolge des Einsetzens wichtig?*

Ja, empfindliche, nicht territoriale Fische müssen die Gelegenheit erhalten, sich friedlich einzuleben und sollten zuerst eingesetzt werden. Dominante, rivalisierende Fische sollten erst zum Schluß eingeführt werden, aber es ist nicht ratsam, Fische mit solch unterschiedlichen Temperamenten zu vergesellschaften.

✦ *Wie kann ich sicherstellen, daß sich alle Fische in einer geplanten Gemeinschaft vertragen?*

Bevor ein einzelner Fisch in ein neues Aquarium gesetzt wird, muß ein Besatzplan aufgestellt werden. Er beinhaltet die vollständige Auflistung der Tiere und die Reihenfolge, in der sie eingesetzt werden. Die allgemeine Verträglichkeit der Familien untereinander kann aus der Tabelle abgelesen werden, aber es gibt keine festen Regeln. Kaufen Sie niemals spontan Fische. Ändern Sie den Plan, wenn Sie die Auswirkungen untersucht haben.

✦ *Gibt es eine maximal Besatzdichte?*

Ja. In den ersten 6 Monaten sollten man 2,5 cm Fischlänge auf 18 Liter Wasser netto rechnen. In den folgenden 6 Monaten kann die Besatzdichte auf ein absolutes Maximum von 2,5 cm Fischlänge auf 9 Liter Wasser netto erhöht werden. Führen Sie alle Berechnungen bezüglich der ausgewachsenen Größe der Fische durch, damit die Tiere die Möglichkeit haben, voll auszuwachsen.

✦ *Was kann man tun, wenn fälschlicherweise unverträgliche Fische in dasselbe Becken gesetzt wurden?*

Neue Tiere werden von der Gesellschaft genau untersucht, das ist ganz normal. Nicht akzeptabel ist es, wenn dieses Interesse in nackte Aggression übergeht – Knabbern an den Flossen, Beißen und erbarmungsloses Jagen. Wenn dies auftritt, entfernen Sie das Opfer so schnell wie möglich und setzen es in ein getrenntes oder Quarantänebecken oder, falls es vorher vereinbart wurde, bringen Sie es zum Händler zurück.

Legende:
- vertragen sich meistens
- Vorsicht ist geboten
- meistens unverträglich

Verträglichkeit zwischen Fischen und Wirbellosen

Meerwasseraquarianer werden in ein Wirbellosenbecken auch einige geeignete Fische einsetzen wollen. Dies bringt Farbe und ein wenig mehr Leben. Jedoch sind nicht alle Fische geeignet, da viele Wirbellose anknabbern oder sie sogar auffressen. Noch wichtiger ist, daß eine Behandlung von kranken Fischen kaum von Wirbellosen vertragen wird und einige (d. h. kupferhaltige) Medikamente für Wirbellose tödlich sind.

Es ist ratsam, solche Fische auszuwählen, die nicht krankheitsanfällig und nicht so groß sind, daß ihre Ausscheidungsprodukte die Wirbellosen belasten. Wirbellose erzeugen nur sehr wenig Abfallstoffe im Vergleich zu Fischen, und wenn sie großen Mengen biologischer Abfälle ausgesetzt werden, reagieren sie sehr empfindlich. Wenn möglich sollten die Fische als Jungtiere gekauft und in das Wirbellosenbecken gesetzt werden.

FISCHE, DIE GUT ZU ALLEN WIRBELLOSEN PASSEN

Anemonenfische	Grundeln
Zwergkaiserfische	Kieferfische *(tiefes Substrat erforderlich)*
Schleimfische	
Sonnenbarsche	Leierfische
Riffbarsche	Zwergbarsche
Pfeilgrundeln	Zwerglippfische
Feenbarsche	

FISCHE, DIE MEIST VERTRÄGLICH SIND (aber nur mit Vorsicht)

Welse *(werden mit zunehmendem Alter destruktiver)*	Seepferdchen und Seenadeln *(bevorzugen Becken mit nur einer Art)*
Büschelbarsche *(Garnelen können gefährdet sein)*	Soldatenfische *(Krebstiere sind gefährdet)*
Mirakelbarsche *(nicht vor allen Arten sind Wirbellose sicher)*	Doktorfische *(Behandlung von Krankheiten wird problematisch)*

FISCHE, DIE SICH NICHT MIT WIRBELLOSEN VERTRAGEN

Kaiserfische *(nur möglich, solange sie jung sind)*	Igelfische
Fledermausfische	Kugelfische
Kofferfische	Kaninchenfische
Schmetterlingsfische	Schiffshalter
Feilenfische *(einige kleinere Arten können geeignet sein)*	Haie und Rochen
Fahnenbarsche	Süßlippen *(nur möglich, solange sie jung sind, danach destruktiv)*
Feuerfische *(Krebstiere und kleine Fische sind gefährdet)*	Drückerfische *(destruktiv)*
	Trompetenfische
Muränen *(nur möglich, solange sie jung sind)*	Lippfische *(möglich, wenn sie sehr jung sind, mit zunehmendem Alter destruktiv)*
Tannenzapfenfische	

✦ *Ist es möglich ein oder zwei Wirbellose in ein Fischbecken zu setzen?*

Das ist nicht zu empfehlen, da Wirbellose nur schlecht mit den Abfallprodukten der Fische zurechtkommen und im allgemeinen eine bessere Wasserqualität als Fische zum Überleben brauchen.

✦ *Gibt es irgendwelche Regeln, die beim Fischbesatz eines gemischten Fische-Wirbellosen-Beckens zu beachten sind?*

Ja, ziemlich strenge sogar. Der Fischbestand muß so gering wie möglich gehalten werden. Im allgemeinen muß eine Fischlänge von 2,5 cm für 27 Liter Wasser netto als absolutes Maximum angesehen werden, wenn die Gesundheit der Wirbellosen erhalten werden soll.

Das Becken sollte sehr langsam besetzt werden, idealerweise mit einem Fisch pro Monat.

✦ *Ist hier auch ein Besatzplan für die Fische wichtig?*

Ja. Die Fische müssen sich mit den Wirbellosen und untereinander vertragen. Kaufen Sie niemals Fische spontan. Folgen Sie einem sorgfältig ausgearbeiteten Plan und ändern Sie ihn nicht, wenn die Auswirkungen eines anderen Fisches nicht genau bekannt sind.

✦ *Gibt es sehr widerstandsfähige Wirbellose?*

Nein, es gibt keine Wirbellosen, die wirklich als widerstandsfähig bezeichnet werden können. Alle sind in unterschiedlichem Maße empfindlich. Einsiedlerkrebse vertragen jedoch schlechteres Wasser als ihre Verwandten und können sogar die Auswirkungen von Fischmedikamenten überleben.

Seepferdchen müssen sich irgendwo mit ihrem Schwanz festhalten können. Allzu oft wählen sie dazu eine geeignete Hornkoralle aus. Wenn sie sich an derselben Hornkoralle immer wieder festhalten, wird sich dieser Wirbellose »ausziehen«, wie es hier geschehen ist.

Ein Schwarm Pfeilgrundeln (*Nemateleotris magnifica*) ist die ideale Ergänzung für ein Wirbellosenaquarium. Pfeilgrundeln gedeihen im allgemeinen in dem natürlicheren Umfeld eines gemischten Beckens.

Riff-Aquarien – *mit oder ohne Substrat?*

Seit Riff-Aquarien während der späten 80er und frühen 90er Jahre immer beliebter wurden, gab es viele Diskussionen darüber, ob sie Substrat enthalten sollten oder nicht.

Die Vorteile von Substrat

Das Einbringen von Substrat kann von Beginn an einen natürlichen Eindruck hinterlassen, was auch für die Tiere, die damit in Kontakt kommen, besser ist. Härte, pH-Wert und Kalziumgehalt werden wirksamer gepuffert, besonders wenn frischer Korallensand verwendet wird. Andere Materialien können auch verwendet werden wie weißer Quarz- oder Kieselerdesand. Sie können sehr fein sein und das Gesamtbild verschönern. Ein Substrat erfüllt auch eine nützliche und praktische Funktion, indem es das Gewicht von schweren Steinen dämpft und verteilt. Scharfe Kanten sind somit keine Gefahr für die Bodenplatte.

Nachteile

Da Riff-Aquarien auf optimale Wasserbedingungen angewiesen sind, ist jede Ansammlung von Schmutzstoffen am Boden unerwünscht und Medien, die solche Verunreinigungen festhalten,

Wie andere Bodenbewohner verbringt die Wimpersegler-Schläfergrundel (*Valenciennea strigata*) die meiste Zeit ihres Lebens mit dem Absuchen des Substrates nach Nahrung.

sollten am besten beseitigt werden. Ein sauberer Boden läßt einen Bodenrechen viel wirkungsvoller arbeiten. Ein Bodenrechen ist ein durchlöchertes Rohr, daß auch in die hinterste Ecke des Aquariums gelangt. Wasser wird durch das Rohr gepumpt, wobei es durch die kleinen Löcher austritt. Durch das Aufwühlen werden die Schmutzstoffe suspendiert und gelangen schließlich in den mechanischen Filter. Zusätzlich werden alle Bereiche mit langsam bewegendem oder stehendem Wasser eliminiert, weil frisches Wasser in alle Ecken des Beckens gelangt. Um diesen Vorgang noch zu verfeinern, bauen einige Aquarianer eine Bodenplatte aus einem Kunststoffgitter, auf welche die Steine gestellt werden. Alle Abfall- und sonstigen Schmutzstoffe sinken durch das Gitter und in den Zwischenraum zwischen dem Gitter und dem Boden, wo sie von einem kräftigen Wasserstrahl fortgespült werden.

Einige Aquarianer mögen meinen, daß ein glänzendes Stück Glas am Boden unnatürlich aus-

Kieselerdesand

Substratmaterial (in Originalgröße abgebildet) ist fast überall erhältlich und kann sehr dekorativ sein.

weißer Quarzsand

Korallensand

F & A... ✦ Leiden einige Tiere darunter, wenn kein Substrat vorhanden ist?

Ja, Tiere, die graben oder die Tage damit verbringen, den Sand durchzusieben, können in einem substratfreien Bereich nur schwer leben. Dazu gehören Blumentiere, Kieferfische, einige Grundeln und Sandanemonen.

✦ Helfen Borstenwürmer dabei, ein tiefes Substrat zu belüften und aufzuwühlen?

Ja, aber Borstenwürmer in großer Anzahl können für Fische und Wirbellose eine echte Bedrohung sein, wenn sie auf Nahrungssuche sind (siehe Wirbellosenschädlinge, Seite 198–199).

✦ Kann ein tiefes Substrat als Denitrifizierungsfilter wirken?

Wenn es größtenteils anaerob ist, können geeignete denitrifizierende Bakterien gewisse Bereiche besiedeln und anfangen, Nitrat zu reduzieren. Unglücklicherweise hat der Aquarianer keine Kontrolle über den Vorgang, und die Denitrifizierung kann leicht in die Produktion von giftigem Wasserstoffsulfidgas übergehen. Man sollte lieber eine ziemlich dünne Substratschicht von 1,25–2,5 cm Dicke anlegen und eine getrennte Denitrifizierungseinheit anschließen.

➥ Ein Bodenreinigungsgerät wird bei Freunden der Riff-Aquarien immer beliebter, und das zu Recht. Alle Geräte, die das Becken schnell von unerwünschten Schmutzstoffen und Mulm befreien, helfen dabei, eine stabile Umgebung mit sehr guter Wasserqualität zu erhalten.

sieht, aber es kann als günstige Gelegenheit angesehen werden, mehr Wirbellose in das Becken zu setzen. *Xenia*, Schwämme und Algen wachsen und überwuchern die Glasfläche, wodurch sie nicht nur äußerst natürlich aussieht, sondern auch attraktiv. Durch den Verzicht auf ein dickes Substrat steht mehr Platz für Wasser, den lebenswichtigen Grundstoff, zur Verfügung. Es sind vielleicht nur einige Liter, aber trotzdem sind sie nützlich. Ein weiterer Vorteil ist, daß Amphipoden, Borstenwürmer und andere grabende Schädlinge keine Versteckmöglichkeiten haben und deshalb leicht abgesaugt werden können.

Schlußfolgerungen

Obwohl ein Substrat attraktiv aussieht, hat es in der Praxis einige Nachteile. Die Pufferwirkung, die das kalkhaltige Material im Substrat auf pH-Wert, KH und Kalziumgehalt haben kann, ist kurzlebig und dauert vielleicht nur wenige Monate und erfordert eine Erneuerung, wenn die Wirkung erhalten bleiben soll. Andere Medien wie Kieselerdesand können unerwünschte Nährstoffe in das Wasser in Form von Silikaten einbringen, welche unerwünschte Algen fördern. Auch müssen grabende Tiere ihre Beute irgendwo verstecken, und das ist dann gewöhnlich auf den Korallen!

BODENREINIGUNGSGERÄT

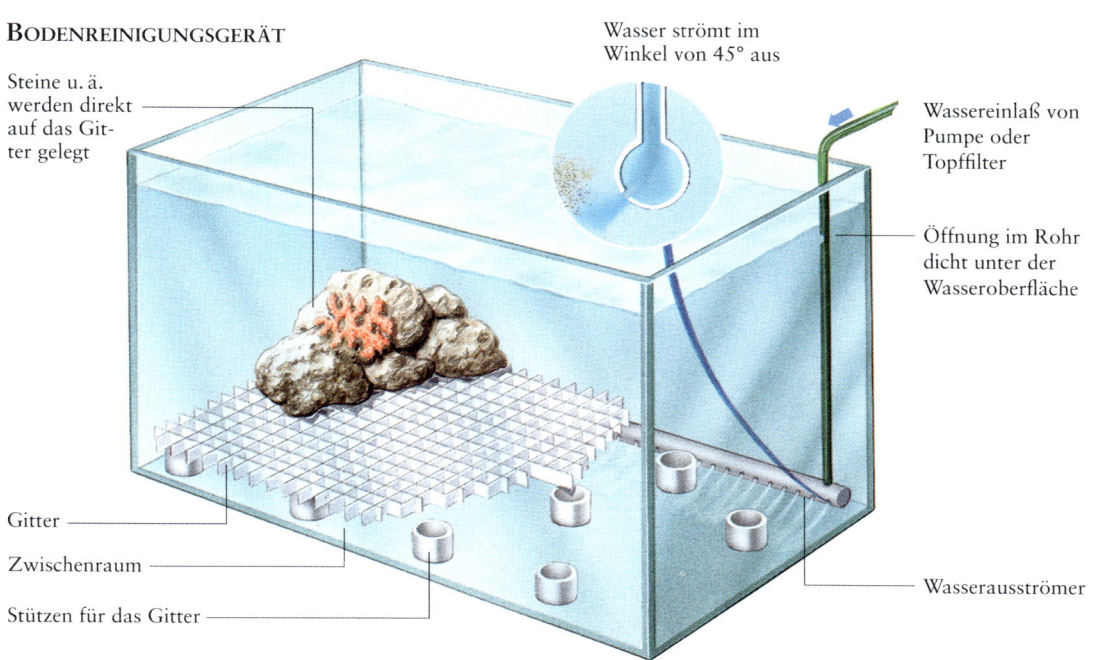

Steine u. ä. werden direkt auf das Gitter gelegt

Wasser strömt im Winkel von 45° aus

Wassereinlaß von Pumpe oder Topffilter

Öffnung im Rohr dicht unter der Wasseroberfläche

Gitter

Zwischenraum

Stützen für das Gitter

Wasserausströmer

Aquariumpflege

Eine erfolgreiche Haltung von Fischen und die richtige, regelmäßige Pflege gehen Hand in Hand. Viele Aquarianer verbringen jede Woche Stunden mit Pflegearbeiten, die weit über die wirklich notwendigen Aufgaben bei der regelmäßigen Wartung hinausgehen. Der fürsorgliche Aquarianer sollte diese Aufgaben nicht als Last, sondern als Gelegenheit empfinden, sich auszuruhen und zu erholen, und dabei sicher zu gehen, daß alles möglichst in Ordnung ist und die Gesundheit aller Tiere erhalten und verbessert wird.

Pflege bedeutet nicht ein ständiges und unnötiges Herumhantieren an der Aquarieneinrichtung, da das für die Tiere schädlich sein kann. Es ist ein logisches System von regelmäßigen Aktivitäten, durch welche das Aquarium voll funktionsfähig bleibt. Regelmäßiger Wasserwechsel mit gutem Wasser ist für die richtige Pflege grundlegend. Da die Tiere ständig die physikalische Zusammensetzung des Salzwassers durch ihre biologischen Funktionen verändern, ist es unerläßlich, alle lebenswichtigen Inhaltsstoffe zu erneuern und zu ersetzen, während die unerwünschten oder potentiell giftigen Stoffe verdünnt werden. Nur ein regelmäßiger Wasserwechsel kann dies erzielen. Wie ein ausreichender Wasserwechsel aussieht, ist von Becken zu Becken verschieden. Die genaue Menge Wasser, die ersetzt werden muß, hängt von der Anzahl und der Art der gehaltenen Tiere ab. Ein dicht besetztes reines Fischbecken braucht umfangreichere und wahrscheinlich häufigere Wasserwechsel als ein Wirbellosenbecken mit nur wenigen Fischen.

Wasserkontrollen

Wasseruntersuchungen sind ein wichtiger Bestandteil des Pflegeprogramms eines Aquarianers. Sie sind der einzige zuverlässige Weg, um die Qualität des Wassers zu bestimmen. Es ist unmöglich, genaue Abschätzungen nur durch Beobachten zu machen (siehe Wasseruntersuchung und -qualität, Seite 16–19). Achten Sie darauf, daß die Tests geschützt vor Hitze und Feuchtigkeit richtig gelagert werden und das Verfallsdatum nicht überschritten ist, wenn Sie sie verwenden wollen. Falsche Lagerung führt zu unrichtigen Ergebnissen, die indirekt den Verlust von wertvollen Tieren verursachen könnten.

✓ CHECKLISTE FÜR DIE AQUARIENPFLEGE

TÄGLICH
1 Tiere kontrollieren – Anzahl und Allgemeinzustand.
2 Temperatur kontrollieren.
3 Schmutzbehälter des Proteinabschäumers leeren.
4 Kontrollieren, ob alle Geräte richtig arbeiten.
5 Nicht aufgenommenes Futter entfernen.
6 Beobachtungen ins Protokollbuch eintragen.
7 Durchfluß zum Denitrifizierungsfilter kontrollieren.
8 Wasser im Osmolatorbecken auffüllen.
9 Reservebecken für Süß- und Salzwasser beim automatischen Wasserwechselsystem auffüllen.
10 Falls vorhanden, den Ozonisatorauslaß einstellen.

JEDEN ZWEITEN TAG
1 Verdunstetes Wasser auffüllen.
2 Algen von der Frontscheibe entfernen.
3 Vorfilter in Aquariensystemen reinigen.

WÖCHENTLICH
1 Abdeckscheiben, falls vorhanden, reinigen.
2 Alle Salzkrusten entfernen.
3 Spurenelemente, pH-Puffer und Vitaminpräparate usw. falls notwendig zugeben.

ALLE 2 WOCHEN
1 15–25% des Wassers austauschen, abhängig von der Besatzdichte des Aquariums.
2 Ammonium-, Nitrit- und Nitratgehalt, pH-Wert und Dichte in gut eingefahrenen Becken untersuchen; häufiger in neu eingerichteten Aquarien.
3 Filterwatte in Topffiltern ersetzen.
4 Die Leuchtstoffröhre ausstecken, wenn sie kalt ist, mit klarem Wasser reinigen und gut trocknen.
5 Sonden von elektronischen Meß- und Kontrollgeräten mit einer Bürste säubern und auf Schäden untersuchen.

✦ *Ist es wahr, daß ein Nitratfilter, der an ein Aquarium angeschlossen ist, die Notwendigkeit von Wasserwechseln vermindert?*

Nein. Obwohl hohe Nitratwerte nicht erwünscht sind, ist dies gewiß nicht die einzige Substanz, die zu Vergiftungen führen kann. Nicht ausreichend häufige Wasserwechsel lassen diese Stoffe bis auf eine gefährliche Konzentration anreichern. Die einzige verläßliche Lösung ist das Verdünnen auf sichere Konzentrationen durch regelmäßigen Wasserwechsel.

✦ *Sollte ein Algenmagnet aus dem Becken genommen werden, wenn er nicht benutzt wird?*

Ja. Die meisten Algenmagneten können aufgrund des Magnetkerns rosten oder korrodieren, was für die Tiere giftig sein kann. Außerdem kann die innere Hälfte schädliche, anaerobe Bakterien beherbergen, die man am Geruch erkennt. Wenn es nach faulen Eiern riecht, sollte der Magnet aus dem Becken genommen werden.

✦ *Für behinderte Aquarianer sind einige Wartungsarbeiten schwierig durchzuführen. Kann man jemanden beschäftigen, der einem diese Arbeiten regelmäßig abnimmt?*

Ja. Viele Aquariengeschäfte bieten einen Wartungsservice an, und ein paar Telefongespräche mit ihren Händlern vor Ort geben Ihnen Aufschluß über den Preis. Es ist jedoch wichtig, daß Sie einen Vertrag mit der Person oder der Firma abschließen, in dem genau steht, was bei jedem Besuch zu tun ist. Dabei muß sichergestellt sein, daß die Person bei einem Unfall oder Glasbruch versichert ist. Wenn diese Versicherung nicht gegeben ist, haftet der Aquarianer voll für alle Schäden.

✦ *Ist es so wichtig, das Wasser von der Umkehrosmose für den Wasserwechsel und das Auffüllen von verdunstetem Wasser zu verwenden?*

Ja. Das Wasser der Umkehrosmose ist von 95% der Giftstoffe, die im Leitungswasser enthalten sind und Krankheiten bei Fischen und frühzeitigen Tod bei Wirbellosen verursachen können, befreit. Auch treten unerwünschte Algen weniger auf. Obwohl die anfänglichen Kosten einer Anlage hoch sein können, werden sie bald wieder ausgeglichen, da keine anderen Harze oder Mittel gekauft werden müssen, um Nitrate, Phosphate und andere unerwünschte Substanzen zu reduzieren.

✦ *Macht es Sinn, ein Meerwasseraquarium in eine dunkle Nische eines Flures zu stellen, in der Hoffnung den Bereich zu erhellen? Wenn die meisten Leute das Becken ignorieren und es kaum Beachtung findet, was soll man tun?*

Das Becken sollte ins Wohnzimmer oder einen anderen häufig benutzten Raum gestellt werden. Ein Aquarium an einen ungemütlichen Ort zu stellen, ist immer ein Fehler. Die meisten Menschen kauern sich nicht gerne unbequem für mehr als ein paar Minuten in einen zugigen Flur, egal wie attraktiv das Becken ist. Ein Aquarium, das regelmäßig von einem »Publikum« bewundert wird, erhält auch eher die richtige Pflege, ganz zu schweigen von der Anerkennung.

✦ *Ist es notwendig, irgendwelche Ersatzteile vorrätig zu haben, falls etwas kaputt geht?*

Ja, das kann tatsächlich Leben retten. Sie sollten eine Ersatzheizung, eine batteriebetriebene Luftpumpe, Ausströmer, Kreiselpumpen und solche Pumpen, die zum Betrieb eines Rieselfilters gehören usw. auf Lager haben.

MONATLICH
(Häufiger, wenn erforderlich)
Durch den Korallensand rechen.
Mulm absaugen.

ALLE 2 MONATE
1 Alle Ausströmer einschließlich des Eiweißabschäumerdiffusers austauschen.
2 Aktivkohle wechseln.
3 Eiweißabschäumer säubern.
4 Übermäßige Algen entfernen (kann häufiger oder weniger häufig nötig sein).
5 Alle elektrischen Verbindungen kontrollieren.

Sicherheitshinweis: Salzwasser und Elektrizität sind eine tödliche Kombination. Installieren Sie immer einen Schutzschalter an der Hauptstromquelle.

ALLE 3 MONATE
1 Pumpen, Rohre, Innengehäuse säubern und auf Verschleiß untersuchen.
2 Alle Topffilterschläuche mit einer geeigneten Schlauchbürste reinigen.
3 Luftfiltermatten in den Luftpumpen wechseln und die Membran auf Verschleiß untersuchen.
4 Die innere Quarzmanschette des UV-Sterilisators reinigen.

ALLE 6 MONATE UND SELTENER
1 UV-Sterilisator-Röhren auswechseln.
2 Leuchtstoffröhren und andere Lampen erneuern, falls erforderlich.
3 Beschädigte oder verschlissene Pumpenteile auswechseln.
4 Rückflußventile erneuern.

Urlaubsvorbereitungen

Jeder Meerwasseraquarianer hat Bedenken, sein wertvolles Aquarium allein zu lassen, während er in Urlaub fährt. Die Sorgen um die Sicherheit des Aquariums können unter extremen Umständen die Erholung im Urlaub völlig zunichte machen. Mit der richtigen Vorausplanung kann man jedoch das Aquarium mit einem Minimum an Aufsicht für 2 – 3 Wochen ziemlich sicher allein lassen.

Organisatorisches vorab

Zuerst finden Sie einen kompetenten Freund, Verwandten oder Nachbarn, der mindestens einmal täglich nach dem Aquarium schaut und einige einfache Aufgaben übernimmt. Er muß kein Fachmann sein, sondern er braucht bloß die Tiere füttern, auf irgendwelche Todesfälle achten und sicherstellen, daß das System normal funktioniert.

Warten Sie mit der Organisation nicht bis zur letzten Minute, sondern laden Sie die Person an einem normalen Tag ein, an dem Sie Fragen beantworten können und zeigen können, wie das System funktioniert. Berücksichtigen Sie, daß diese Person verständlicherweise weder das Wissen noch die Begeisterung wie der Besitzer mitbringt.

Die wichtigsten Aufgaben

Füttern: Es ist eine gute Idee, eine abgemessene Futtermenge für jeden Tag vorzubereiten. Versehen Sie es mit dem Datum, an dem es verwendet werden soll, und verpacken Sie es in kleinen Tüten. Gefrorenes Futter kann im Gefrierschrank aufbewahrt werden, wogegen Flocken- oder anderes Trockenfutter neben dem Aquarium in einer luftdichten Plastikdose aufbewahrt werden kann. Eine reduzierte Fütterung vermindert die Verschmutzung des Filters und sorgt für eine bessere Wasserqualität über einen längeren Zeitraum. Selbst mit der Hälfte der normalen Portion leiden die Tiere über einen Zeitraum von mehreren Wochen nicht.

Es ist lebenswichtig, daß die sich kümmernde Person weiß, daß kein zusätzliches Futter not-

✦ *Ist es möglich Umkehrosmose-wasser zu kaufen?*

Viele Meerwasseraquarianer besitzen keinen Umkehrosmosefilter, können aber ein derart behandeltes Wasser im Aquarienfachhandel kaufen.

✦ *Was kann man tun, wenn ein Stromausfall während der Abwesenheit des Besitzers auftritt?*

Ein Becken, das richtig eingerichtet und besetzt ist, nimmt gewöhnlich keinen Schaden, wenn der Strom innerhalb von 24 Stunden wieder da ist. Die helfende Person sollte darauf hingewiesen werden, während eines Stromausfalls nicht zu füttern und sich keine Sorgen zu machen, wenn es nur für kurze Zeit ist. Wenn ein längerer Stromausfall von mehr als 24 Stunden zu erwarten ist, kann der Fachmann für den Notfall angerufen werden, um die Tiere vorübergehend in eine sicherere Umgebung zu bringen.

✦ *Wie dicht vor einem Urlaub können Tiere noch eingesetzt werden?*

Bis zu einem Monat, aber nicht später. Es ist wichtig, daß alle Tiere sich eingelebt haben und gesund sind, lange bevor sie allein gelassen werden.

✦ *Sollte der Helfer irgendwelche Wassertests während der Abwesenheit des Besitzers durchführen?*

Nur wenn man völlig sicher ist, daß er sie korrekt ausführt und die Ergebnisse richtig interpretiert.

✦ *Ist es ratsam, Tiere aus einer tropischen Riffgemeinschaft aus dem Urlaub mitzubringen?*

Im allgemeinen nicht. Die meisten Länder gestatten kein Entnehmen von Tieren ohne die richtigen Ausfuhrpapiere. Tiere, die am Zoll beschlagnahmt werden, sterben gewöhnlich wegen mangelnder Pflege. Sogar wenn lebende Tiere mitgebracht werden dürften, müßten sie richtig mit Sauerstoff verpackt werden, was im allgemeinen schwierig durchzuführen wäre. Alles in allem ist es am besten, die Tiere in der Natur zu beobachten und schöne Erinnerungen anstatt toter Fische mit nach Hause zu bringen. Ein Videofilm oder Fotos halten länger und sind letztendlich befriedigender.

✔ CHECKLISTE FÜR DIE GERÄTE

Vermindern Sie die Wahrscheinlichkeit einer mechanischen oder elektrischen Fehlfunktion, indem Sie alle Geräte, die nicht mehr ganz in Ordnung zu sein scheinen, auswechseln. Verwenden Sie die folgende Checkliste, um mögliche Probleme zu erkennen.

✔ **Heizung:** Ersetzen Sie alte oder unzuverlässige Heizungen oder Thermostate

✔ **Beleuchtung:** Wenn Strahler kurz vor Ablauf ihrer Lebensdauer sind (Quecksilberdampflampen halten 6–12 Monate, Halogen-Metalldampflampen 12–18 Monate) ersetzen Sie sie, besonders wenn Sie wertvolle Korallen besitzen. Leuchtstoffröhren mit stark geschwärzten Enden gehen wahrscheinlich bald kaputt. Kontrollieren Sie die Endabdeckungen auf Risse und Anzeichen von Zerfall aufgrund der starken Hitze. Dasselbe gilt für Plastikschrauben, -muttern und -clipse als Befestigung für die Röhren, da sie nach einer Weile sehr brüchig werden können. Regeln Sie die Beleuchtung mit einer Zeitschaltuhr.

✔ **Kreiselpumpen:** Säubern sie den Propeller und die Wasserleitungen.

✔ **Luftauslaß:** Erneuern Sie Ausströmersteine.

✔ **Luftpumpen:** Ersetzen Sie Membrane und Luftfiltermatten.

✔ **Eiweißabschäumer:** Ersetzen Sie die Holzausströmer; säubern Sie alle Einzelteile und erneuern Sie verschlissene Luftschläuche, um ein Verstopfen zu verhindern.

✔ **Rückflußventile:** Kontrollieren Sie die Funktion und erneuern Sie defekte Ventile.

✔ **Ozonisator/UV-Sterilisator:** Kontrollieren Sie die Verbindungen auf Verschleißerscheinungen. Ersetzen Sie UV-Lampen, wenn sie kurz vor Ablauf der Lebensdauer (gewöhnlich 6 Monate) stehen.

✔ **Kabelführungen/Stecker:** Alle elektrischen Verbindungen sollten auf lose, verbrannte oder durchgescheuerte Kabel untersucht werden. Wenn Sie unsicher sind, ziehen Sie einen Elektriker zu Rate.

✔ **Topffilter:** Wechseln Sie das Filtermaterial wie Aktivkohle und Filterwatte so kurz vor Ihrer Abreise wie möglich. Säubern Sie die Pumpen und entfernen Sie Schmutz und Algen aus den Schläuchen mit einer speziellen Bürste.

✔ **Rieselfilter:** Es gibt sie in allen Formen und Größen, aber alle Wasserleitungen sollten kontrolliert, Vorfilter gereinigt oder ersetzt, Schlauchverbindungen kontrolliert und Pumpen gesäubert werden.

✔ **Bodenfilter:** Rechen Sie durch verdichteten Sand und saugen Sie alle Schmutzstoffe ab.

---

wendig ist. Verstecken Sie das überschüssige Futter oder verwenden Sie einen Futterautomaten, der nur Flockenfutter verteilt. Testen Sie Futterautomaten auf ihre Verläßlichkeit, indem Sie sie mindestens eine Woche vor Abreise installieren und in Betrieb nehmen. Befolgen Sie die Herstellerhinweise sorgfältig, da Feuchtigkeit die Flocken verklumpen läßt und sie sich dann nicht richtig verteilen lassen.

Todesfälle: Erklären Sie Ihrer Urlaubshilfe, daß tote Fische oder Korallen das System verunreinigen und den Tod von anderen Tieren verursachen können. Wenn man sie entdeckt, müssen sie sofort entfernt werten. Die Beschreibung, wie man tote oder sterbende Korallen erkennt, mag etwas mühsam sein, wobei ein toter Fisch kaum Probleme darstellen sollte. Erklären Sie, wie man die Körper beseitigt. Wenn irgendwelche Fische oder Wirbellose giftig sind, warnen Sie die Person vor der Gefahr.

Ein voll funktionierendes System: Legen Sie eine kurze Checkliste an, die erklärt, wie jedes Gerät im Normalfall zu funktionieren hat (nicht warum, weil es sonst zu Verwirrung führt).

Eine helfende Hand: Für den Fall, daß alles schief geht, braucht ihre Hilfe die Telefonnummer einer sehr erfahrenen Person, die bereit ist, das Aquarium aufzusuchen und notwendige Maßnahmen zu ergreifen. Diese Person sollte fast immer ein zuverlässiger Aquarienhändler sein, mit dem vorab solche Vereinbarungen getroffen werden können. Achten Sie darauf, daß alle Gebühren für einen Besuch vorher ausgehandelt sind, um eine spätere Auseinandersetzung zu verhindern. Ein Diagramm des Systems einschließlich einer Liste der Tiere und der Wasserwerte sollte bei dem Fachmann hinterlegt werden.

Wasserwechsel

Unterschätzen Sie niemals die Bedeutung von guter Wasserqualität. Sie kann beim Überleben von Tieren helfen, wenn alles andere versagt (zum Beispiel bei einem Stromausfall). Tauschen Sie etwa 20% des Wassers eine Woche vor der Abreise aus und weitere 20% möglichst kurz vor dem Abreisetag. Verwenden Sie nur bestes Wasser.

Umziehen

Mit einem Aquarium umzuziehen, ist nicht immer ganz problemlos, aber wenn es im Voraus gut geplant wird und der Umzug innerhalb von 18 Stunden oder weniger vonstatten geht, hat man gute Aussicht auf Erfolg. Zwei Dinge haben höchste Priorität: die Tiere und der biologische Filter. Fische, Wirbellose, Algen und Bakterien haben ein »Überlebenszeitlimit«, und Tiere brauchen einen streßfreien Umzug, damit sie später nicht krank werden.

Tiere

Es ist wichtig, die Tiere richtig zu verpacken, um eine möglichst lange Überlebenszeit zu erreichen, indem man zwei oder mehr stabile Plastiktüten ineinander steckt, damit die Tiere im Wasser sicher sind. Die Luft in den Tüten verleiht diesen eine gewisse Stabilität, so daß sich die Tiere frei bewegen können und nicht in einem zusammengedrückten Behälter eingeklemmt oder verletzt werden. Denken Sie daran, daß scharfkantige Steine und Fische mit Stacheln eine einzelne Tüte leicht durchlöchern können, wodurch sie undicht wird, zusammenfällt und wahrscheinlich zu unnötigen Todesfällen führt. Bis zu 4 Tüten können zum Transport von scharfkantigen Objekten verwendet werden, wobei zwischen jede Schicht als zusätzlicher Schutz Zeitungspapier gelegt wird.

Wenn die Tiere eingepackt sind, können die Tüten in eine Styroporkiste gelegt werden, wobei der Luftraum mit zerknülltem Zeitungspapier ausgefüllt wird, damit soviel Wärme wie möglich erhalten bleibt und die Tüten nicht verrutschen. Plastiktüten, Gummibänder und Styroportransportkisten sind im Aquarienfachhandel erhältlich, gewöhnlich als Serviceleistung, aber fragen Sie nach der Bezahlung, und wenn es nur aus Höflichkeit ist. Ein richtig eingepacktes Tier bleibt in normaler Luft und normalem Wasser 12–18 Stunden unbeschadet, wenn aber die Reise bei niedrigen Temperaturen besonders lang dauert, können chemische Heizelemente aus dem Campingbedarf auf den Boden der Kisten gelegt und mit einer dicken Schicht Zeitungspapier

Die Tiere werden in mehreren Plastiktüten verpackt, die durch Zeitungspapier geschützt werden.

bedeckt werden. Vermeiden Sie, zu viele Heizelemente einzupacken oder sie mit den Tiertüten in Kontakt kommen zu lassen, da es zu einer Überhitzung führen kann. Sie können nach der Hälfte der Reise nach undichten Tüten schauen, aber eine häufigere Kontrolle läßt zuviel Hitze entweichen und verursacht Streß für die Tiere.

Der biologische Filter

Sauerstoffliebende Bakterien können den Transport überleben und sogar nach einem Umzug, der länger als 18 Stunden dauert, ist ein richtig verpackter biologische Filter noch in der Lage, den Tieren nützlich zu sein. Verpacken Sie sämtliches Filtermaterial wie Sand, Kies, Glas und Plastikteile genauso wie die Tiere und legen Sie es in Styroporkisten. Achten Sie darauf, daß genug original Aquariumwasser vorhanden ist, so daß alles untergetaucht bleibt.

Bei der Ankunft

Wenn der Bestimmungsort erreicht ist, kann das Aquarium aufgestellt werden, indem 50–75% des ursprünglichen Wassers verwendet und mit frischem aufgefüllt werden. Betreiben Sie das Aquarium einschließlich dem biologischen Filter, bis die richtige Temperatur erreicht ist und das Wasser klar ist. Eine geeignete lebende Bakterienkultur (kein Präparat für das Einfahren!) kann zugegeben werden, um die Filtertätigkeit zu fördern (siehe Einfahren, Seite 40). Dann werden die Tüten mit den Tieren in der normalen Weise wie vor dem Erstbesatz im Wasser schwimmen gelassen. Lassen Sie die Beleuchtung während des ganzen Vorgangs aus und füttern Sie für den Rest des Tages nicht. Am folgenden Tag kann etwas gefüttert werden, wenn die Tests keine Spuren von Ammonium oder Nitrit anzeigen. Die Ergebnisse müssen als vorläufig angesehen werden, bis die Filterbakterien sich auf ihren vollen Bestand wieder vermehrt haben.

➤ Beschriften Sie den Inhalt jeder Tüte beim Verschließen, damit keine Verwirrung entsteht, wenn die Kiste am Bestimmungsort ausgepackt wird. Eine stabile Styroporkiste hilft dabei, die Temperatur konstant zu halten.

F & A ...

✦ *Gibt es sinnvolle Richtlinien für ein richtiges Einpacken?*

1 Im allgemeinen packen Sie nur ein Tier in eine Tüte. Eine Ausnahme sind Pärchen, die in derselben Tüte sein sollten, um den Zusammenhalt zu bewahren.
2 36 Stunden vor dem Umzug hören Sie mit dem Füttern auf, damit das Wasser in den Tüten nicht fault.
3 Ein Teelöffel Zeolithgranulat in jeder Tüte hilft, Ammonium dem Reisewasser zu entziehen.
4 Verbessern Sie die Wasserqualität, indem Sie in den Tagen vor dem Umzug mehrfach einen Wasserwechsel durchführen.

✦ *Wäre es nicht besser, die Tüten mit reinem Sauerstoff zu füllen?*

Händler verwenden reinen Sauerstoff, um die Überlebenszeit zu verlängern, aber es kann in unerfahrenen Händen ein sehr gefährliches Gas sein, und man sollte daher darauf verzichten.

✦ *Gibt es billigere Methoden als die Verwendung von chemischen Heizelementen?*

Heizelemente sind wirksam und langanhaltend, aber eine Alternative ist das Befüllen von Plastiktüten mit warmem Wasser, die auf dieselbe Weise verwendet werden, wobei man auch aufpassen muß, daß die erhitzten Tüten nicht mit den Tiertüten in Kontakt kommen.

Lästige Algen

Lästige Algen treten in den meisten Meerwasseraquarien früher oder später einmal auf. Sie stellen ein kompliziertes Problem ohne einfache oder schnelle Lösung dar. Schleim- oder Schmieralgen sind keine echten Algen, sondern gehören zu den sogenannten Blaualgen. In der Tat bilden diese Mikroorganismen zusammen mit den Bakterien das Reich der Prokaryoten. Sie gehören zu den ersten Lebensformen, die sich auf der Erde gebildet haben. Ihr schnelles Wachstum und ihre Unverwüstlichkeit befähigen sie dazu, ein ansonsten attraktives Aquarium mit einem schleimigen Film zu überziehen, ähnlich wie ein Unterwasser-Ölschlamm! Die Farben können von Rostrot über Grün nach Schwarz reichen.

Fädige Algen sind echte Algen, aber nicht weniger problematisch. Wie Schmieralgen können sie sessile Tiere vollständig überwuchern. Das sieht nicht nur häßlich aus, sondern kann auch zum Tod der Tiere führen, wenn nichts unternommen wird.

Der Grund, warum lästige Algen ein Aquarium überwuchern und ein anderes mit fast identischer Einrichtung unbehelligt lassen, ist nicht vollständig klar. Aber das Auftreten von Algen ist eine durchaus natürliche Erscheinung, und in den meisten Becken wird es wenigstens eine kleine Stelle mit Algen geben. Die Wasserqualität ist wahrscheinlich der wichtigste Faktor bei der Bekämpfung der Algen. Wo sich die Wasserqualität verschlechtert hat, können sich lästige Algen viel eher vermehren. In Flüssen, Seen und Küstenbereichen, die stark verschmutzt sind, tritt auch häufig eine Algenpest auf.

Verbessern der Wasserqualität

Leitungswasser enthält meistens viel Nitrate, Phosphate und Sulfate (neben anderen Verunreinigungen), was zu einem ungehemmten Wachstum von lästigen Algen führt. Es ist ratsam, jegliches Leitungswasser zu filtern, um alle Schadstoffe zu entfernen. Am meisten empfiehlt sich hier ein Umkehrosmosefilter. Ein Deionisator ist die zweitbeste Möglichkeit, und nitratentfernende Harze sind eine billigere Alternative.

F & A...

✦ *Sind lästige Algen für Fische und Wirbellose giftig?*

Nicht im eigentlichen Sinne. Jedoch kann als Folge massiven Wachstums den Tieren bei Dunkelheit lebenswichtiger Sauerstoff entzogen werden, wodurch Aquarianer häufig (fälschlicherweise) annehmen, Todesfälle seien auf »giftige« Algen zurückzuführen.

✦ *Wenn ein befallenes Becken behandelt wird, kann irgendetwas die Verbesserung beschleunigen?*

Füttern Sie weniger und entfernen Sie einige Fische, falls das Becken überbesetzt ist. Saugen Sie häufig den Boden ab oder ziehen Sie soviel wie möglich von den lästigen Algen mit der Hand heraus.

✦ *Kann man mit Leitungswasser verschmutztes Aquariumwasser ersetzen?*

Verwenden Sie nur sauberstes Wasser, das einen Umkehrosmosefilter, eine Destillation oder Deionisation durchlaufen hat. Durch die Verwendung von nährstoffreichem Wasser wird die Konzentration der Verunreinigungen noch erhöht.

✦ *Warum scheinen lästige Algen im Frühjahr und Herbst häufiger aufzutreten?*

Die Gründe sind unbekannt. Es könnte mit der Veränderung der Art des Tageslichtes zusammenhängen.

Salzmischungen können auch unerwünscht große Mengen an Nitraten und Phosphaten enthalten. Kontrollieren Sie das, indem Sie mit destilliertem Wasser eine Salzlösung von einer Dichte von 1,021 ansetzen. Ein entsprechender Wassertest zeigt alle Verunreinigungen an.

Viele der Verschmutzungen, die durch das Leitungswasser eingeschleppt werden, können auch im Aquarium selber entstehen. Fische und in geringerem Maße Wirbellose verunreinigen das Becken mit ihren Ausscheidungen. Vieles wird durch die Filteranlage entfernt, aber gelöste Stoffe reichern sich weiterhin an, wenn kein regelmäßiger Wasserwechsel stattfindet, durch den sie verdünnt werden. Bei den meisten Aquarien sollten alle 2 Wochen 15–25% des Wassers ausgetauscht werden. Das hört sich viel an, aber

◀ Fädige Algen, auch als Haaralgen bezeichnet, überwuchern marine Wirbellose und können sie schließlich ersticken.

◀ Diese roten Schleimalgen (Blaualgen) sind in geringen Mengen harmlos, können aber eine gefährliche Plage werden, wenn sie beginnen sich auszubreiten.

✦ Sind die Blasen, die von den Algen aufsteigen, gefährlich?

Nein, das sind harmlose Sauerstoffbläschen, die durch Photosynthese von den Algen gebildet werden.

✦ Entzieht das Wachstum von Makroalgen den lästigen Algen die Nährstoffe?

Allzuoft unterdrücken die lästigen Algen die Makroalgen ebenso. Außerdem gedeihen dekorative Algen nicht gut bei schlechter Wasserqualität und wachsen nicht schnell genug, um ausreichend Nährstoffe aufzubrauchen.

es ist die einzige Möglichkeit, das Wasser sauber zu halten und zu verhindern, daß lästige Algen überhaupt erst einmal im Becken Fuß fassen.

Die anderen Faktoren optimieren

Es ist wichtig, daß die maximale Besatzdichte berücksichtigt und das Becken nicht zu schnell besetzt wird. Beides würde zu einer Verschlechterung der Wasserqualität führen und den Algen die Möglichkeit geben, sich zu vermehren. Überfüttern hat denselben Effekt, und flüssige Wirbellosennahrung kann zu hochgradiger Verschmutzung führen. Wenn lästige Algen schon ein Problem sind, setzen Sie keine weiteren Tiere in das Becken, bis die Algen unter Kontrolle sind. Achten Sie auch darauf, keine Form von Algendünger zu verwenden. Gesunde Aquarien gewährleisten ein gutes Wachstum von Makro- und Mikroalgen, ohne zusätzliche Nitrate zu benötigen.

Da lästige Algen so anpassungsfähig sind, können sie bei den meisten Arten von Beleuchtung überleben, und es wäre ein Fehler, das Beleuchtungssystem zu verändern, ohne die Wasserqualität zu verbessern. Ultraviolettstrahlen haben sehr wenig Einfluß auf lästige Algen, aber sie verbessern den Gesamtzustand des Beckens, da sie das Risiko von Krankheiten vermindern (siehe UV-Sterilisator, Seite 33).

Einige Berichte lassen vermuten, daß ein sehr hohes Redoxpotential (von 450 mV) dabei hilft, Schleimalgen zu vernichten, was aber gewöhnlich durch das Restozon erklärbar ist, das ins Aquarium gelangt und für die Algen (und ebenso für Fische und Wirbellose) giftig ist. Dies ist wahrscheinlich keine sichere oder realistische Alternative. Man kann auch nicht erwarten, daß die Fische die lästigen Algen fressen. Einige pflanzenfressende Fische weiden fädige Algen ab. Unglücklicherweise bevorzugen sie aber dekorative Algenarten.

Chemische Bekämpfung

Algen mit Chemikalien zu bekämpfen ist die letzte Möglichkeit und eine Verzweiflungstat, die Fische und Wirbellose schädigt. Der beste und zuverlässigste Weg, um lästige Algen zu bekämpfen, ist immer noch eine besonders gute Wasserqualität. Wenn dieses Ziel mit allen Kräften verfolgt wird, ist eine allmähliche Verbesserung fast immer der Lohn.

Fischgesundheit

In letzter Zeit ging der Trend dahin, den Begriff »Fischkrankheiten« statt »Fischgesundheit« zu verwenden. Und da »Fischkrankheiten« ein negativer Ausdruck ist, ist es fast unvermeidbar, daß Fische auch wirklich krank werden. Es lenkt auch von der Tatsache ab, daß fürsorgliche Aquarianer die möglichst besten Haltungsbedingungen bieten sollten, anstatt irgendwelchen Krankheiten vorzubeugen.

Unter Berücksichtigung dessen sollte auch gesagt werden, daß Meeresfische eher irgendeine Krankheit bekommen als ihre Süßwasserverwandten, hauptsächlich aufgrund der Tatsache, daß ein mariner Lebensraum weitaus schwieriger zu erhalten ist.

Vorbeugen

Krankheiten vorzubeugen ist weitaus erstrebenswerter als einen kranken Fisch behandeln zu müssen, und in den meisten Fällen ist nur wenig oder gar kein zusätzlicher Aufwand notwendig. Dagegen braucht ein infiziertes Becken eine besondere Pflege und teure Behandlung. Die Hauptgründe für das Auftreten von Krankheiten bei Meeresfischen sind Überbesatz, Überfütterung und Streß. Man könnte behaupten, daß der letzte Punkt aus den beiden ersten resultiert, aber es gibt viele andere Gründe für Streß wie Rivalenkämpfe, falsche Pflege, schlechte Verträglichkeit mit anderen Beckeninsassen und vieles mehr. Wie kann man also am besten Krankheiten vorbeugen?

Besatz: Besetzen Sie das Becken immer langsam – je schneller das Aquarium besetzt wird, umso größer ist das Risiko von Krankheiten, besonders in einem neu eingefahrenen Becken.

Füttern: Füttern Sie nicht mehr, als die Fische in wenigen Minuten aufnehmen. Entfernen Sie sofort alle Reste. Es gibt nur wenige Beispiele dafür, daß Fische verhungert sind, daher haben Sie keine Skrupel, sparsam zu füttern.

Streß: Meeresfische sind schnell gestreßt, was schließlich zu einem plötzlichen Zusammenbruch ihres natürlichen Immunsystems und demzufolge zum Auftreten von Krankheiten führt. Außer den

✦ *Wie sicher sind kupferhaltige Medikamente?*

Richtig angewendet sehr sicher. Es ist jedoch wichtig, die richtige Kupfermenge im Wasser zu haben. Zuviel, und der Fisch kann vergiftet werden. Zuwenig, und die Krankheitserreger werden nicht vernichtet. Ein Kupfertest ist wichtig, um die richtige Dosierung zu überwachen.

✦ *Was ist ein Süßwasserbad?*

Wie der Ausdruck besagt, ist es ein Eintauchen in Süßwasser. Das kann eine wirkungsvolle Möglichkeit sein, um eine parasitische Infektion schnell zu bekämpfen. Süßwasser tötete die Parasiten, die sich an Flossen, Körper und Kiemen anheften, schadet dem Fisch aber kaum oder gar nicht, wenn das Wasser genau dieselbe Temperatur und den pH-Wert wie im Aquarium besitzt. Die Behandlungszeit liegt zwischen 20 Sekunden und 2 Minuten, abhängig vom Zustand des zu behandelnden Fisches. Wenn der Fisch auszusehen beginnt, als würde er leiden, setzen Sie ihn sofort zurück in das Aquarium. Alle kleinen, sauberen Becken können verwendet werden, da der Fisch nicht aus dem Kescher entlassen wird. 1 oder 2 Tauchbäder täglich können gegen viele Krankheiten wirksam helfen.

✦ *Wie kann ein Fisch mit Pünktchenseuche in einem gemischten Fische-Wirbellosen-Becken behandelt werden?*

Mit großer Schwierigkeit. Die wirksamsten Mittel sind kupferhaltig und tödlich für Wirbellose, auch in geringen Konzentrationen. Die Erfahrung hat gezeigt, daß alternative Mittel speziell für diesen Anwendungsbereich nicht annähernd so gut wirken, wie behauptet wird. Daher werden die Fische am besten in ein getrenntes Becken gesetzt (siehe Seite 74 – 75), in dem Kupfer gefahrlos angewendet werden kann.

✦ *Zu welchem Zeitpunkt sollte mit der Kupferbehandlung aufgehört werden?*

Befolgen Sie den gesamten Behandlungsverlauf wie vom Hersteller des Produktes angegeben, auch wenn der Fisch nach der halben Behandlungszeit wieder völlig gesund aussieht. Wenn er noch nach einer kompletten Behandlung krank ist, ist eine zweite Behandlung und/oder eine höhere Dosierung notwendig. In diesem Fall fragen Sie den Hersteller oder eine Fachmann um Rat.

schon erwähnten Gründen für Streß kann er auch durch eine hohe Nitratkonzentration, instabile Wasserbedingungen, laute Außengeräusche (z. B. (schlagende Türen, laute Musik, Klopfen an das Glas) und giftige Dämpfe im Raum (starkes Rauchen, Teppichreiniger, Farbdämpfe, Insektizide usw.) verursacht werden.

Erste Anzeichen

Fast alle Krankheiten werden in einem frühen Stadium durch eine Veränderung im Verhalten des Fisches signalisiert. Verminderter Appetit ist gewöhnlich ein sicheres Zeichen ebenso wie Verstecken oder plötzliche Scheue. Das kann von dramatischeren Symptomen begleitet werden wie Scheuern oder Kratzen an Steinen, ungleichmäßiges Schwimmen, wildes Rasen durchs Becken oder Unfähigkeit, das Gleichgewicht zu halten.

Ein guter Aquarianer kennt das normale Verhalten der Fische und erkennt diese frühen Warnzeichen, so daß sofort Gegenmaßnahmen ergriffen werden können. Unverzügliches Handeln ist wichtig,

da viele Meerwasserkrankheiten innerhalb von 24 Stunden gefährlich werden und dadurch eine Behandlung immer schwieriger machen.

Krankheiten

Es gibt vier Hauptkategorien von Krankheiten: durch Parasiten, Bakterien, Pilze und Viren verursachte. Häufig kompliziert eine Krankheit eine andere. Es wird nicht häufig erwähnt, aber Fische können an den meisten physiologischen Krankheiten leiden wie Menschen oder andere Tiere. Probleme mit Herz, Niere, Leber und Verdauungsorganen treten von Zeit zu Zeit auf zusammen mit einer Menge anderer Störungen. Man sollte immer bedenken, daß, wenn ein Fisch krank ist, es sich nicht immer um eine der üblichen Aquarienkrankheiten handelt. Manchmal gibt es keine wirksame Behandlung und ein leidender Fisch sollte dann human getötet werden. Wenn Zweifel bestehen, holen Sie sich Rat von einem Tierarzt, der auf Meeresfische spezialisiert ist.

HÄUFIGE KRANKHEITEN IN MEERWASSERAQUARIEN

Pünktchenseuche
Cryptocaryon irritans

Symptome: Scheuern und Kratzen an verschiedenen Oberflächen; kleine (1 mm) weiße Flecken auf Flossen und Körper.

Bemerkungen: Dies ist eine höchst ansteckende Krankheit, die sich schnell ausbreitet und eine ebenso schnelle medizinische Behandlung erfordert.

Behandlung: Kupferhaltige Präparate, um die empfindlichen frei schwimmenden Stadien der Parasiten zu vernichten. Die Verwendung eines UV-Sterilisators im Becken kann helfen, die Krankheit unter Kontrolle zu halten.

Oodinium oder Samtkrankheit
Amyloodinium ocellatum

Symptome: Scheuern und Kratzen an Oberflächen, schnelle Atmung, sehr kleine Flecken auf dem Körper, die in schweren Fällen zu einer »samtartigen« Erscheinung führen.

Bemerkungen: Vielleicht die ansteckendste und tödlichste alle Meerwasser-Krankheiten. Sofortige Behandlung ist wichtig, aber einige Stämme

Pünktchenseuche bei einem Paletten-Doktorfisch *(Paracanthurus hepatus)*.

dieser Krankheit können gegen Medikamente äußerst resistent sein.

Behandlung: Ein geeignetes Kupferpräparat, um die empfindlichen frei schwimmenden Stadien der Parasiten zu töten. Auch hier zerstört ein UV-Sterilisator die frei schwimmenden Parasiten.

Schwarze Flecken

Symptome: Kleine (1 mm) schwarze Flecken auf dem Körper. Die Fische scheuern und kratzen sich.

Bemerkungen: Die Flecken sind gewöhnlich nicht so zahlreich wie bei der Pünktchenseuche und auch nicht so tödlich. Doktorfische scheinen besonders anfällig zu sein.

Behandlung: Ein geeignetes Kupferpräparat oder eines mit dem Wirkstoff Trichlorofon.

Kiemen- und Flossenwürmer

Symptome: Schnelle Atmung, Scheuern und Kratzen, trübe Augen, weiße Flecken auf der Haut; manchmal, aber nicht immer, sind wurmähnliche Anhängsel sichtbar.

Bemerkungen: Eine andere sehr ansteckende Krankheit, die schnell verheerend sein kann. Wenn die Kiemen befallen sind, erstickt der Fisch.

Behandlung: Ein Süßwasserbad für sofortige Linderung und ein geeignetes Mittel gegen Plattwürmer.

Erkrankung von Kopf und Seitenlinienorgan

Symptome: Die Zersetzung des Seitenlinienorgans und die Bildung von Mulden in der Haut; sehr ähnlich der Lochkrankheit im Süßwasser.

Bemerkungen: Die Verfassung des Fisches verschlechtert sich allmählich und führt häufig zum Tod, wenn die Wasserbedingungen nicht erheblich verbessert werden.

Behandlung: Es gibt keine geeignete Behandlung. Diese Krankheit ist eine direkte Folge von schlechten Umweltbedingungen, die untersucht und verbessert werden müssen.

Flossenfäule

Symptome: Zersetzung von Flossen und Flossenstrahlen, gerötete Bereiche, besonders an der Flossenbasis, Lethargie und Appetitlosigkeit.

Bemerkungen: In sehr schweren Fällen kann auch der Körper des Tieres beginnen zu faulen.

Oodinium erscheint hier als weißes »Puder« am Rücken dieses Feuerfisches (*Pterois volitans*).

Ein Segelflossen-Doktorfisch (*Zebrasoma veliferum*) mit einem schweren Fall von Kopf- und Seitenlinienorgan-Erkrankung. Dieser Fisch hat sich wieder erholt.

 Flossenfäule läßt die Flossen ausfransen und einreißen.

Lymphocystis (Blumenkohlkrankheit), hier an einem *Pomacanthus paru*, kann Körper oder Flossen befallen. Sogar bei schwersten Symptomen leidet der Fisch selten.

Behandlung: Sofortige Verbesserung der Umweltbedingungen und geeignete Präparate gegen bakterielle Infektionen.

Pilzinfektionen
Ichthyophonus spp.

Symptome: Fische werden deutlich dunkler, verminderter Appetit, Teilnahmslosigkeit, sandpapierartige Erscheinungen auf der Haut.
Bemerkungen: Diese Krankheit ist nicht besonders häufig und erfordert sorgfältige Diagnose, ist aber ein gutes Beispiel für eine Pilzinfektion.
Behandlung: Sehr schwierig, da geeignete Präparate nicht immer wirken. Futter, das mit Phenoxetol getränkt wurde, kann wirken, wenn der Fisch es frißt. Umweltbedingungen verbessern.

Blumenkohlkrankheit
Lymphocystis spp.

Symptome: Warzige Gruppen aus winzigen »Blumenkohl«-Geschwüren auf Flossen und Körper.
Bemerkungen: Diese Viruserkrankung sieht häufig viel schlimmer aus als sie ist. Obwohl sie selten tödlich endet, können Sekundärinfektionen auftreten.
Behandlung: Es gibt keine geeigneten Medikamente. Ein Süßwasserbad kann helfen. Wenn optimale Wasserbedingungen herrschen und der Fisch nicht gestreßt ist, kann normalerweise sein Immunsystem diesen Virus schließlich bekämpfen.

F & A ...

✦ *Müssen erkrankte Fische immer isoliert werden?*

Wenn sie an einer ansteckenden Krankheit leiden, wird das ganze Becken einschließlich der gesunden Mitbewohner behandelt. Isolieren Sie kranke Fische nur, wenn sie durch andere Fische bekämpft oder gestreßt werden.

✦ *Fische scheuern und kratzen sich nach der Behandlung immer noch und alle anderen Anzeichen der Krankheit sind verschwunden. Warum?*

Viele Krankheiten, besonders parasitische, hinterlassen Narben auf der Haut und den Kiemen, die einige Zeit brauchen, bis sie heilen und verschwinden. Das verursacht häufig Beschwerden, lange nachdem die Krankheit vorüber ist.

✦ *Häufig wird empfohlen, die »Blumenkohl«-Geschwüre bei Lymphocystis abzukratzen oder mit einem Skalpell abzuschneiden. Ist das richtig?*

Solche Maßnahmen können für den Fisch und seinen Besitzer recht gefährlich werden! Sekundärinfektionen werden durch die Schäden durch das Skalpell häufig gefördert. Unter Berücksichtigung der relativ harmlosen Krankheit sind solche dramatischen Maßnahmen völlig unnötig.

✦ *Kann ein Tierarzt aufgesucht werden?*

Selbstverständlich. Die meisten Tierärzte wissen jedoch nur sehr wenig über Krankheiten von Meeresfischen und können mehr schaden als helfen. Spezialisierte Tierärzte gibt es. Sie können sie durch die Tierärztekammer herausfinden.

Quarantäne

Die Tradition, ein Becken ausschließlich für Quarantänezwecke einzurichten, hat in den letzten Jahren immer mehr abgenommen. Meerwasseraquarianer meinen, daß die Fische, die zum Verkauf angeboten werden, schon auf Krankheiten untersucht wurden und an die Bedingungen im Aquarium angepaßt sind. Während das in einigen Fällen zutreffen mag, fehlt den meisten Händlern der Platz und die Kapazität, um einen vollständigen Quarantäneservice zu erhalten, und neu importierte Fische werden häufig sofort zum Verkauf angeboten. Unter diesen Umständen ist es Aufgabe des Aquarianers, dafür zu sorgen, daß seine Tiere im Aquarium vor einem möglichen Krankheitsüberträger geschützt sind, sowie alles mögliche zu tun, um die Überlebenschancen des Neuankömmlings zu erhöhen.

Fische, die in Quarantäne waren, scheinen sich auf Dauer besser an die Bedingungen in einem Aquarium anzupassen. Der Besitzer kann die Quarantänezeit dazu nutzen (wenn der Neuankömmling nicht mit anderen Beckeninsassen um das Futter konkurriert), den Fisch an die Nahrung zu gewöhnen und ihn »aufzupäppeln«, wodurch er widerstandsfähiger gegen Krankheiten ist, wenn er in das Aquarium gesetzt wird. Der Besitzer erhält dadurch auch eine Art »Bedenkzeit«, wodurch er, falls die falsche Art ausgewählt wurde, Abmachungen treffen kann, um den Fisch umzutauschen (siehe Verträglichkeit zwischen Fischen, Seite 56 – 57).

Ein geeignetes Becken einrichten

Ein 55-Liter-Becken reicht für ein oder zwei kleine Fische (Riffbarsche, Feenbarsche usw.) gleichzeitig aus, wogegen größere Fische (Fahnenbarsche, große Kaiserfische usw.) ein Becken von etwa 90 l Größe oder mehr pro Fisch benötigen. Ein voll funktionsfähiger biologischer Filter, der vorher gut eingefahren ist, ist lebenswichtig. Wenn man einen Bodenfilter oder einen großen externen Topffilter mit biologischem Material verwendet, ist der Fisch gefährdet, wenn der Filter nicht richtig eingefahren ist, vorzugsweise mit Hilfe eines geeigneten Flüssigpräparates. Andere Geräte wie Rieselfilter, naß und trocken, oder Schwammfilter sind natürlich ideal geeignet.

Es ist umstritten, ob Geräte wie Eiweißabschäumer, Ozonisator, Aktivkohlefilter oder UV-Sterilisator notwendig sind, da sie die Wirksamkeit verschiedener Medikamente hemmen. Während das für die ersten drei Geräte zutreffen kann, hilft ein UV-Sterilisator bei der Vernichtung freischwimmender Krankheitserreger und ist daher sehr zu empfehlen.

Schaffen Sie so weit wie möglich dieselben Wasserbedingungen im Quarantänebecken wie im Schauaquarium. Auf diese Weise wird der Fisch

✦ *Wie lange sollte ein Fisch in einem Quarantänebecken gehalten werden?*

... Wenn der Fisch geheilt ist und/oder gut frißt, lassen Sie ihn weitere 3 – 4 Wochen dort, bis er in das endgültige Heim gesetzt wird. Das ist besonders wichtig bei gemischten Fische-Wirbellosen-Becken, da infizierte Fische extrem schwierig zu behandeln sind.

✦ *Müssen regelmäßige Pflegearbeiten bei einem Quarantänebecken durchgeführt werden?*

Außer dem Entfernen von überschüssigem Futter, nicht wirklich. Die Filter von freien Becken sollten gesäubert und das Wasser vollständig gewechselt werden, um für den nächsten Fisch bereit zu sein.

✦ *Ist es möglich, Wirbellose in Quarantäne zu setzen?*

Einige wie Oktopus und Sepia kann man in einem Quarantänebecken an Aquariennahrung gewöhnen, aber andere können sofort eingesetzt werden.

✦ *Wenn alle Tiere angeschafft wurden, kann man das Quarantänebecken als zweites Schauaquarium benutzen?*

Absolut nicht, da man auch später ein Quarantänebecken braucht, und in der Zwischenzeit kann es als Krankenstation dienen, wenn ein Fisch besondere Behandlung benötigt. Denken Sie daran, den biologischen Filter aktiv zu halten, indem sie jeden zweiten Tag einige Tropfen entsprechende Spezialflüssigkeit dazugeben.

beim Umsetzen möglichst wenig belastet, wenn Temperatur, Dichte und pH-Wert übereinstimmen. Wie für alle Aquarien sollte ein ruhiger Standort gewählt werden. Er sollte frei von lauten Schlägen, Musik und Vibrationen sein. All dies führt zu Streß und fördert eine schlechte Gesundheit.

Um Verletzungen in dem relativ begrenzten Raum zu vermeiden, sollte ein stumpfer, glatter Stein wie Tuffstein verwendet werden. Es soll keine Rifflandschaft entstehen, aber es sollten genug Versteckplätze vorhanden sein, damit sich die Fische behaglich fühlen, sie sollen genug Platz zum Schwimmen und soviel Wasservolumen wie möglich zur Verfügung haben. Zu viele Steine können auch dazu führen, daß sich ein Tier ständig versteckt, was es sehr schwierig macht, seinen Gesundheitszustand zu beobachten. Das Absaugen von unverbrauchtem Futter ist dann auch eine mühsame Aufgabe. Der Boden des Beckens sollte auch frei von Substrat sein, damit jeden Tag Schmutz abgesaugt werden kann. Legen Sie schwarzes Papier oder Plastik unter das Becken, da die dunkle Farbe einen äußerst beruhigenden Effekt auf die Fische hat.

Die Beleuchtung ist nicht wichtig, und 1 oder 2 Leuchtstoffröhren über dem Becken halten das Licht ausreichend gedämpft, um Streß zu vermindern, aber hell genug, um das Tier zu beobachten. In den meisten Fällen ist ein kombinerter Heizthermostat ausreichend, aber eine Heizmatte mit externem Thermostaten vermeidet das Risiko, daß sich der Fisch selber an einem ungeschützten Element verbrennt.

Einsetzen von Fischen

Wenn ein Fisch gekauft wurde, setzen Sie ihn auf die übliche Weise in das Quarantänebecken und lassen Sie ihn sich bis zum nächsten Tag beruhigen. Dann können Sie etwas Futter anbieten.

Wird es nicht innerhalb von wenigen Minuten verzehrt, saugen Sie es einfach mit sowenig Störung wie möglich wieder ab.

Verabreichen Sie in den nächsten Tagen eine vorbeugende Dosis eines Kupferpräparates von 0,25 mg pro Liter und führen Sie häufig einen Kupfertest durch. Verlassen Sie sich nicht auf eine Schätzung, da eine Überdosierung von Kupfer gefährlich sein kann. Dieser Schutz gegen viele der häufigsten Krankheiten läßt das Tier sich an die neue Umgebung anpassen, ohne von Krankheit bedroht zu sein. Sollte eine Krankheit ausbrechen, erhöhen Sie die Dosis auf 0,5 mg pro Liter. Das hilft in den meisten Fällen gegen Pünktchenseuche, *Oodinium*, Plattwürmer und Pilzerkrankungen. Der Fisch sollte 2 oder 3 Tage kräftig gefüttert werden und gegen Ende einer Woche genesen sein.

◀ Ein Quarantänebecken muß nicht unattraktiv sein. Als zusätzlicher Vorteil zwingt eine Quarantäne den Aquarianer dazu, das Besetzen des Schauaquariums zu verlangsamen, weil nur 1 Fisch auf einmal diese Prozedur durchlaufen kann.

Meerwasserfische

Dieses Kapitel enthält praktische Informationen über die Haltung
einiger der am häufigsten erhältlichen tropischen Meerwasserfische. Die
meisten können erfolgreich an das Heimaquarium gewöhnt werden, so
daß man ein friedliches und farbenprächtiges Bild erhält. Einige von
ihnen sind ideal geeignet und relativ einfach zu pflegen. Andere sind
etwas ungewöhnlicher und erfordern besondere Bedingungen, wobei
der begeisterte Aquarianer der Meinung ist, daß sie den zusätzlichen
Aufwand wert sind. Ein paar Arten sind nicht für das Heimaquarium
zu empfehlen. Entsprechende Warnhinweise werden gegeben.

Die hier aufgeführten Informationen und Tips vermitteln dem Anfänger
und dem erfahrenen Aquarianer gleichermaßen die Kenntnisse, die für
eine erfolgreiche Haltung der Fische notwendig sind.

Der Gefleckte oder Pazifische Kofferfisch (*Ostracion
meleagris*), siehe Seite 109.

Was sind Meerwasserfische?

Fische gehören zu den anpassungsfähigsten Tieren auf diesem Planeten. Sie besetzen praktisch jede ökologische Nische in allen Gewässern, die Mutter Erde zu bieten hat: Salzwasser, Süßwasser, Brackwasser, hartes Wasser, weiches Wasser, kaltes Wasser, gemäßigte Meere, tropische Meere, arktische Meere, Seen, Flüsse und Lagunen. Meeresfische, die im Salzwasser leben und sich dort fortpflanzen, bewohnen ein relativ hoch konzentriertes Medium, das eine Menge an gelösten Substanzen enthält, wobei der größte Anteil auf Natriumchlorid (Kochsalz) entfällt. Die Anwesenheit von so viel Salz macht es für Organismen schwierig, in solch einer Umgebung zu überleben, und die Fische mußten sich daran anpassen. Um diese Anpassung zu verstehen, müssen wir einige einfache physikalische Vorgänge betrachten.

Osmose

Osmose beschreibt den Prozeß, bei dem Moleküle in einer wäßrigen Lösung durch eine halbdurchlässige, biologisch aktive Membran wandern können, während das Durchdringen anderer Moleküle aufgrund Größe, Form oder anderer Faktoren nicht möglich ist. Bei Fischen findet dieser Vorgang an der Haut, welche Kiemen, Körper und Darm bedeckt, statt. Die kleineren Wassermoleküle können frei durch diese praktisch halbdurchlässige Membran wandern, wogegen es größeren Molekülen nicht möglich ist. Es ist jedoch wichtig dabei zu bedenken, daß die Moleküle aktiv durch den Stoffwechsel der Fische transportiert werden, was bedeutet, daß Fische eine Menge Energie für die Aufrechterhaltung der Osmose verbrauchen.

Die Natur ist immer bestrebt, die Dinge in ein Gleichgewicht zu bringen und verwendet die Osmose dazu, eine konzentrierte Lösung wie z. B. Meerwasser mit einer schwächeren Lösung wie Süßwasser zu verdünnen, um die Konzentrationen auszugleichen.

Wenn wir diesen Vorgang direkt auf die Meerwasserfische übertragen, repräsentiert die schwächere Lösung die Körperflüssigkeiten des Fisches

✦ *Wie ändert sich die Dichte innerhalb eines Aquariums?*

Immer wenn das Salzwasser mit Luft in Berührung kommt, findet Verdunstung statt. Es verdunsten nur Wassermoleküle, wobei die verschiedenen Salze zurückgelassen werden und dadurch die Lösung konzentrierter wird. Deshalb ist es wichtig, mit Süßwasser (von angemessener Qualität) aufzufüllen, um das Gleichgewicht beizubehalten.

✦ *Wie kann man einen stabilen Salzgehalt erreichen?*

Das ist im allgemeinen nur durch einen genauen Wasserstandsfühler möglich. Wenn der Wasserspiegel sinkt, regelt ein Schalter eine Pumpe in einem Süßwasserbehälter und ersetzt nur die fehlende Wassermenge. Auf diese Weise bleibt die Dichte konstant und die Belastung des Osmoregulationssystems der Tiere, die zu Krankheiten führen kann, wird auf ein Minimum reduziert.

✦ *Ist es sinnvoll, die Dichte des Aquariumwassers von 1,025 auf 1,021 zu reduzieren?*

Ja. Je höher der Salzgehalt im Wasser ist, umso mehr müssen die Fische arbeiten, um das Salz wieder abzugeben, was sie vermehrt aufgenommen haben. Wenn der Salzgehalt geringer ist, wird der Stoffwechsel der Fische herabgesetzt, und sie sind weniger belastet. Führen Sie die Umstellung über mehrere Wochen durch, damit sich der Stoffwechsel der Fische allmählich darauf einstellen kann. Fast alle Arten, die im Meerwasseraquarium gehalten werden, fühlen sich unwohl, wenn die Dichte geringer als 1,018 oder höher als 1,028 ist. 1,021 hat sich als allgemein günstigster Wert erwiesen.

✦ *Ein neu eingesetzter Fisch liegt am Boden des Aquariums, sieht blaß aus und atmet schwer. Was ist passiert?*

Der Fisch leidet am osmotischen Ungleichgewicht. Einige Fische passen sich schnell an plötzliche Wechsel im Salzgehalt an, wogegen andere sehr darunter leiden, sogar wenn das Einsetzen über einen langen Zeitraum erfolgt. Diese Fische sollten nicht gestört und vor anderen Fischen geschützt werden, wobei möglichst das Licht ausgeschaltet werden sollte. Ist der Fisch bei guter Gesundheit, erholt er sich innerhalb von 6–24 Stunden.

und die stärkere Lösung ist das umgebende Meerwasser. Wassermoleküle dringen durch die halbdurchlässige Membran der Haut, um das Meerwasser in einem andauernden Prozeß zu verdünnen. Deshalb müssen die Meerwasserfische ständig Salzwasser trinken, um den Verlust durch die Osmose auszugleichen, sonst würden sie durch Austrocknung sterben. Da nur das Wasser verloren geht, bleibt eine Menge Salz im Körper zurück, welches durch die Nieren und spezielle Zellen in den Kiemen ausgeschieden wird.

Dieses Ungleichgewicht zwischen den beiden Flüssigkeiten verursacht den sogenannten osmotischen Druck. Je höher der Salzgehalt des Wassers ist, umso größer ist der osmotische Druck in den Fischen, und folglich müssen die Fische umso härter arbeiten, um das osmotische Gleichgewicht zu erreichen.

Süßwasserfische leiden unter demselben osmotischen Ungleichgewicht, aber in umgekehrter Richtung. Die dichtere Flüssigkeit befindet sich im Fisch und die weniger konzentrierte ist das umgebende Süßwasser. Unter diesen Umständen wandern die Wassermoleküle durch die Haut in die dichteren Körperflüssigkeiten und werden in

großer Menge durch die Nieren wieder ausgeschieden. Das System, welches sowohl Meerwasser- als auch Süßwasserfische verwenden, um das osmotische Gleichgewicht aufrechtzuerhalten, nennt man Osmoregulation.

Die Ausnahmen

Einige Fischarten wechseln mühelos zwischen Süß- und Salzwasser. Bekannte Beispiele sind Lachs, Flunder, Argusfische, Tannenzapfenfische und ebenso Stichlings- und Grundelarten. Bestimmte Arten haben besondere Drüsen entwickelt, mit denen sie entweder Salz oder Süßwasser ausscheiden können, abhängig davon, in welchem Medium sie gerade schwimmen. Andere besitzen eine Haut, die nicht halbdurchlässig ist, so daß das Problem des osmotischen Ungleichgewichtes nicht auftritt. Brackwasserfische besetzen einen sehr wechselhaften Lebensraum.

➤ Die Haut eines Meerwasserfisches ist eine biologisch aktive, halbdurchlässige Membran, die Wassermoleküle aus dem Körperinneren in das umgebende, dichtere Salzwasser transportiert. Das ist der natürliche Versuch, Meerwasser zu verdünnen, um ein Gleichgewicht herzustellen!

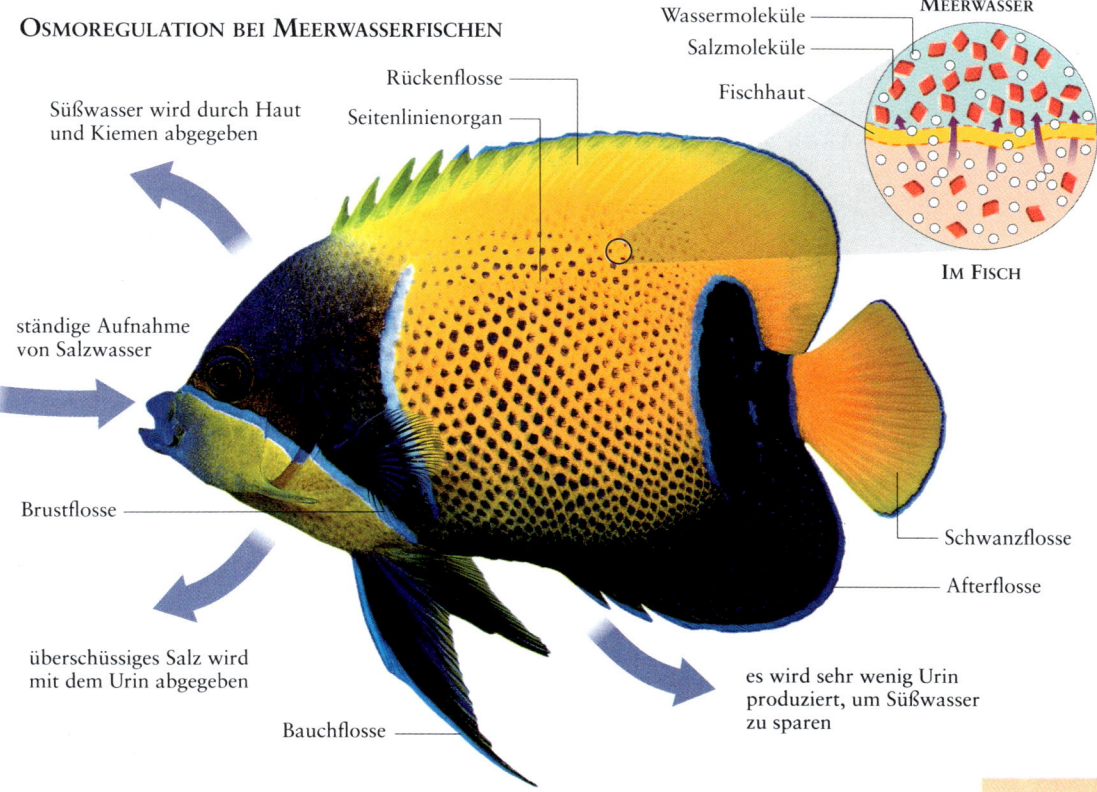

OSMOREGULATION BEI MEERWASSERFISCHEN

Süßwasser wird durch Haut und Kiemen abgegeben

Rückenflosse

Seitenlinienorgan

Wassermoleküle

Salzmoleküle

Fischhaut

MEERWASSER

IM FISCH

ständige Aufnahme von Salzwasser

Brustflosse

Schwanzflosse

Afterflosse

überschüssiges Salz wird mit dem Urin abgegeben

Bauchflosse

es wird sehr wenig Urin produziert, um Süßwasser zu sparen

Doktorfische

Doktorfische gehören zu den bekanntesten und am weitesten verbreiteten tropischen Meerwasserfischen, die dem Aquarianer angeboten werden.

Sie sind einfach von anderen Fischen durch den ovalen Körper mit der steil ansteigenden Stirn, an der sich weit oben die Augen befinden, zu unterscheiden. Die gebogenen Rücken- und Afterflossen sind wie Spiegelbilder zueinander. Zusätzlich besitzen die Tiere scharfe, skalpellähnliche Stachel beidseitig der Schwanzwurzel, die aufgestellt und eingerastet werden können und eine wirkungsvolle Waffe bei Revierkämpfen oder sogar gegen unvorsichtige Aquarianer darstellen. Daher rührt der Name Doktorfisch! Wie viele andere Fische des Korallenriffs, gibt es Doktorfische in einer unermeßlichen Vielfalt an Farben und Mustern. Männchen und Weibchen sehen bei den meisten Arten gleich aus. In der freien Natur leben Doktorfische in großen und gelegentlich gemischten Schwärmen und weiden die Felsen und Riffe nach Algen ab. Da Algen normalerweise in Gebieten mit starken Strömungen und sehr sauerstoffhaltigem Wasser vorkommen, sind diese Fische kraftvolle Schwim-

Der Weißkehl-Doktorfisch (*Acanthurus leucosternon*) ist anfällig für Pünktchenseuche und wird am besten in reinen Fischbecken gehalten.

Der Zitronen-Segelflossen-Doktorfisch (*Zebrasoma flavescens*) lebt in der Natur in Schwärmen, aber nur in den größten Aquarien kann er in Gruppen gehalten werden, wenn ernsthafte Kämpfe vermieden werden sollen.

mer, die es gewohnt sind, gegen die Gezeitenkräfte anzukämpfen, während sie in ökologischen Nischen nach Nahrung suchen, die für die meisten anderen Korallenriff-Fische nicht zugänglich sind. Wie Athleten verbrauchen sie viel Sauerstoff, damit die kräftigen Muskeln effektiv arbeiten können.

Obwohl die meisten Doktorfische in großen

Aquariumbedingungen und Pflege

LEBENSRAUM: Doktorfische sind aktive Fische, die viel Platz zum Schwimmen benötigen. Versteckplätze für die Nacht an der Rückseite des Beckens sind wichtig.

Beckengröße Ein Becken von mindestens 120 cm Länge und einem Volumgen von 205 l brutto.

pH-Wert	8,1 – 8,3
Temperatur	25 – 26 °C
Ammonium	null
Nitrit	null
Nitrat	weniger als 20 ppm gesamtes NO_3
Dichte	1,021 – 1,024
Gelöster Sauerstoff	6 – 7 ppm

Wasserwechsel 15 – 25 % mit hoher Wasserqualität alle 2 Wochen.

Filterung Wirksamer Eiweißabschäumer und Filterung mit Aktivkohle sind Standard.

Beleuchtung Ein hell beleuchtetes Aquarium, um ein gutes Wachstum von Makro- und Mikroalgen zu fördern.

FÜTTERUNG: Wenn sich Doktorfische einmal eingelebt haben, können sie völlige Allesfresser werden, die Salinenkrebse, Glaskrebse, Tintenfisch und sogar Flockenfutter nehmen. Ihre Hauptnahrung sind Algen, die in großer Menge zur Verfügung stehen sollten. Wenn in dem Aquarium nur wenig Grünalgen leben, sind Salat oder Spinat, die für einige Sekunden in kochendes Wasser getaucht werden, damit die Zellulose aufgeschlossen und für die Fische verdaulich wird, ein guter Ersatz.

GESUNDHEIT: Doktorfische sind anfällig für *Oodinium* und Pünktchenseuche ebenso wie für einige Viruserkrankungen, welche Kopf und Seitenlinienorgan zerstören. Diese Krankheiten treten häufig bei Überbesatz auf oder wenn die Wasserqualität durch mangelhafte Pflege schlecht ist.

✦ *Sind Doktorfische für Anfänger geeignet?*

In vielen Fällen ja. Aber sie brauchen Wasser von bester und gleichbleibender Qualität, viel Platz zum Schwimmen und eine ausreichende Menge Algen und anderes geeignetes Grünfutter. Sie gedeihen wesentlich besser in einem eingefahrenen Aquarium als in einem neuen.

✦ *Zeigen Doktorfische irgendwelche unerwarteten Verhaltensmuster?*

Wenn ein Tier neu in ein Aquarium gesetzt wird, kann es auf der Seite liegen und sehr mitgenommen aussehen. Das ist nicht ungewöhnlich und geht ziemlich schnell vorüber. Dunkeln Sie das Becken ab, damit es von anderen Fischen nicht belästigt wird. Um die Belastung zu minimieren, ist es am besten, Doktorfische an ihre neue Umgebung langsam über einen Zeitraum von bis zu 40 Minuten mit ausgeschaltetem Licht zu gewöhnen.

✦ *Sind Doktorfische geeignet für Wirbellosenbecken?*

Aufgrund ihrer Anfälligkeit für Krankheiten nicht. Die meisten wirksamen Heilmittel für diese Krankheiten sind kupferhaltig und tödlich für Wirbellose. Außerdem besitzen die meisten Wirbellosenbecken sehr wenig Platz zum Schwimmen, was unnötigen Streß verursacht.

✦ *Warum werden manchmal Doktorfische mit hohlen, eingefallenen Bäuchen angeboten?*

Fische werden vor dem Transport nicht gefüttert, damit das Wasser, in dem sie transportiert werden, nicht fault. Bei der Ankunft am Bestimmungsort setzen verantwortungsvolle Importeure die Fische mehrere Wochen in Quarantänebecken. In dieser Zeit werden sie ausreichend gefüttert und auf Krankheiten behandelt. Fische, die nicht in Quarantäne waren, sondern gleich in den Handel kommen, haben nicht die Gelegenheit, sich zu erholen, und sind in schlechter Verfassung. Es ist nicht ratsam, solche Tiere zu kaufen.

Schwärmen leben, beansprucht jedes Individuum seinen eigenen Raum zum Fressen und kann vorübergehend ein kleines Revier verteidigen. Dieses Verhalten tritt auch im Aquarium auf und kann zu Reibereien führen. Daher sollte im allgemeinen nur 1 Exemplar in ein Becken mit 120 cm Länge oder weniger gesetzt werden. Junge Paletten-Doktorfische (*Paracanthurus hepatus*) können sich ein Aquarium teilen, aber auch dann können ernsthafte Kämpfe stattfinden, wenn die Fische wachsen und der Platz begehrt ist. Trotzdem sind Doktorfische ausgezeichnete Gesellschaftsfische, wenn sie mit anderen Arten der ungefähr gleichen Größe zusammen gehalten werden. Sie sind im allgemeinen friedlich, grasen die Felsen ab und nehmen wenig Notiz von den andereren Beckeninsassen.

Doktorfische laichen in Gruppen ab. Die Eier sind epipelagisch, d. h., sie schweben in der Planktonschicht, wo die Jungen auch ausschlüpfen. Die Entwicklung ist langsam, und es können Monate vergehen, bis sich die Jungtiere an einen Schwarm ihrer Art anschließen.

Doktorfische pflanzen sich selten in Gefangenschaft fort, obwohl einige öffentliche Aquarien und Hobbyaquarianer mit sehr großen Becken über erfolgreiches Ablaichen berichten. Bisher konnte aber kein Jungfisch großgezogen werden.

Der Paletten-Doktorfisch (*Paracanthurus hepatus*) ist einer der prächtigsten Riff-Fische, die erhältlich sind, aber eine sehr gute Wasserqualität benötigen.

Beliebte Arten von Doktorfischen

	maximale Größe
Zitronen-Segelflossen-Doktorfisch	15 cm
Zebrasoma flavescens	
Ein leuchtend gelber Fisch mit blauen Flecken um die Augen und blau geränderten Rücken- und Afterflossen.	
Östlicher Segelflossen-Doktorfisch	20 cm
Zebrasoma veliferum	
Die Körperfärbung ist braun mit senkrechten Streifen. Typisch ist die große segelartige Rückenflosse.	
Blauer Segelflossen-Doktorfisch	20 cm
Zebrasoma xanthurum	
Die Farbe reicht von Purpur bis Braun mit einer leuchtend gelben Schwanzflosse.	
Paletten-Doktorfisch	10 cm
Paracanthurus hepatus	
Tief blau mit schwarzen und gelben Flecken.	
Kuhkopffisch	25 cm
Naso lituratus	
Mit roten/orangen Flecken in der Lippenregion.	

	maximale Größe
Blaustreifen-Doktorfisch	15 cm
Acanthurus lineatus	
Streifenmuster in Gelb, Blau und Schwarz. Friedlich und ziemlich einfach zu halten.	
Weißkehl-Doktorfisch	kann 20 cm erreichen
Acanthurus leucosternon	
Hell- bis königsblau, schwarzes Gesicht, gelbe Rücken- und weiße Afterflosse. Braucht ein großes Becken.	
Achilles-Doktorfisch	20 cm
Acanthurus achilles	
Brauner Körper mit roten Flecken auf Schwanzflosse und Schwanzwurzel. Braucht ausgezeichnete Bedingungen.	
Acanthurus glaucopareius	20 cm
Weiße Wangen mit einem gelben Balken auf der Schwanzflosse und blau geränderten Rücken- und Afterflossen.	
Arabischer Blaustreifen-Doktorfisch	17,5 cm
Acanthurus sohal	
Ein seltener und prächtiger Fisch mit einem blauschwarz gestreiften Körper und orangen Dornen.	

Sonnenbarsche FAMILIE: APOGONIDAE

Sonnenbarsche gehören zu einer großen Familie, die etwa 200 Arten umfaßt. Sie alle sind geeignete Aquarienfische, aber nur einige Arten werden regelmäßig importiert. Der Pyjama-Kardinal (*Sphaeramia nematopterus*) und der Flammenfisch (*Apogon maculatus*) sind am häufigsten erhältlich.

Sie sind leicht zu erkennen, da sie zwei Rückenflossen besitzen, die immer stolz aufgerichtet getragen werden. Da sie nachtaktiv sind, besitzen sie große Augen, damit sie im Dunkeln ihre planktontischen Nahrungstiere erkennen können. Sie passen sich jedoch gut an ein relativ helles Aquarium an.

Sonnenbarsche sind Maulbrüter. Die befruchteten Eier werden zur Sicherheit in dem aufgeblähten Maul gehalten, bis die Jungen schlüpfen. Dann werden diese entlassen. Das Ausbrüten ist Sache des Männchens, des Weibchens oder von beiden, abhängig von der Art.

Die meisten Sonnenbarsche sind nicht schwierig zu halten und ideal für Anfänger ebenso wie für erfahrene Aquarianer. Obwohl man sie einzeln halten kann, sind sie Schwarmfische und sollten besser in kleinen Gruppen in das Aquarium gesetzt werden. Sogar unter diesen begrenzten Bedingungen sind Sonnenbarsche friedliche Fische, obwohl sie häufig nicht zögern, sich zu verteidigen, wenn sie von Fischen ähnlicher Größe angegriffen werden!

Der Pyjama-Kardinal (*Sphaeramia nematoptera*) wird wegen seines inaktiven Charakters und der relativ unscheinbaren Färbung häufig unterbewertet.

F&A...

✦ *Sind Sonnenbarsche für ein Becken mit Fischen und Wirbellosen geeignet?*

Ja, sie fügen Wirbellosen oder Algen keinen Schaden zu.

✦ *Ist es normal für Sonnenbarsche, wenn sie die dunkleren Bereich des Aquariums bevorzugen?*

Ja. Es ist eine gute Idee, einen Teil des Beckens mit gedämpftem Licht besonders für die Sonnenbarsche zur Verfügung zu stellen.

✦ *Ich möchte einen Schwarm Sonnenbarsche einsetzen. Wieviele sollten es sein?*

Als Faustregel gilt, 1 Fisch pro 30 cm Aquariumlänge. Wenn Sie also ein 90 cm langes Becken besitzen, sind 3 Exemplare ideal. Entsprechend sind für ein 150 cm langes Becken 5 Tiere geeignet. Um anfängliche Auseinandersetzungen zu vermeiden, wählen Sie die kleinsten erhältlichen Jungtiere und setzen Sie alle auf einmal in das Becken.

✦ *Pflanzen sich Sonnenbarsche im Aquarium fort?*

Eine Vermehrung in Gefangenschaft ist nicht häufig. Bis heute wurden nur sehr wenige Jungfische bis zur Geschlechtsreife aufgezogen.

Aquariumbedingungen und Pflege

LEBENSRAUM: Das Becken kann nur mit Fischen oder gemischt besetzt sein. Wasserbedingungen siehe Zwergkaiserfische, Seite 116.

Beckengröße Das Becken sollte mindestens 90 cm Länge und 114 l Volumen brutto haben.

FÜTTERUNG: Sonnenbarsche nehmen im allgemeinen alle üblichen Futterarten an wie Salinenkrebse, Langusteneier, Plankton, kleine Miesmuschelstückchen, Tintenfisch und Herzmuschel. Manche Tiere nehmen jedoch kein Flockenfutter und andere Trockennahrung auf.

GESUNDHEIT: Sonnenbarsche sind sehr widerstandsfähig gegen Krankheiten.

Drückerfische FAMILIE: BALISTIDAE

Drückerfische besitzen eine ungewöhnliche Körperform, ähnlich der einer länglichen Raute, und eine Vielfalt an Farben und Zeichnungen von trüb bis knallbunt. Die Rückenflosse ist aus mehreren Gründen einzigartig. Sie kann flach angelegt in einer Rille am Rücken getragen werden, wobei sie völlig verborgen ist, aber auch steil aufgestellt und verriegelt werden. Durch diese Fähigkeit kann sich der Fisch in einer Felsspalte verankern und sich so vor Feinden schützen.

Die wellenförmigen Bewegungen der hinteren Rückenflosse und der Afterflosse sind faszinierend zu beobachten. Die Bauchflossen sind bei fast allen Arten zurückgebildet, wobei nur ein rudimentärer Stumpf vorhanden ist. Obwohl Drückerfische nicht besonders kräftige Schwimmer sind, können sie geschickt manövrieren und rückwärts in Felsspalten hineinschwimmen, wobei sie die Umgebung genau beobachten.

Drückerfische besitzen kräftige Kiefer und Zähne, wodurch ihre Beutetiere – Krabben, Garnelen, Seeigel und Seesterne – nur wenig Chancen haben zu entkommen. Die harten Panzer von Krabben und Garnelen werden mit Leichtigkeit zerbrochen. Der Drückerfisch bläst einen Wasserstrom auf Seeigel und Seesterne, bis sie auf den Rücken fallen, die weichen Körperteile ungeschützt sind und angefressen werden können.

Beliebte Arten von Drückerfischen

maximale Größe

Orangestreifen-Drückerfisch 20 – 30 cm
Balistapus undulatus
Eine bunte, aber sehr aggressive Art, die häufig ein Becken für sich alleine beansprucht und sehr zahm werden kann.

Balistes bursa 15 cm
Eine interessante kleinere Art, die nicht sehr bunt ist, aber aggressiv sein kann.

Königin-Drückerfisch 10 cm
Balistes vetula
Ein beliebter Aquariumfisch, der nicht so aggressiv wie einige seiner Vettern ist.

Leopard-Drückerfisch 25 – 30 cm
Balistoides conspicillum
Ein wegen seiner hübschen Zeichnung teurer und vielbegehrter Fisch.

Rotzahn-Drückerfisch 25 cm
Odonus niger
Kann ziemlich unscheinbar aussehen, aber seine friedliche Natur macht ihn geeignet für ein Gesellschaftsbecken.

Picassofisch 22,5 – 30 cm
Rhinecanthus aculeatus
So bizarr und bunt wie der Name andeutet! Er kann jedoch sehr aggressiv sein und muß mit größeren Arten zusammengehalten werden.

Aquariumbedingungen und Pflege

LEBENSRAUM: Ein reines Fischbecken ist wichtig, da Drückerfische alle Wirbellosen vernichten.

Beckengröße In einem 90 cm langen Becken kann 1 Jungfisch leben. Ein mittelgroßes Exemplar braucht ein Aquarium von mindestens 122 x 46 x 38 cm. Ausgewachsene Drückerfische brauchen ein Becken von mindestens 455 l Inhalt.

pH-Wert	8,0 – 8,3
Temperatur	25 – 26°C
Ammonium	null
Nitrit	null

Nitrat Verträgt 50 ppm gesamtes NO_3, aber geringere Werte sind vorzuziehen.

Dichte	1,021 – 1,024
Wasserwechsel	20 – 25% alle 2 Wochen

Filterung Wirksame Eiweißabschäumung und Filterung mit Aktivkohle sind Standard.

Beleuchtung Verträgt gedämpftes bis sehr helles Licht.

FÜTTERUNG: Drückerfische haben einen unersättlichen Appetit und fressen fast jedes lebende oder gefrorene Futter. Garnelen, Krabbenfleisch, Miesmuschel, Herzmuschel, Tintenfisch und andere kräftige Nahrung wird mit Appetit verschlungen. Achten Sie darauf, die Tiere nicht zu überfüttern.

GESUNDHEIT: Sie sind extrem widerstandsfähig gegen Krankheiten.

Ein ausgewachsenes Pärchen des Leopard-Drücker-fisches (*Balistoides conspicillum*), das friedlich zusammenlebt, ist ein sehr seltener Anblick in einem Heimaquarium. Es ist sicherer, 1 Exemplar zu halten.

In der freien Natur werden Drückerfische bis zu 50 cm lang. Exemplare im Aquarium erreichen etwa die halbe Länge. Sie sind extrem territorial, und pro Becken sollte nur 1 Exemplar gehalten werden, da sie sich sonst bis auf den Tod bekämpfen. Man kann die meisten Drückerfische mit größeren Fischen zusammenhalten. Große Kaiserfische, Barsche, Süßlippen, Feuerfische, Kaninchenfische, große Lippfische und Muränen sind ideale Beckengenossen. Drückerfische sind jedoch bekannt wegen ihres Temperaments und nicht immer für ein Gesellschaftsbecken geeignet. Gemeinschaften sollten am besten aus Jungfischen bestehen, die zusammen aufwachsen. Ausgewachsene Tiere sind nur schwer aneinander zu gewöhnen.

F & A...

✦ *Sind Drückerfische für Anfänger zu empfehlen?*

Drückerfische sind relativ einfach zu halten und vertragen weniger ideale Wasserbedingungen. Diese Zähigkeit äußert sich allerdings in einem Temperament, das von reizbar bis höchst kampflustig reicht, abhängig von der Art.

✦ *Kann ich Drückerfische mit Wirbellosen zusammenhalten?*

Nein. Nichts ist vor den kräftigen Kiefern sicher. Ein reines Fischbecken ist wichtig.

✦ *Besitzen Drückerfische außer der Aggressivität noch andere schlechte Eigenschaften?*

Einige Arten wühlen im ganzen Becken im Sand und Kies und können sogar Luftschläuche oder elektrische Kabel durchbeißen. Achten Sie bei neuen Fischen auf unsoziales oder gefährliches Verhalten. Passen Sie beim Füttern mit der Hand auf, da Drückerfische böse beißen können.

Feilenfische

FAMILIE: BALISTIDAE
UNTERFAMILIE: MONACANTHIDINAE

Wenn Sie jemals einen Drückerfisch mit einem Feilenfisch verwechselt haben, ist dies ein verzeihlicher Fehler, da diese beiden Gruppen so eng miteinander verwandt sind, daß einige Systematiker meinen, sie müßten als eine Familie betrachtet werden. Ungeachtet wissenschaftlicher Argumente zeigt eine genauere Betrachtung, daß Feilenfische deutliche Unterschiede aufweisen. Ihre Schuppen sind grob und fühlen sich rauh an, woher der Name Feilenfisch herrührt. Ein Rückenstachel wird gewöhnlich aufrecht getragen und kann von einem kleinen zweiten Stachel begleitet werden. Der dritte, verriegelbare Stachel, der für Drückerfische charakteristisch ist, fehlt. Obwohl Feilenfische Zähne besitzen, sind diese anders als die schärferen Zähne der Drückerfische, da sie mehr zum Knabbern und Abweiden als zum Zerkleinern geeignet sind.

Verschmelzen mit dem Hintergrund

Verglichen mit vielen anderen Korallenriffischen setzt sich die Gruppe der Feilenfische aus unauffälligen Arten zusammen, die für den Aquarianer, der auffällige, prächtige Farben und Muster wünscht, nur wenig oder gar nicht reizvoll sind. Eine seltene Ausnahme ist der Schnabeldrückerfisch (*Oxymonacanthus longirostris*) mit seinen leuchtend orangen Flecken auf türkisem Untergrund. Unglücklicherweise leben die meisten Arten selten lange in Gefangenschaft, entweder weil sie die Nahrungsaufnahme verweigern oder wahrscheinlich weil ihnen ein bisher unbekannter Nährstoff im Futter fehlt. Eine andere ungewöhnliche Art ist der Fransen-Feilenfisch (*Chaetoderma pencilligera*), dessen ausgefranstes Aussehen ihn vor wiegendem Seetang in seiner Heimat in der indopazifischen Region tarnt.

Feilenfische sind anders als ihre Vettern, die Drückerfische, fast immer friedlich und benehmen sich in einem Gesellschaftsbecken anständig und vertragen sich gut mit anderen friedlichen Arten. Es ist nur wenig über die Fortpflanzung bekannt. Obwohl einige Fachleute behaupten, Geschlechtsunterschiede erkennen zu können, konnte dies nicht bestätigt werden.

Aquariumbedingungen und Pflege

LEBENSRAUM: Becken- und Wasserbedingungen siehe Drückerfische, Seite 84.

FÜTTERUNG: Jegliche tierische Nahrung – Herzmuscheln, Garnelen, Salinenkrebse, Miesmuscheln, Tintenfisch, Krill, Glaskrebse.

GESUNDHEIT: Feilenfische sind sehr widerstandsfähig gegen Krankheiten.

◆ *Sind Feilenfische für weniger erfahrene Aquarianer geeignet?*

Außer dem Schnabeldrückerfisch, der im Zierfischhandel selten zu sehen ist, kann diese Gruppe als ausgezeichnet geeignet für Anfänger empfohlen werden.

◆ *Wie groß werden Feilenfische?*

Abhängig von der Art werden Feilenfische zwischen 15 und 25 cm unter optimalen Bedingungen im Aquarium.

◆ *Sind Feilenfische für ein Wirbellosenaquarium geeignet?*

Nein, man kann ihnen nicht trauen. In der Natur gehören Korallenpolypen zu ihrer Nahrung.

◆ *Kann ich mehr als einen Feilenfisch im Aquarium halten?*

Wenn das Becken nicht sehr groß ist, ist es besser, nur einen in jeder Gesellschaft zu halten.

◆ *Können Sie einige geeignete Arten empfehlen?*

Chaetoderma pencilligera, Pervagor melanocephalus und *Monacanthus chinensis.* Der bekannteste ist *Chaetoderma pencilligera,* der 18 cm oder größer wird und ein großes Becken benötigt.

Der Fransen-Feilenfisch (*Chaetoderma pencilligera*) ist eine viel unterschätzte Art. Der begeisterte Aquarianer erfreut sich an seiner friedlichen Art und anderen wünschenswerten Eigenschaften.

Schleimfische FAMILIE: BLENNIIDAE

Schleimfische findet man auf der ganzen Welt in gemäßigten, subtropischen und tropischen Gewässern. Die Familie Blenniidae umfaßt über 300 Arten. Die meisten davon sind leicht an das Heimaquarium zu gewöhnen, da die größten nur selten 10 cm lang werden.

Fast alle Schleimfische sind Bodenbewohner und besetzen häufig eine Höhle oder ein Loch als Versteck. Sie ruhen gerne auf waagerechten Oberflächen, wo sie einen guten Blick über die Umgebung haben. Ihre Fähigkeit, jedes Auge unabhängig voneinander zu bewegen, erleichtert es ihnen, Feinde zu entdecken, um dann von ihrem Aussichtspunkt aus in den Schutz einer Höhle oder Felsspalte zu flüchten. Ausnahmen bei dieser Verhaltensweise stellen *Petroscirtes temmincki* und der Säbelzahn-Schleimfisch (*Aspidontus taeniatus*) dar. Der Körper von *Petroscirtes temmincki* ist gut getarnt und erstarrt bei einer erkennbaren Gefahr. Der Säbelzahn-

Ein männlicher *Petroscirtes temmincki* benutzt seine Rückenflosse, um durch deren Aufblitzen mit anderen Artgenossen zu kommunizieren.

Schleimfisch ist frei schwimmend und ahmt die Färbung des Putzerfisches (*Labroides dimidiatus*) nach. Wenn er einmal das Vertrauen eines anderen Fisches gewonnen hat (der erwartet, von Parasiten befreit zu werden), reißt der Säbelzahn-Schleimfisch statt dessen ein Stück Fleisch heraus, was ihm den Namen Falscher Putzerfisch eingebracht hat.

Jeder, der einen Putzerfisch kaufen möchte, sollte sich vergewissern, daß er nicht fälschlicherweise den gefährlichen Doppelgänger kauft (obwohl dieser nur selten bewußt importiert wird). Der Säbelzahn-Schleimfisch ist durch sein haiähnliches, unterständiges Maul zu erkennen; er ist im allgemeinen nicht so leuchtend gefärbt wie der Putzerfisch.

Aquariumbedingungen und Pflege

LEBENSRAUM: Die meisten Schleimfische gedeihen sowohl in einem Riffaquarium als auch in einem reinen Fischbecken.

Beckengröße Ein Aquarium mit 114 l Inhalt oder mehr ist geeignet.

pH-Wert	8,1–8,3
Temperatur	25–26 °C
Ammonium	Null
Nitrit	Null
Nitrat 25 ppm gesamt NO$_3$ – niedriger, wenn möglich	
Dichte	1,020–1,024
Gelöster Sauerstoff	6–7 ppm
Wasserwechsel	15–20% alle 2 Wochen

Filterung Wirksamer Eiweißabschäumer und Filterung mit Aktivkohle sind Standard.

Beleuchtung Mittel bis hell erleuchtetes Aquarium wird gut vertragen. Gute Wasserzirkulation ist von Vorteil.

FÜTTERUNG: Fast alle Schleimfische nehmen gerne gefrorene oder lebende Salinenkrebse ebenso wie andere fein zerkleinerte Meerestiere. Einige Fische nehmen sogar gierig Flockenfutter auf.

GESUNDHEIT: Obwohl sie alle üblichen Krankheiten und Beschwerden von Meeresfischen bekommen können, leiden sie weniger darunter als die meisten Fischarten, wodurch sie für den Aquarianer ausgezeichnet geeignet sind.

Der Midas-Schleimfisch (*Escenius midas*) besitzt ein für Schleimfische typisches Aussehen und Verhalten. Diese Art braucht viele kleine Höhlen, um sich dort zu verstecken.

Die Blenniidae sind eine recht große Familie, und zu den Arten gehören sowohl Bodenabsucher als auch Algenabweider und Planktonfresser. Die letzten sind bei weitem die größte Gruppe. Sie hocken auf einem geeigneten Aussichtsplatz und lauern einem geeigneten, schmackhaften Leckerbissen, der vorbeitreibt, auf. Die meisten Schleimfische laichen in einer Höhle oder einem Bau ab. Die Männchen bewachen meist die Eier, bis die Jungen schlüpfen. Danach leben die Larven in der Planktonschicht, bis sie groß genug sind, um eine Nische am Meeresboden zu besetzen.

Für das Meerwasseraquarium geeignete Arten sind: Algenschabender Schleimfisch (*Escenius bicolor*); Midas-Schleimfisch (*Escenius midas*); Zweifarben-Kammzähner (*Ophioblennis atlanticus*); Juwelen-Kammzähner (*Salarias fasciatus*); *Petroscirtes temmincki*; *Meiacanthus smithii*; *M. atrodorsalis*; *M. oualanensis*.

F & A ...

◆ *Sind Schleimfische für Anfänger zu empfehlen?*

Ja, sie sind ideal für Anfänger, da sie zu den am einfachsten zu haltenden Meerwasserfischen gehören.

◆ *Kann ich mehrere Schleimfischarten zusammen in einem Becken halten?*

Die meisten Schleimfischarten sind sehr territorial und dulden im allgemeinen keine Artgenossen oder ähnliche Arten innerhalb der Grenzen eines Heimaquariums.

◆ *Sollte das Aquarium für die Schleimfische besonders eingerichtet sein?*

Ja. Es sollten viele aufeinander geschichtete Steine als Aussichtspunkte vorhanden sein. Große Entenmuschelschalen sind ideale Verstecke für Schleimfische.

◆ *Vertragen sich Schleimfische mit anderen Fischen?*

Ja, ausnahmslos. Obwohl Schleimfische neugierig sind, vertragen sie sich fast immer gut mit anderen Arten, die für sie keine Bedrohung darstellen.

◆ *Vertragen sie sich mit Wirbellosen?*

Schleimfische schädigen sessile oder andere Wirbellose nicht. In der Tat verbessern einige Arten (einschließlich *Petroscirtes temmincki*) sogar die Bedingungen für Wirbellose, da sie kleinere marine Schädlinge fressen, die sonst den festsitzenden Wirbellosen schaden würden.

◆ *Ist eine Vermehrung möglich?*

Ein Pärchen laicht manchmal im Schutz einer Entenmuschelschale ab. Die Jungen sind jedoch äußerst schwierig aufzuziehen, obwohl es einige professionelle Züchter schon manchmal versucht haben.

Leierfische FAMILIE: CALLIONYMIDAE

Die Mandarin- und Leierfische bilden eine kleine Familie von bodenbewohnenden Fischen, die in allen gemäßigten und tropischen Weltmeeren vertreten sind. Gerade 2 Arten von Leierfischen werden im Zierfischhandel geschätzt – der LSD-Mandarinfisch (*Synchiropus picturatus*) und der Glänzende Mandarinfisch (*S. splendidus*).

Vor einem einfarbigen Hintergrund sieht ihre Farbe und Musterung sehr auffällig aus, aber in ihrem natürlichen Lebensraum zwischen verschiedenen Algen sind die Fische hervorragend getarnt. Da sie jederzeit gut getarnt sein müssen, findet man Leierfische selten an Korallenriffen. Sie bevorzugen warme, tropische Lagunen oder Bereiche mit starken Strömungen (Gebiete mit starken Turbulenzen wie z. B. eine Lücke in einer Korallenwand, wo das Wasser hindurchströmt), die stark mit Algen bewachsen sind. Bevorzugte Nahrung sind kleine Krebse, Mikroorganismen, Meereswürmer und einige Algen. Sie alle werden durch eine Kombination aus Picken und Saugen aufgenommen. Unerwünschtes Material wird durch die Kiemen wieder ausgestoßen.

Leierfische legen pelagische Eier, die in der Planktonschicht schweben. Dort schlüpfen und entwickeln sich die Jungfische, bis sie auf den Meeresboden zurückkehren und einen geeigneten Lebensraum besetzen. Die Paarung ist ein zärtlicher und anmutiger Vorgang, bei dem Männchen und Weibchen Hinterleib an Hinterleib in der Wassersäule aufsteigen. Wenn das Weibchen die Eier ausstößt, kann so das Männchen eine sichere Befruchtung durchführen. Die Paarung findet über viele Monate jeden Abend statt.

Aquariumbedingungen und Pflege

LEBENSRAUM: Ein gut eingefahrenes Wirbellosenbecken oder ein ruhiges Fischbecken, indem nur Seepferdchen, kleine Schleimfische und Grundeln leben.

Beckengröße: Das kleinste empfohlene Becken hat eine Länge von 90 cm und 114 l Inhalt.

pH-Wert	8,1 – 8,3
Temperatur	25 – 26 °C
Ammonium	null
Nitrit	null
Nitrat	Verträgt 25 ppm gesamtes NO_3, aber die Konzentration sollte so gering wie möglich sein.
Dichte	1,021 – 1,025
Gelöster Sauerstoff	6 – 7 ppm
Wasserwechsel	15 – 20% alle 2 Wochen

Beleuchtung Leierfische bevorzugen die schattigeren Bereiche des Aquariums.

Wasserzirkulation Gute Zirkulation ist wichtig.

FÜTTERUNG: Füttern Sie Leierfische regelmäßig mit Salinenkrebsen und Rädertierchen. Kleine gefrorene Nahrungsteilchen werden häufig ebenso gerne genommen. Eine extra Fütterung ist besonders wichtig, wenn die Exemplare in ein nicht eingefahrenes Aquarium gesetzt werden.

GESUNDHEIT: Leierfische sind normalerweise gesund, wenn sie in einem eingefahrenen Aquarium gute Wasserbedingungen vorfinden.

✦ *Ist es einfach, Männchen und Weibchen zu unterscheiden?*

Ja, die Männchen besitzen einen ver-längerten ersten Rückenflossenstrahl.

✦ *Kann ein Pärchen zusammen gehalten werden?*

Männchen und Weibchen kommen häufig gut miteinan-der in einem geräumigen Aquarium aus und laichen sogar regelmäßig ab. Die Haltung von mehr als einem Leierfisch desselben Geschlechts – vornehmlich Männ-chen – führt zu bösen Kämpfen und ernsthaften Verlet-zungen auf beiden Seiten und sollte daher möglichst vermieden werden.

✦ *Beim Transport eines Leierfisches nach Hause ist das Wasser voll von einer klaren, schleimigen Substanz. Was ist das?*

Leierfische scheiden eine schleimige Masse aus, wenn sie unter Streß leiden. Der Schleim ist für andere Fische schädlich und wird in der Natur zum Vertreiben von Feinden verwendet. Deshalb vermeiden Sie jegliche rauhe Behandlung und setzen Sie die Tiere niemals in ein Becken, wo sie wahrschein-lich angegriffen oder gejagt werden.

✦ *Sollte ein Becken mit Leierfischen abgedeckt sein?*

Ja. Wenn sie aufgeschreckt werden oder bei der Paa-rung können Leierfische aus dem Wasser springen.

◀ Dieser schön gezeichnete Glän-zende Mandarinfisch (*Synchiropus splendidus*) kann wegen des verlän-gerten ersten Rückenflossenstrahls leicht als Männchen identifiziert werden.

✦ *Einige Exemplare besitzen auffallend eingedrückte Flanken. Ist das normal?*

Nein, dieser Zustand zeigt an, daß die Fische längere Zeit nichts gefressen haben, und obwohl Sie mit dem Füttern begonnen haben, dauert es eine Weile, bis der Fisch wieder gesund und wohlgenährt aussieht. Fische, die so aussehen, sollten am besten gemieden werden, da ihre Sterblichkeit hoch ist.

✦ *Frißt ein Leierfisch lästige Plattwürmer?*

Obwohl ein oder zweimal berichtet wurde, daß Leier-fische Plattwürmer fressen, nimmt die Mehrheit sie nicht auf.

✦ *Wenn man die Wahl zwischen einigen sehr großen und sehr kleinen Exemplaren hat, welche sind am besten für ein normales Becken geeignet?*

Im allgemeinen sind kleinere Tiere besser geeignet als größere. Exemplare von 7,5–10 cm Länge passen in ein gut eingefahrenes Wirbellosenbecken von 180 cm Länge, aber gewöhnlich finden die Tiere nicht genug Nahrung, um über einen längeren Zeitraum zu über-leben.

◀ Der LSD-Mandarinfisch (*Synchiropus picturatus*) ist nicht so einfach erhältlich wie sein Verwandter, der Glän-zende Mandarinfisch (*S. splendidus*), ist aber ebenfalls eine farbenprächtige Ergänzung für ein gut eingefahrenes Riff-aquarium.

Schmetterlingsfische (Gauklerfische)
FAMILIE: CHAETODONTIDAE

Schmetterlingsfisch ... schon der Name suggeriert ein Bild von zarten und schön gefärbten Tieren, die durch einen Unterwasserkorallengarten flattern. Obwohl sie häufig mit Kaiserfischen verwechselt werden, erkennt man bei näherer Betrachtung das Fehlen eines Stachels am unteren Teil des Kiemendeckels. Noch feinere Unterschiede sind der stärker eiförmige Körper und ein längeres oder sehr vorgezogenes Maul, das ideal dafür geeignet ist, zwischen den Korallen nach kleinen Krebsen, Meereswürmern und Polypen zu suchen. Die Schnauzen von einigen Arten sind so gut entwickelt, daß sie wie im Fall des Pinzettfisches (*Forcipiger longirostris*) ungefähr ein Drittel der Gesamtlänge des Fisches ausmachen.

In der Natur zeigen Schmetterlingsfische einen starken Zusammenhalt, und einzelne Arten verteidigen zusammen ein großes Territorium. Dieses Verhalten wird nur selten im Aquarium gezeigt. Dafür kämpfen Mitglieder derselben oder ähnlicher Arten manchmal bis zum Tode, wenn sie im Aquarium gehalten werden. Zu den Ausnahmen gehört *Heniochus acuminatus*, der gewöhnlich als Wimpelfisch bezeichnet wird. Er sieht dem Halterfisch (*Zanclus canescens*) sehr ähnlich, der wesentlich einfacher zu halten ist.

Die meisten Schmetterlingsfische sind spektakulär gezeichnet, und viele besitzen einen schwarzen Fleck auf der Rücken- oder Afterflosse, während das richtige Auge getarnt ist. Der falsche Augenfleck verwirrt mögliche Feinde, die gewöhnlich zuerst das Auge angreifen, und der Schmetterlingsfisch entkommt mit nichts Ernsterem als einer zerrissenen Flosse.

Dies sind keine Fische für Anfänger, aber einige sind für einen Aquarianer mit etwas Erfahrung relativ leicht zu halten. Dazu gehören folgende Arten (mit Angabe der maximalen Größe): Punktstreifen-Falterfisch (*Chaetodon punctatofasciatus*), 10 cm; *C. kleinii*, 10 cm; Mondsichelgaukler (*C. lunula*), 15 cm; Zigeunergaukler (*C. vagabundus*), 20 cm; Samtgaukler (*C. collare*), 10 cm; *Hemitaurichthys zoster*, 15 cm; Wimpelfisch (*Henichus acuminatus*), 18 cm; Pinzettfisch (*Forcipiger flavissimus*), 12,5 cm.

F & A ...

✦ *Können Schmetterlingsfische mit Wirbellosen zusammen gehalten werden?*

Nein. Fast ausnahmslos fressen oder beschädigen diese Fische die meisten im Aquarium erreichbaren Wirbellosen.

✦ *Ist es möglich, verschiedene Schmetterlingsfischarten im selben Becken zu halten?*

Arten mit sehr unterschiedlichen Zeichnungen und Färbungen teilen sich ein Aquarium, wenn es groß genug ist und wenn alle eingesetzt werden, bevor eine Art zu territorial werden kann. Das sollte aber nur von den erfahrensten Aquarianern versucht werden.

✦ *Sind Schmetterlingsfische geeignete Arten für ein reines Fisch-Gesellschaftsbecken?*

Ja, solange die Beckengenossen ebenbürtig sind und die Wasserqualität optimal erhalten bleibt. Viele Schmetterlingsfische kommen mit den meisten anderen Fischen ähnlicher Größe aus, wenn sie erst einmal eingewöhnt sind. Sie sollten jedoch nicht mit Fischen gehalten werden, die an ihren Flossen knabbern.

✦ *Ist es besser, Schmetterlingsfische in ein frisch eingefahrenes Becken zu setzen?*

Nein. Es ist weit sicherer, Schmetterlingsfische in ein gut eingefahrenes Becken zu setzen, wenn die Wasserqualität wahrscheinlich viel stabiler ist.

✦ *Was sollte getan werden, wenn Schmetterlingsfische in der Nacht ihre Farbe verlieren und ein Fleckenmuster bekommen?*

Gar nichts. Das ist die natürliche Nachtfärbung. Viele Meeresfische verändern Farbe und Muster bei Nacht, damit sie weniger auffallen, indem sie mit ihrer Umgebung optisch verschmelzen.

✦ *Ist es möglich, Schmetterlingsfische in Gefangenschaft zu vermehren?*

Bisher nicht. Die Nachzuchterfolge sind bei dieser Fischfamilie sehr gering.

Ein Schwarm Masken-Falterfische (*Chaetodon semilarvatus*) in ihrem natürlichen Lebensraum im Roten Meer. Dieses friedliche Schwarmverhalten wird in einem Heimaquarium nicht beibehalten.

Die folgenden Arten sind als schwierig eingestuft, können aber von einem erfahrenen Aquarianer mit größter Sorgfalt gehalten werden: Masken-Falterfisch (*Chaetodon semilarvatus*), 20 cm; Pfauenauengaukler (*C. auriga*), 15 cm; Keilfleck-Falterfisch (*C. falcula*), 12,5 cm; *C. rostratus*, 15 cm.

Viele Arten von Schmetterlingsfischen gedeihen nicht gut im Aquarium und überleben nur wenige Monate. Das liegt an der Verweigerung des normalen Aquariumfutters und ihrer ungewöhnlichen Sensibilität für nicht ganz optimale Wasserqualität: Schwarzstreifen-Falterfisch (*C. meyeri*); Achtbinden-Falterfisch (*C. octofasciatus*); Orangenstreifen-Falterfisch (*C. ornatissimus*); Sparren-Falterfisch (*C. trifascialis*); Gewöhnlicher Rippen-Falterfisch (*C. trifasciatus*); Gelbkopf-Falterfisch (*C. xanthocephalus*). In den letzten Jahren wurden sich die meisten seriösen Im- und Exporteure dieser Probleme bewußt und haben diese Fische freiwillig von ihrer Bestandsliste gestrichen. Weniger verantwortungsbewußte Quellen beliefern aber weiterhin die Händler.

Aquariumbedingungen und Pflege

LEBENSRAUM: Es sollten viele Steine als Versteckplätze und genügend Platz zum Schwimmen vorhanden sein.

Beckengröße	122 x 38 x 46 cm
pH-Wert	8,1–8,3
Temperatur	25–26 °C
Ammonium	null
Nitrit	null
Nitrat	weniger als 10 ppm gesamtes NO_3 zu jeder Zeit
Dichte	1,021–1,024
Gelöster Sauerstoff	6–7 ppm

Wasserwechsel 15–25% alle 2 Wochen mit qualitativ hochwertigem, nitratfreiem Wasser.

Filterung Wirksame Filterung mit Eiweißabschäumung und Aktivkohle sind Standard.

Beleuchtung Mittelmäßige bis helle Beleuchtung.

FÜTTERUNG: Viele Schmetterlingsfische nehmen gewöhnliches Frostfutter und Lebendfutter wie Salinenkrebse, Glaskrebse, Langusteneier, Futter auf Schwammbasis, kleine Tintenfischstücke und auch Flockenfutter auf.

GESUNDHEIT: Schmetterlingsfische sind extrem empfindlich für Parasiten, bakterielle Infektionen und andere, durch schlechte Umweltbedingungen verursachte Krankheiten.

Igelfische FAMILIE: DIODONTIDAE

Weit verbreitet in allen tropischen und gemäßigten Meeren der Welt sind die Igelfische. Sie werden im allgemeinen größer als ihre Vettern, die Kugelfische (Seite 134); manche Exemplare erreichen eine Länge von 90 cm.

Igelfische besitzen zu einer Einheit miteinander verschmolzene Schneidezähne in jedem Kiefer und verwenden sie, um die harten Panzer von Krebstieren, ihrer Lieblingsnahrung, zu knacken. Ihre Schuppen sind zu Stacheln umgebildet, die, abhängig von der Art, entweder aufgestellt und vom Körper abgespreizt werden, wenn der Fisch bedroht wird, oder ständig aufgestellt sind. Die Stacheln sind eine hevorragende Verteidigung gegen die meisten Feinde, besonders wenn der Fisch Wasser aufsaugt und sich viel größer aufbläst, als er eigentlich ist.

Außerdem besitzen die Igelfische noch eine Geheimwaffe – ein giftiger Schleim, der ins Wasser abgegeben werden kann. Feinde, die trotzdem ein Interesse an dem Igelfisch zeigen, werden bald von dem Geschmack einer fauligen Substanz im Wasser vertrieben. Unglücklicherweise bleibt diese Eigenschaft auch im Aquarium erhalten, was zu katastrophalen Folgen führen kann!

Beliebte Igelfischarten

	maximale Größe
Chilomycterus schoepfi	30 cm
Ein attraktiver Fisch, der sich weniger schnell aufbläst als andere Arten.	
Chilomycterus antennatus	15 cm
Ein sehr friedlicher Fisch, nicht schwer zu halten.	
Ballon-Igelfisch	22,5 cm
Diodon holacanthus	
Gepunkteter Igelfisch	30 cm
Diodon histrix	
Masken-Igelfisch	50 cm
Diodon liturosus	
Kann auch für das größte Aquarium zu groß werden und überschreitet die Möglickeiten des durchschnittlichen Aquarianers.	

F & A ...

✦ *Sind Igelfische für ein Wirbellosenaquarium geeignet?*

Nein, sie sind sehr zerstörerisch und werden am besten in einem reinen Fischbecken gehalten.

✦ *Sind Igelfische gute Gesellschaftsfische?*

Ja, aber nur zusammen mit Fische ähnlicher Größe und friedlicher Natur. Das Aufblasen als Reaktion auf extreme Aggression ist für die Tiere sehr belastend.

✦ *Können zwei oder mehr Igelfische zusammen gehalten werden?*

Innerhalb eines normalen Heimaquariums werden sie im Normalfall kämpfen. Ähnliche Fische wie Kugel- und Kofferfische sollten nicht in dasselbe Becken gesetzt werden.

✦ *Was muß man tun, wenn giftiger Schleim in das Aquarium abgegeben wird?*

Setzen Sie den Igelfisch in ein anderes Gefäß oder ein freies Aquarium und führen Sie einen 100%igen Wasserwechsel durch. Wechseln Sie die Aktivkohle aus. Das Gift wirkt recht schnell, daher muß der Aquarianer prompt reagieren, um den Verlust aller Fische zu verhindern. Glücklicherweise kommt das Ausscheiden von Schleim nicht häufig vor.

✦ *Wenn der Fisch im Kescher gefangen wurde und sich aufbläst, was ist zu tun?*

Wenn der Igelfisch mit Luft aufgeblasen ist, treibt er mit abgespreizten Kiemen an der Wasseroberfläche. Wenn das lange genug anhält, kann er schließlich ersticken. Wenn er vorsichtig und behutsam gefangen wird, sollte das aber nicht vorkommen. Wenn es jedoch geschieht, drücken Sie den Schwanz nach oben, so daß der Kopf unter Wasser ist. Igelfische mögen es nicht, aufgeblasen zu sein und lassen bei nächster Gelegenheit die Luft wieder heraus. Wenn der Kopf unter Wasser ist und keine andere Gefahr droht, sollte deshalb der Fisch schnell wieder die Luft herauslassen und fortschwimmen.

✦ *Können Igelfische in Gefangenschaft vermehrt werden?*

Das ist unwahrscheinlich. Berichte über Ablaichen im Aquarium sind selten, und bisher konnten keine Larven herangezogen werden.

◀ ▶ *Chilomycterus schoepfi* voll aufgeblasen (links) und in Normalzustand (unten). Es ist keine gute Idee, einen Igelfisch zum Aufblasen zu bringen, da es dem Tier unnötigen Streß bereitet und eine Quälerei ist. Es führt auch dazu, daß der Fisch ein ängstliches, statt ein entspanntes, zahmes Tier wird. Alle Igelfische können schmerzhaft beißen, besonders wenn sie mit der Hand gefüttert werden. Am besten verwendet man eine Aquariumzange, um das Futter anzubieten.

Aquariumbedingungen und Pflege

LEBENSRAUM: Steine sind unnötig, mehr Platz zum Schwimmen ist besser.

Beckengröße Die geeignete Aquariumgröße für ein 22,5 cm langes Tier ist ein Becken mit 455 l Inhalt.

pH-Wert	8,1–8,3
Temperatur	25–26 °C
Ammonium	null
Nitrit	null

Nitrat 25 ppm gesamtes NO_3 werden vertragen, aber es sollte möglichst weniger sein.

Dichte	1,021–1,024
Wasserwechsel	15–25% alle 2 Wochen

Filterung Wirksame Filterung ist wichtig, abhängig von dem aufgenommenen Futter. Ein guter Eiweißabschäumer und Aktivkohle sollten als Standard verwendet werden.

Beleuchtung Igelfische vertragen gedämpfte, mittelmäßige oder helle Beleuchtung.

FÜTTERUNG: Weichtiere werden gerne genommen, besonders wenn sie noch ihre Schale besitzen.

Das Öffnen der Schalen, um an das Fleisch zu gelangen, wetzt die ständig wachsenden Zähne ab. Zusätzlich wird alle tierische Nahrung wie Salinenkrebse, Tintenfisch, Sandaale, Krabben und Langusten gerne genommen. Verwenden Sie beim Füttern eine Aquariumzange.

GESUNDHEIT: Igelfische sind relativ widerstandsfähig gegen Krankheiten. Schlechte Wasserqualität führt jedoch häufig zu Augeninfektionen, wobei ein oder beide Augen milchig erscheinen. Wenn die Bedingungen nicht verbessert werden, kann es zu permanenter Blindheit führen.

Büschelbarsche FAMILIE: CIRRHITIDAE

♦ *Kann ich einen Büschelbarsch in ein Wirbellosenbecken setzen?*

Sie fressen Garnelen und andere Krebstiere und können sogar Putzergarnelen vertilgen. Sie setzen sich auch auf die Zweige von Seefächern, wodurch diese wahrscheinlich beschädigt werden.

♦ *Besitzen Büschelbarsche irgendwelche unangenehmen Verhaltensweisen?*

Sie können aus dem Wasser springen. Wenn das Becken nicht abgedeckt ist, kann das fatale Folgen haben.

♦ *Sollten besondere Bedingungen eingehalten werden?*

Ja, einige getrocknete Hornkorallen und Seefächer sollten als Aussichtsplatz dicht unter der Wasseroberfläche vorhanden sein.

Aquariumbedingungen und Pflege

LEBENSRAUM: Wasser- und Beckenbeschaffenheit siehe Zwerg-Kaiserfische, Seite 116.

FÜTTERUNG: Büschelbarsche sind gefräßige Fische – Glaskrebse, Salinenkrebse, lebende Flußgarnelen, Shrimps, Herzmuscheln, Miesmuscheln, Tintenfisch, Krill und Flockenfutter werden gerne genommen.

GESUNDHEIT: Bei richtiger Wasserbeschaffenheit sind Büschelbarsche sehr widerstandsfähig.

↩ Der Langschnauzen-Büschelbarsch ist ein Raubfisch mit scharfen Augen und einem großen Maul.

Büschelbarsche liegen auf einem erhöhten Aussichtspunkt auf der Lauer und stoßen dann auf ihre Beute hinunter. Viele der größeren Arten – einige werden über 50 cm lang – fressen kleine Fische, ihre kleineren Verwandten Garnelen und andere Krebstiere. Da Büschelbarsche keine voll entwickelte Schwimmblase besitzen, jagen sie oft von einem Platz zum anderen, um dann lange Zeit unbeweglich irgendwo zu sitzen.

Die Brustflossen haben lange und verdickte Strahlen entwickelt, mit deren Hilfe sich der Fisch festsetzen kann, ohne von der Strömung fortgeschwemmt zu werden. In dieser Position schwingt der Körper seitlich hin und her.

Die meisten Büschelbarsche besitzen keine äußeren Geschlechtsmerkmale, und obwohl man weiß, daß sie herabsinkende Eier legen, ist eine Fortpflanzung in Gefangenschaft sehr selten. Büschelbarsche sind für Anfänger und erfahrene Aquarianer geeignet. Wenn Sie nicht ein großes Aquarium besitzen, halten Sie nur 1 Exemplar, da die Tiere gerne kämpfen, wenn es sich nicht um ein Pärchen handelt. Erwähnt werden sollen: der Flammen-Büschelbarsch (*Neocirrhites armatus*), der Langschnauzen-Büschelbarsch (*Oxycirrhites typus*), der Augenbogen-Büschelbarsch (*Paracirrhites arcatus*) und der Gefleckte Gold-Büschelbarsch (*Cirrhitichthys oxycephalus*).

Fledermausfische FAMILIE: EPHIPPIDAE

Die Fledermausfische sind unverkennbar, wenn nicht in der Farbe, dann aber gewiß in der Form. Ihre ovalen Körper und die hohen Flossen haben ihnen den Spitznamen »Diskus des Meeres« eingebracht. Es gibt 4 Arten der Gattung *Platax*, die alle in den tropischen Regionen des Indo-Pazifiks leben. Der Gewöhnliche Fledermausfisch (*Platax orbicularis*) und der Rotrand-Fledermausfisch (*P. pinnatus*) sind die beiden am häufigsten importierten Arten, während der Langflossen-Fledermausfisch (*P. teira*) und *P. batavianus* selten zu finden sind, obwohl sie hübsche Aquarienfische abgeben.

Alle 4 Arten besitzen die Eigenschaft, daß sie ihre Jugendzeit in Mangrovengebieten verbringen, wo sie zum Schutz die Färbung von abgestorbenen Mangroveblättern nachahmen. Sie fressen Plankton und Krebstiere und mögen besonders gerne Quallen. Dank dieses nahrhaften Futters wachsen sie schnell, und die meisten Arten werden bis zu 50 cm groß. Bisher ist nur wenig über das Fortpflanzungsverhalten bekannt, Fachleute haben keine äußeren Geschlechtsmerkmale entdeckt.

Der Rotrand-Fledermausfisch (*P. pinnatus*).

◆ *Vertragen sich Fledermausfische mit Wirbellosen?*

Nur solange sie klein sind (bis zu 5 cm). Wenn sie heranwachsen, wird der Trieb, an Wirbellosen herumzuknabbern, größer, und schließlich können sie erhebliche Schäden anrichten.

◆ *Sind Fledermausfische einfach zu halten?*

Die Art *P. orbicularis* ist ziemlich einfach zu halten und für Anfänger geeignet. *P. pinnatus* ist schwierig zu pflegen, was erfahrenen Aquarianern überlassen werden sollte. Die beiden verbleibenden selteneren Arten liegen diesbezüglich irgendwo dazwischen.

◆ *Vertragen sich Fledermausfische mit Artgenossen und anderen Fischen?*

Obwohl man sie in der Natur in großen Schwärmen antrifft, sollten nur einzelne Exemplare im Aquarium gehalten werden, um Aggressionen zu vermeiden. Fledermausfische sind friedlich gegenüber anderen Arten, aber sie sollten nicht mit wilden Fischen oder solchen, die an Flossen knabbern, zusammen gehalten werden.

Aquariumbedingungen und Pflege

LEBENSRAUM: Für Wasserbeschaffenheit siehe Igelfische, Seite 95.

Beckengröße Alle Fledermausfische brauchen letztendlich ein großes Aquarium! Ausgewachsene Exemplare können 50 cm groß werden und brauchen viel Platz zum Schwimmen und eine Mindestbeckengröße von 183 x 61 x 61 cm.

Beleuchtung Gedämpfte bis mittelmäßige Beleuchtung ist ideal.

FÜTTERUNG: Fledermausfische können bezüglich der Nahrung sehr eigen sein, besonders Rotrand-Fledermausfische, die, wenn sie frisch importiert sind, nur lebende Salinenkrebse fressen. Schließlich nehmen alle *Platax*-Arten gefrorenes Futter auf. Versuchen Sie Salinenkrebse, Glaskrebse, Tintenfisch, Langusteneier und Muschelfleisch.

GESUNDHEIT: Wenn das Becken zu klein ist, die Fische angegriffen werden oder sich die Wasserqualität verschlechtert, leiden Fledermausfische unter Pünktchenseuche und *Oodinuim*.

Grundeln FAMILIE: GOBIIDAE

Zu dieser extrem großen Familie (über 1500 Arten) gehören einige der anpassungsfähigsten für den Aquarianer erhältlichen Fische. Grundeln leben im Süßwasser, Brackwasser und Salzwasser. Einige wie die Neongrundel (*Gobiosoma oceanops*) wurden zu Putzerfischen, während andere Symbiosen mit Wirbellosen eingegangen sind. Die in dieser Gruppe wahrscheinlich am besten bekannten Arten sind diejenigen, die eine Höhle mit Garnelen teilen. Die Grundel hält Wache, während die Garnele mit schlechtem Sehvermögen die gemeinsame Höhle ausgräbt. Beim ersten Anzeichen von Gefahr verschwindet die wachsame Grundel in der Höhle und alarmiert die Garnele. Andere Arten teilen die Höhle mit Artgenossen. Wenn die Reviere abgesteckt sind, sind sie gewöhnlich sehr klein.

Viele verwechseln Grundeln mit Schleimfischen. In fast allen Fällen lassen sich Grundeln leicht daran erkennen, daß sie zusammengewachsene Bauchflossen besitzen, die eine Haftscheibe bilden, mit der sie sich an senkrechten oder glatten Oberflächen festhalten können, wodurch sie in Gebieten mit starken Strömungen leben können. Einige Grundeln scheinen die beiden gewöhnlichen Bauchflossen statt einer Haftscheibe zu besitzen, aber beim näheren Betrachten erkennt man, daß die Flossen tatsächlich an der Basis zusammengewachsen sind. Anders als Schleimfische besitzen fast alle Arten zwei getrennte Rückenflossen.

Lebensraum und Verhalten

Grundeln besitzen keine Schwimmblase und verbringen viel ihrer Zeit ruhend in einer bestimmten Position. Sie schwimmen nur kurz und ruckartig ins freie Wasser, vor allem um kleine Nahrungsteilchen, die vorbeiströmen, aufzunehmen. Durch dieses typische Freßverhalten nutzen Grundeln den Vorteil der vorbeischwimmenden Nahrung, aber die Beute wird nicht außerhalb eines sicheren Bereiches verfolgt.

Bei einigen Arten sind die Geschlechtsunterschiede deutlich zu erkennen. Die Blaustreifengrundel (*Lythrypnus dalli*) besitzt beispielsweise einen verlängerten ersten Rückenflossenstrahl,

der beim Weibchen fehlt. Andere Arten sind äußerlich völlig gleich. Grundeln sind meistens Substratlaicher, und die Männchen bewachen die Eier, bis die Jungen schlüpfen. Die Larven schweben in der Planktonschicht, um sich zu entwickeln, bevor sie auf den Meeresboden zurückkehren.

Aquariumbedingungen und Pflege

LEBENSRAUM: Für Becken- und Wasserbeschaffenheit siehe Schleimfische, Seite 88.

FÜTTERUNG: Grundeln nehmen gerne Futter auf, das in der Strömung schwebt. Sie mögen Lebendfutter wie Salinenkrebse, Glaskrebse und kleine Flußgarnelen sowie Tintenfisch, Mückenlarven, zerkleinerte Herzmuscheln, Miesmuscheln und Flockenfutter.

GESUNDHEIT: Wenn die Wasserqualität gut und das Becken weder überfüttert noch überbesetzt ist, sind Grundeln nur selten krank. Anfangs sollte jedoch auf Pünktchenseuche und *Oodinium* geachtet werden.

◆ *Ist eine Grundel für Anfänger geeignet?*

Ja. Die meisten Grundelarten sind leicht zu halten.

◆ *Teilen sich Grundeln ein Aquarium?*

In vielen Fällen ja, aber die Temperamente sind unterschiedlich. Wenn sich die Fische schon beim Händler gut vertragen haben, werden sie es wahrscheinlich weiterhin tun. Je größer das Becken ist, umso geringer ist die Möglichkeit für Revierkämpfe.

◆ *Sind Grundeln für ein Wirbellosenbecken geeignet?*

Ja, aber mit zwei Einschränkungen. Sehr kleine Grundeln können leicht räuberischen Anemonen, Krabben und einigen Garnelen (inbesonders Mantis- und Pistolenkrebsen) zum Opfer fallen. Andere Grundeln verbringen die meiste Zeit damit, ein Maul voll Korallensand zu nehmen, ihn nach kleinen Nahrungsteilchen durchzusieben und durch die Kiemen wieder auszustoßen. Dieser Sand kann sich aber auf sessile Wirbellose legen und sie dadurch belasten. Der Hauptschuldige ist hier die Wimpersegler-Schläfergrundel.

◆ *Vertragen sich Grundeln mit anderen Fischen?*

Ja, im allgemeinen sind sie ausgezeichnete Gesellschaftsfische, vorausgesetzt sie werden nicht mit größeren Fischen zusammen gehalten, die sie als potentielle Nahrung ansehen, oder anderen sehr territorialen Arten, die sie übermäßig belästigen.

◆ Die kräftigen Lippen zeigen, daß diese Wimpersegler-Schläfergrundel (*Valenciennea strigata*) ein Substratdurchsieber ist. Sie sind häufig paarweise, Seite an Seite, zu sehen, wenn sie den Boden nach Nahrungsteilchen absuchen. Dieser Fisch ist für Anfänger ausgezeichnet.

◆ *Kann eine Grundel den Bodenfilter verbessern?*

Ja. Einige Arten nehmen Korallensand ins Maul und sieben ihn durch ihre Kiemen hindurch. Durch dieses ständige Aufwühlen verdichtet sich das Substrat nicht, und die Abfallstoffe werden an die Oberfläche gebracht und herausgefiltert. Wenn ein Außenfilter verwendet wird und eine Schicht Korallensand den Boden bedeckt, sorgt eine Grundel dafür, daß keine anaerobe Tätigkeit auftritt.

Beliebte Grundelarten

	maximale Größe
Neongrundel *Gobiosoma oceanops*	25 mm
Blaustreifengrundel *Lythrypnus dalli*	25 mm
Zitronengrundel *Gobiodon citrinus*	30 mm
Gelbe Korallengrundel *Gobiodon okinawae*	30 mm
Maiden-Schläfergrundel *Valenciennea puellaris*	10 cm
Wimpersegler-Schläfergrundel *Valenciennea strigata*	18 cm
Gelbe Wächtergrundel *Cryptocentrus cinctus*	10 cm

◀ Neongrundeln (*Gobiosoma oceanops*) haben häufig einen bevorzugten Aussichtsplatz, an den sie immer wieder zurückkehren. Sie schauen von dort nach Nahrung oder einem möglichen Geschlechtspartner aus.

Feenbarsche FAMILIE: GRAMMIDAE

F & A ...

✦ *Sind Feenbarsche geeignet für ein Wirbellosenaquarium?*

Ja, aber Königs-Feenbarsche leiden unter Pünktchenseuche. Deshalb sollte das Becken zur Vorbeugung mit einem UV-Sterilisator ausgestattet werden.

✦ *Sind Feenbarsche friedliche Fische?*

Der Königs-Feenbarsch ist gewöhnlich friedlich, und obwohl der Schwarzkappen-Feenbarsch aggressiv sein kann, läßt sich das vermeiden, wenn viel Platz und Steine vorhanden sind.

✦ *Kann ich mehr als eine Feenbarschart zusammen halten?*

Ja. Obwohl sie territorial sind, können Königs- und Schwarzkappen-Feenbarsche als Fortpflanzungstrio zusammen gehalten werden, solange sie als Jungfische gleichzeitig eingesetzt werden und Platz haben.

◀ Der Königs-Feenbarsch (*Gramma loreto*).

Feenbarsche kommen hauptsächlich in der Karibik vor. Die Familie umfaßt einige der beliebtesten Fische für die Meerwasseraquaristik. Der Königs-Feenbarsch (*Gramma loreto*) wird 7,5 cm groß, der Schwarzkappen-Feenbarsch (*G. melacara*) erreicht 10 cm Länge und der Halfter-Feenbarsch (*G. linki*) ist nur selten in Gefangenschaft zu sehen. Feenbarsche haben eine heimliche Lebensweise und benutzen ein Labyrinth aus Felsspalten, um von einem Ort zum anderen zu

gelangen, ohne das freie Wasser durchqueren zu müssen. Ihr ausgeprägtes Revierverhalten erfordert, daß sie als Einzelgänger leben, obwohl für die Laichzeit ein Waffenstillstand geschlossen wird. Alle Feenbarsche sind räuberische Planktonfresser, daher nehmen sie alle kleinen Futtertiere auf, die an ihnen vorbeiströmen, und jeden kleinen Krebs oder Meereswurm, den sie zwischen den Felsen finden.

Der Königs-Feenbarsch konnte schon viele Male im Aquarium beim Ablaichen beobachtet werden. Die Männchen bauen ein Nest aus Algen, in welches sie die vorbeischwimmenden Weibchen einladen, damit sie ihre Eier ablegen, bevor sie selber hineinschwimmen, um sie zu befruchten. Dann wird das Weibchen fortgejagt, und das Nest wird allein vom Männchen bewacht, bis die Jungen ausschlüpfen und die Larven in die Planktonschicht aufsteigen, um dort zu fressen und sich zu entwickeln. Bisher konnten Königs-Feenbarsche und Schwarzkappen-Feenbarsche in begrenzter Zahl von kommerziellen Züchtern aufgezogen und zum Verkauf angeboten werden. Der Hobby-Aquarianer hat dagegen größere Schwierigkeiten bei der Aufzucht der Jungfische.

Aquariumbedingungen und Pflege

LEBENSRAUM: Für Becken- und Wasserbeschaffenheit siehe Zwerg-Kaiserfische, Seite 116.

FÜTTERUNG: Die meisten Feenbarsche nehmen lebende und gefrorene Salinenkrebse und Glaskrebse an, solange diese mit der Strömung verteilt werden. Nur selten nehmen sie Futter vom Boden auf. Sogar Flockenfutter wird angenommen, wenn es richtig angeboten wird.

GESUNDHEIT: Wenn sich die Wasserqualität verschlechtert oder wenn die Feenbarsche mit ihrer Umgebung unglücklich sind, können Pünktchenseuche und *Oodinium* zu einem Problem werden.

Soldatenfische FAMILIE: HOLOCENTRIDAE

Soldatenfische sind häufig in den tropischen und subtropischen Gewässern des Indopazifischen und Atlantischen Ozeans anzutreffen. Es sind scheue, schwarmbildende Tiere, welche die meisten Zeit unter überhängenden Felsen und in Riffhöhlen verbringen. Sie fressen fast alle bei Nacht und verlassen ihre geschützten Versteckplätze nicht, bevor die Nacht einbricht.

Obwohl sie kleineres Plankton fressen, bevorzugen die Soldatenfische als Nahrung Krebstiere und kleine Fische, die sie mit ihrem breiten Maul schnappen. Ihre großen Augen verbessern die Sehfähigkeit im Dunkeln und sind ein Zeichen dafür, daß sie höchst räuberische Fische sind.

Soldatenfische sind vornehmlich rot, wobei die Färbung von blaß rosa bis intensiv lachsrot reichen kann. Einige sind horizontal gestreift. Rot hilft bei der Tarnung unter Wasser. Es ist eine der ersten Farben im Spektrum, die herausgefiltert wird, während die blauen Wellenlängen weiter eindringen. Unter blauem Licht erscheint Rot schwarz und tarnt den Soldatenfisch, der sich dort aufhält, wo hauptsächlich blaues Licht hingelangt.

Soldatenfische laichen in Schwärmen ab und verteilen ihre befruchteten Eier in der Planktonschicht. Bisher gibt es keine Berichte über eine erfolgreiche Nachzucht in Gefangenschaft.

Aquariumbedingungen und Pflege

LEBENSRAUM: Für Becken- und Wasserbeschaffenheit siehe Drückerfische, Seite 84.

Beleuchtung Beschattete Bereiche zum Zurückziehen bieten.

FÜTTERUNG: Muschelfleisch, Krabbenfleisch, Garnelen, Miesmuscheln, Tintenfisch und Herzmuscheln werden gerne genommen, wenn sie im Wasser herabsinken, aber einige Exemplare weigern sich, Futter vom Boden aufzunehmen.

GESUNDHEIT: Soldatenfische sind bemerkenswert widerstandsfähig in qualitativ hochwertigem Wasser. Sie leiden jedoch unter Augenproblemen, wenn sich die Wasserqualität verschlechtert oder die Beleuchtung zu weit im ultravioletten Bereich ist.

✦ *Sind Soldatenfische für den unerfahrenen Aquarianer geeignet?*

Ja. Sie sind einfach zu halten und reagieren nicht so empfindlich auf Schwankungen von Wasserqualität und -bedingungen.

✦ *Kann ich mehr als einen Sodatenfisch halten?*

Ja, besonders in großen Aquarien. Soldatenfische gedeihen am besten, wenn sie in Gruppen von 5 oder 6 oder sogar mehr gehalten werden, aber achten Sie darauf, daß die Besatzdichte nicht zu hoch ist.

✦ *Sind Soldatenfische geeignet für ein Gesellschaftsbecken?*

Sie fressen manchmal kleinere Fische, Garnelen und andere Krebstiere. In einem Becken mit Fischen ihrer Größe oder größeren grunzen sie, wenn sie sich bedroht fühlen.

✦ *Muß ich beim Einfangen dieser Fische aufpassen?*

Ja. Soldatenfische besitzen sehr scharfe Flossenstrahlen und einige Arten tragen Stacheln auf den Kiemendeckeln, die sich in groben Netzen verfangen.

Welche Arten sind ideal für ein Aquarium?

Diadem-Soldatenfisch (*Holocentrus diadema*), 20 cm; Langstachel-Husar (*H. rufus*), 15 cm; Gewöhnlicher Husar (*H. ascensionis*), 25 cm; Roter Eichhörnchenfisch (*Myripristis murdjan*), 25 cm; *M. vittatus*, 15 cm.

◀ Diadem-Soldatenfisch (*Holocentrus diadema*).

Lippfische FAMILIE: LABRIDAE

Von allen Fischen, die weltweit von Aquarianern gehalten werden, sind die Lippfische, die über 400 Arten umfassen, die zahlreichsten. Nur ein Bruchteil von diesen ist für den Aquarianer erhältlich, aber die Auswahl ist noch groß und attraktiv.

Lippfische reichen von der Größe von etwa 10–15 cm bis zu dem riesigen Tapiro (*Cheilinus undulatus*), der 2,1 m lang wird. Im Aquarium können die endgültige Größe und die rasante Wachstumsgeschwindigkeit manchmal schockieren. Zum Beispiel werden Braune Clown-Lippfische (*Coris formosa*) regelmäßig im Handel als winzige, aber farbenprächtige, 2,5 cm lange Exemplare angeboten. Innerhalb von wenigen Jahren jedoch, abhängig von den Bedingungen, können sie 20–35 cm lang werden!

Viele junge Lippfische fungieren als Putzerfische, was an ihren unverwechselbaren roten und weißen Zeichnungen zu erkennen ist. Wenn sie zu Halbwüchsigen und Erwachsenen heranwachsen, bilden mehrere Arten eine komplizierte Hier-

◄ Diese attraktiv gezeichneten jungen Orangefleck-Lippfische (*Coris angulata*) müssen bald getrennt werden, wenn ein Bekämpfen vermieden werden soll.

archie, an deren Spitze ein »Supermännchen« steht. Seine Färbung unterscheidet sich von denen der restlichen Gruppe, die nur aus Weibchen oder untergeordneten Männchen besteht. Meeresforscher haben diese Gruppen als faszinierende Forschungsobjekte entdeckt, und es wurde viel getan, um diese komplizierten sozialen Beziehungen zu untersuchen. Da die Familie der Lippfische so riesig ist, ist eine Verallgemeinerung schwierig, aber man kann sagen, daß die meisten Lippfische gemeinschaftlich fressen. Sie weiden nicht nur schwebendes Plankton, sondern suchen auch den Boden und die Felsen nach Meereswürmern, Krebstieren und allem möglichen Eßbaren ab, obwohl Algen nicht gerade zur Lieblingsnahrung einiger spezieller Arten gehören. Viele der größeren Arten haben äußerst scharfe Zähne. Passen Sie beim Füttern mit der Hand auf!

Aquariumbedingungen und Pflege

LEBENSRAUM: Größere Lippfische können nur sicher in einem reinen Fischbecken untergebracht werden.

Beckengröße Ein reines Fischbecken von mindestens 205 l Inhalt für junge und kleine Fische; ausgewachsene Exemplare brauchen ein Becken mit 455 l Fassungsvermögen.

pH-Wert	8,0 – 8,3
Temperatur	25 – 26 °C
Ammonium	null
Nitrit	null

Nitrat Die meisten Arten vertragen 50 ppm gesamtes NO_3, aber weniger als 15 ppm sollte angestrebt werden, um Krankheiten zu vermeiden.

Dichte	1,020 – 1,025

Wasserwechsel 15 – 25 % alle 2 Wochen in einem dicht besetzten Becken.

Filterung Wirksame Eiweißabschäumung und Filterung durch Aktivkohle sind Standard.

Beleuchtung	mittelmäßig bis hell
Wasserzirkulation	lebhaft

FÜTTERUNG: Größere Lippfische sind gefräßig und nehmen Flockenfutter, Pellets, gefrorene und lebende Garnelen, Herzmuschel, Miesmuschel und alle andere Nahrung aus Meerestieren.

GESUNDHEIT: Größere Lippfische sind recht widerstandsfähig gegen Krankheiten und erkranken nur, wenn sich die Wasserqualität verschlechtert.

Beliebte Lippfischarten

	maximale Größe
Kubanischer Schweinsfisch *Bodianus pulchellus*	20 cm
Spanischer Schweinsfisch *Bodianus rufus*	25 cm
Orangefleck-Lippfisch *Coris angulata*	37,5 cm
Brauner Clown-Lippfisch *Coris formosa*	35 cm
Roter Clown-Lippfisch *Coris gaimardi*	35 cm
Schnabel-Lippfisch *Gomphosus coeruleus*	25 cm
Harlekin-Lippfisch *Choerodon fasciata*	35 cm
Thalassoma spp.	15 – 35 cm

F & A ...

✦ *Sind Lippfische für Anfänger geeignet?*

Im allgemeinen ja. Die meisten Arten haben ein gemäßigtes Temperament, sind leicht zu halten und gute Gesellschaftsfische.

✦ *Brauchen Lippfische irgendwelche besonderen Bedingungen?*

Ja. Viele Lippfische vergraben sich bei Nacht gerne im Korallensand und wenn sie sich ängstigen oder gestört werden. Deshalb sollte als Substrat eine 5 – 7,5 cm hohe Schicht Korallensand zur Verfügung stehen. Einige Arten verstecken sich in Felsspalten und bilden jede Nacht einen Schleimkokon um sich. Für diese Verhaltensweise sollten geeignete Steinaufbauten vorhanden sein.

✦ *Welche der größeren Lippfische sind geeignet für ein Wirbellosenaquarium?*

Keine! Größere Lippfische werden schnell zur Plage, greifen Korallen und Krebstiere an, um ihren riesigen Appetit zu stillen.

✦ *Kann ich größere Lippfische mit großen Fischen anderer Arten zusammen halten?*

Große Lippfische sind sehr aktive Fische, immer auf der Suche nach einer schnellen Mahlzeit. Man weiß, daß sich langsam bewegende Arten wie Feuerfische an Stacheln, Haut, Flossen und Augen angegriffen werden. Lippfische sind eher geeignet, um mit aktiven Fischen wie den größeren Kaiserfischen und Drückerfischen vergesellschaftet zu werden.

✦ *Kann ich zwei oder mehr große Lippfische zusammen halten?*

Nein. In den meisten Fällen kämpfen sie, bis einer oder beide tot sind.

✦ *Ist es möglich, größere Lippfische nachzuzüchten?*

Sehr erfahrene Aquarianer haben versucht, größere Lippfische zu züchten, aber der Erfolg scheint auszubleiben.

✦ *Woran erkenne ich ein gesundes Exemplar?*

Lippfische sollten aktiv sein, obwohl neu eingesetzte Tiere sich für etwa einen Tag, aber nicht länger, im Sand verstecken können. Sie sollten klare Augen, keine Anzeichen von ausgefransten Flossen oder Verletzungen am Körper haben. Gesunde Lippfische fressen immer gierig.

Zwerg-Lippfische FAMILIE: LABRIDAE

Wenn sie nach einer Fischgruppe mit hübscher Zeichnung, im allgemeinen friedlicher Natur, lebhaftem und aktivem Charakter, Anspruchslosigkeit beim Fressen, Verträglichkeit mit Wirbellosen und Widerstandskraft gegen Krankheiten gefragt würden, hätten die meisten Aquarianer Schwierigkeiten, einen Fisch, geschweige denn eine ganze Gruppe zu benennen! Aber solch eine Gruppe gibt es, und zwar sind es die Zwerg-Lippfische. Es mag für viele Aquarianer eine neue Bezeichnung sein. Sie bezieht sich auf Mitglieder der Lippfisch-Familie, die nicht größer als 10 cm werden – eine ideale Größe für ein Heimaquarium.

Putzerfische
Der Gewöhnliche Putzerfisch (*Labroides dimidiatus*) verbringt sein ganzes Leben damit, Putzarbeiten zu verrichten, aber es ist nicht allgemein bekannt, daß viele junge Lippfische auch als Putzerfische tätig sind. Sie sind im allgemeinen an ihrer rot-weißen oder blau- bzw. schwarz-weißen Zeichnung zu erkennen. Dieses Verhalten könnte man so erklären, daß die sehr jungen Fische die Gelegenheit haben, sich relativ sicher unter größere Arten und sogar potentielle Freßfeinde mischen zu können. Was auch immer der wahre Grund ist, es funktioniert sehr gut, da junge Lippfische häufig am Riff im freien Wasser zu beobachten sind. Obwohl sie die größeren Fische von Parasiten befreien, decken die Zwerg-Lippfische ihren hauptsächlichen Nahrungsbedarf durch Plankton, Meereswürmer und kleine Krebstiere.

Fast alle Lippfische und besonders die Zwergarten ziehen sich während der Dunkelheit in das weiche, sandige Substrat zurück und graben sich manchmal 7,5 cm tief unter die Oberfläche ein. Diesen Sicherheitsvorkehrungen sollte so weit wie möglich auch im Aquarium entsprochen werden, indem der Boden einige Zentimeter hoch mit Sand bedeckt wird. Wenn keiner zur Verfügung steht, sind die Tiere nicht übermäßig gestreßt, da sie sich sicher fühlen, solange genügend Steinaufbauten zum Verstecken vorhanden sind.

◄ Der Gewöhnliche Putzerfisch (*Labroides dimidiatus*) ist weit empfindlicher als die anderen Zwerg-Lippfische. Er braucht die beste Wasserqualität.

Beliebte Arten von Zwerg-Lippfischen

	maximale Größe
Putzerfische *Labroides* spp.	10 cm
Gewöhnlicher Putzerfisch *Labroides dimidiatus*	10 cm
Cirrhilabrus spp.	7,5 cm
Rotflossen-Lippfisch *Cirrhilabrus rubriventralis*	7,5 cm
Kanarien-Lippfisch *Haliochoeres chrysus*	10 cm
Pinky Junker *Haliochoeres trispilus*	10 cm
Grün-brauner Meerjunker *Haliochoeres chloropterus*	10 cm
Sechsstreifen-Lippfisch *Pseudocheilinus hexataenia*	7,5 cm
Bäumchen-Lippfisch *Novaculichthys taeniorus*	6 cm
Vierstreifen-Putzerfisch *Larabicus quadrilineatus*	10 cm

◆ *Sind Zwerg-Lippfische gute Gesellschaftsfische?*

Ja. Das ruhige Temperament macht sie zu guten Gesellschaftsfischen und sehr verträglich für das Fische-Wirbellosen-Becken.

◆ *Können zwei oder mehr Zwerg-Lippfische in dasselbe Aquarium gesetzt werden?*

In den meisten Fällen nicht. Zwei Lippfische derselben Art kämpfen gewöhnlich, bis einer oder beide tot sind. Sogar verschiedenen Arten kann man nicht trauen, da sie gewöhnlich heftige Kämpfe ausführen.

◆ *Woran erkennt man ein gesundes Exemplar?*

Zwerg-Lippfische sollten immer aktiv sein. Sie müssen klare Augen und einen makellosen Körper besitzen, und die Flossen dürfen nicht angelegt oder zerfetzt sein.

◆ *Sollte eine Eingewöhnungszeit für neu gekaufte Exemplare gewährt werden?*

Ja. Einige Exemplare tauchen direkt in den Sand ein oder liegen nach Luft schnappend und geschockt am Boden. Lassen Sie die Lampen aus, bis sich der Fisch

erholt hat und stören Sie ihn nicht. Bei einem gesunden Fisch sollte dieser Zustand nicht länger als einige Tage anhalten.

◆ *Wie kann ein Zwerg-Lippfisch von einer größeren Art unterschieden werden?*

Gar nicht, wenn er nicht vorher bestimmt wurde. Zum Beispiel werden viele Lippfische als winzige Jungtiere mit attraktiver Färbung importiert. Dazu gehören der Braune Clown-Lippfisch (*Coris formosa*) und der Orangefleck-Lippfisch (*C. angulata*). Beide sind im Handel mit 2,5 cm Länge anzutreffen, können aber innerhalb von ein paar Jahren bis zu 37,5 cm lang werden.

____

▸-Der häufig erhältliche, farbenprächtige und friedliche Sechsstreifen-Lippfisch (*Pseudocheilinus hexataenia*) kann als für Anfänger idealer Fisch empfohlen werden.

Aquariumbedingungen und Pflege

LEBENSRAUM: Für Becken- und Wasserbeschaffenheit siehe Zwerg-Kaiserfische, Seite 116.

FÜTTERUNG: Zwerg-Lippfische sind gefräßig und nehmen Flocken, Salinenkrebse, Glaskrebse, Langusteneier, eigentlich fast alle Futterarten für Meerestiere.

GESUNDHEIT: Lippfische bekommen selten schwere Krankheiten, wenn die Wasserqualität gut ist, und können viele Jahre leben. Aber der Gewöhnliche Putzerfisch ist krankheitsanfällig, wenn die Wasserbedingungen nicht ideal sind.

Schwertgrundeln Familie: Microdesmidae

F & A...

◆ *Sind Schwertgrundeln für Anfänger geeignet?*

Ja, sie sind ideal für alle Aquarianer.

◆ *Können Schwertgrundeln in ein Wirbellosenaquarium gesetzt werden?*

Ja, sie schaden weder Wirbellosen noch Algen.

◆ *Können Schwertgrundeln in Schwärmen gehalten werden?*

Ja, obwohl es manchmal zu Rangeleien untereinander kommt, wenn sie zu dicht leben oder es nicht genug Schlupflöcher gibt.

◆ *Haben Schwertgrundeln im Aquarium Freßfeinde?*

Ja, Borstenwürmer und Einsiedlerkrebse können zum Problem werden. Wenn sich eine Schwertgrundel nachts in ihrem Lieblingsversteck verankert, kann sie nichts dazu veranlassen, sich zu lösen. Borstenwürmer und Einsiedlerkrebse fressen sie einfach lebend! Die beste Lösung ist, die Borstenwürmer zu entfernen und die Krebse gut zu füttern.

🔼 Die Dekor-Schwertgrundel (*Nemateleotris decora*) ist eine schöne Art und ideal für ein Wirbellosenaquarium. Alle Schwertgrundeln springen ausgezeichnet, deshalb sollte das Beckens abgedeckt werden.

Schwertgrundeln wurden früher systematisch zu den Schleimfischen, später zu den Grundeln und heute zur Familie der Pfeilgrundeln (Microdesmidae) gerechnet. Nur 3 Arten kommen für die Aquaristik in Frage: die Prachtschwertgrundel (*Nemateleotris magnifica*), die Dekor-Schwertgrundel (*N. decora*) und die viel seltenere *N. helfrichi*. Alle Schwertgrundeln besitzen längliche Körper mit verlängerten Rückenflossenstrahlen, die aktiv aufgestellt oder angelegt werden können. Dieses Verhalten dient als Signal, mit dem andere Schwertgrundeln gewarnt werden, einen respektvollen Abstand zu bewahren, und als Verriegelungsmechanismus, wenn sich die Fische in ihr Schlupfloch zurückziehen.

Rückzug ins Schlupfloch

In der Natur sind die häufigen Arten in großer Anzahl zu beobachten, wie sie über einem Felsvorsprung schweben, den Kopf in die Strömung halten und treibendes Plankton fressen. Jeder einzelne Fisch hat sein eigenes Schlupfloch, von dem er sich nicht weit entfernt. Beim ersten Anzeichen von Gefahr verschwindet der Fisch zwischen den Felsen. Dieses Verhalten zeigt er auch im Aquarium. Wenn im Becken ein kampflustiger Fisch lebt, der die Schwertgrundel ständig peinigt, kann diese sich weigern, überhaupt noch einmal zu erscheinen.

Die pelagischen Eier werden in die Strömung abgegeben. Bisher konnten keine Jungfische in der Gefangenschaft großgezogen werden.

Aquariumbedingungen und Pflege

Lebensraum: Für Becken- und Wasserbeschaffenheit siehe Zwerg-Kaiserfische, Seite 116.

Fütterung: Schwertgrundeln fressen fast alle kleinen Meeresfuttertiere. Gefrorene und lebende Salinenkrebse sind besonders beliebt, aber Langusteneier, Flockenfutter, Herzmuschel, Miesmuschel und Tintenfisch werden auch angenommen.

Gesundheit: Unter guten Aquariumbedingungen sind Schwertgrundeln widerstandsfähig gegen Krankheiten.

Muränen FAMILIE: MURAENIDAE

Es gibt weltweit etwa 100 Arten von Muränen in den tropischen und gemäßigten Ozeanen. Sie besitzen keine Schwimmblase und weder Bauch- noch Brustflossen, sondern sind bei der Fortbewegung auf die ständige Bewegung der Rücken- und Afterflossen angewiesen, die sich über die ganze Länge des Körpers erstrecken. Die Größe ist nur von der Art abhängig. Die Netzmuräne (*Echidna nebulosa*) wird selten länger als handliche 30 cm im Aquarium, während die Gefleckte Riffmuräne (*Gymnothorax favagineus*) bis zu 90 cm lang wird. Muränen können in der Natur sehr lang werden, einige bis zu 3 m. Sie leben gewöhnlich in einer Felsspalte oder Höhle, die groß genug für sie ist.

Muränen sind extrem kurzsichtig und verlassen sich auf ihren gut entwickelten Geschmackssinn, um ihre Beute aufzuspüren. Sie reißen das Maul auf und stoßen nach vorne, wobei sie einen Wasserstrom einsaugen, um den »Duft« von einem Tier in der Nähe zu »schmecken«. Die Nahrungsaufnahme erfolgt vorwiegend nachts. Die Beute besteht im allgemeinen aus anderen Fischen und Krebstieren. Wenn sich jedoch die Gelegenheit ergibt, wird auf einen Überfall bei Tag selten verzichtet. Muränen sind mit einer Reihe nadelspitzer Zähne und kräftigen Kiefern ausgestattet und werden am besten mit Fischen zusammengehalten, die zum Fressen zu groß sind oder sich (wie Feuerfische) selber schützen können.

✦ *Sind Muränen eine gute Wahl für Anfänger?*

Im allgemeinen sind sie recht widerstandsfähig, wenn die Wasserqualität stimmt. Der Anfänger sollte sich jedoch bewußt sein, wie groß die Tiere werden und welche Gefahr sie für andere Beckeninsassen darstellen.

✦ *Gibt es Sicherheitsvorkehrungen, die befolgt werden sollten?*

Ja. Muränen sind vollendete Künstler im Ausbrechen, eine Beckenabdeckung ist unerläßlich. Sie können böse beißen und sollten mit einer Zange gefüttert werden.

🔺 Die Netzmuräne (*Echidna nebulosa*) schaut aus ihrer Höhle, um den »Geschmack« des Wassers zu testen.

Aquariumbedingungen und Pflege

LEBENSRAUM: Zahlreiche Steine, die Höhlen und Spalten bilden, sollten vorhanden sein.

Beckengröße Ein Aquarium sollte dreimal länger sein, als die Art lang wird. Ein 60 cm langer Fisch paßt in ein 180 cm langes Becken.

pH-Wert	8,0 – 8,3
Temperatur	24 – 26 °C
Ammonium	null
Nitrit	null

Nitrat Verträgt bis zu 50 ppm gesamtes NO_3, aber wesentlich weniger ist vorzuziehen.

Dichte	1,019 – 1,026

Wasserwechsel	15 – 25 % alle 2 Wochen

Filterung Wirksame Filterung mit Eiweißabschäumung und Aktivkohle sind unerläßlich.

Beleuchtung Gedämpftes Licht ist ideal, aber die Muränen gewöhnen sich an mittelmäßige bis helle Beleuchtung.

FÜTTERUNG: Die meisten Muränen nehmen fast alles Eßbare an. Tierische Nahrung wird bevorzugt – gefrorene Miesmuscheln, Garnelen, Tintenfisch, Sandaal und Herzmuscheln.

GESUNDHEIT: Muränen sind sehr widerstandsfähig, sogar unter weniger idealen Bedingungen.

Kieferfische FAMILIE: OPISTOGNATHIDAE

Kieferfische können den Aquariumboden sehr interessant machen. Sie graben Höhlen zu ihrem Schutz und schweben über ihnen, wobei sie Nahrungsteilchen in der Strömung sammeln. Beim ersten Anzeichen von Gefahr zieht sich der Fisch mit dem Schwanz voran zurück. Einige Arten tarnen den Höhleneingang mit einem Stein. Besonders wenn Kieferfische neu eingesetzt werden, ist es wichtig, daß die Beckeninsassen nicht aggressiv sind und sie in Ruhe lassen.

Kieferfische findet man in den meisten flachen tropischen und in einigen der gemäßigten Ozeanen der Welt. Sie besetzen flache, sandige Flächen, wo nur wenig andere Fische leben. Einige Arten bilden Kolonien, wodurch die Paarung in Sicherheit erfolgt, ohne daß sie sich weit von der Höhle entfernen müssen.

Alle Arten von Kieferfischen besitzen große Köpfe mit einem breiten Maul. Sie sind Maulbrüter. Einer der Eltern behält die Eier solange im Maul, bis die Jungen schlüpfen. Die Eier füllen nicht nur die Mundhöhle aus, sondern drücken auch nach außen. Der Goldstirn-Kieferfisch (*Opistognathus aurifrons*) wurde in größeren Mengen in Fischfarmen in Amerika gezüchtet.

Die Arten variieren in der Größe erheblich, aber der beliebte Goldstirn-Kieferfisch und die Art *O. rosenblatti* werden selten größer als 10 cm.

Ein gesunder Goldstirn-Kieferfisch (*Opistognathus aurifrons*) ist immer auf der Hut.

✦ *Sind Kieferfische für Anfänger zu empfehlen?*

Nein. Sie erfordern im allgemeinen besonderes Verständnis und Erfahrung.

✦ *Brauchen Kieferfische eine Höhle im Aquarium?*

Ja, Kieferfische ohne eine Höhle sind gestreßt und krankheitsanfällig. Sie müssen sich 7,5–12,5 cm tief ins Substrat eingraben können, das im Idealfall zu gleichen Teilen aus Korallensand, Korallenkies und Muschelgrus besteht.

✦ *Besitzen Kieferfische irgendwelche unerwarteten Verhaltensweisen?*

Ja, sie springen aus unerfindlichen Gründen aus dem Aquarium! Es ist ein Muß, das Becken mit dicht schließenden Glasplatten abzudecken.

✦ *Vertragen sich Kieferfische mit Wirbellosen?*

Ja, aber ihre Grabaktivitäten können zu Schäden führen, da Steine im Becken unterhöhlt und sessile Wirbellose mit ausgegrabenem Material bedeckt werden.

Aquariumbedingungen und Pflege

LEBENSRAUM: Für Becken- und Wasserbeschaffenheit siehe Zwerg-Kaiserfische, Seite 116.

FÜTTERUNG: Salinenkrebse, Glaskrebse, zerkleinerter Tintenfisch und andere kleine Futtertiere werden bevorzugt. Große Arten nehmen lebende Flußgarnelen. Bringen Sie das Futter in der Nähe des Fisches ein und lassen es in seine Reichweite treiben. Die anderen Beckeninsassen können gleichzeitig am anderen Beckenrand gefüttert werden, damit dem Kieferfisch kein Futter »gestohlen« wird. Oft verhungern sie lieber, als daß sie auf ihre Sicherheit verzichten!

GESUNDHEIT: Sie sind anfällig für Streß, verursacht durch schlechte Wasserbedingungen oder durch das Fehlen von Höhlen.

Kofferfische FAMILIE: OSTRACIIDAE

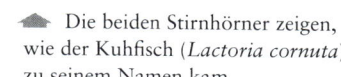

Wie der Name vermuten läßt, besitzen diese Fische einen quaderförmigen Körper, das Ergebnis einer einzigartigen Anordnung von harten Knochenplatten dicht unter der Hautoberfläche. Diese Panzerung ist nicht die einzige Verteidigung der Kofferfische. Die meisten können ein wirkungsvolles Gift abgeben, das Feinde abwehrt. In der Natur können beide Beteiligten vor dem Gift davonschwimmen, aber im Aquarium kann es sowohl den Angreifer wie den Kofferfisch töten. In der freien Natur fressen Kofferfische fast alles. Sie weiden die Riffe ab und suchen sandige Bereiche nach kleinen Krebsen, Meereswürmern und überraschenderweise großen Mengen an Algen ab. Ihre starken, schnabelähnlichen Zähne ermöglichen ihnen, Steine wegzuräumen, um an die sich darunter versteckenden Beutetiere zu gelangen. Sie alle können einen Wasserstrahl auf Sandflächen pusten, um die schmackhaften Leckerbissen freizulegen.

Beim Gefleckten Kofferfisch (*Ostracion meleagris*) sehen Männchen und Weibchen unterschiedlich aus. Das Weibchen ist fast ganz schwarz mit weißen Flecken. Das Männchen ist bunter mit blauen Flanken und gelben Flecken. Bei anderen Arten sind die Geschlechter jedoch unmöglich zu unterscheiden.

◆ Die beiden Stirnhörner zeigen, wie der Kuhfisch (*Lactoria cornuta*) zu seinem Namen kam.

✦ *Kann ein neu gekaufter Kofferfisch sich und seine Gefährten vergiften?*

Normalerweise setzen Kofferfische ihr Gift nur in zwei Extremsituationen frei: wenn sie durch Angriff, unsachgemäße Behandlung oder einen Schock gestreßt sind oder wenn sie eine ernste oder tödliche Krankheit bekommen. Beobachten Sie sie vorsichtig und setzen Sie sie beim ersten Anzeichen von Streß in ein Quarantänebecken.

✦ *Was ist zu tun, wenn Gift in das Aquarium abgegeben wird?*

Isolieren Sie den Kofferfisch sofort in einem getrennten Becken und führen Sie im Aquarium einen Wasserwechsel durch – 100% wenn möglich.

✦ *Vertragen sich Kofferfische mit Wirbellosen?*

Sie besitzen einen gewaltigen Appetit und picken nach Röhrenwürmern und anderen sessilen Wirbellosen.

Aquariumbedingungen und Pflege

LEBENSRAUM: Für Becken- und Wasserbeschaffenheit siehe Drückerfische, Seite 84.

FÜTTERUNG: Kofferfische besitzen einen großen Appetit und verschlingen fast alle üblichen Futterarten gierig. Versuchen Sie Salinenkrebse, Miesmuschel, Herzmuschel, Venusmuschel, Muschelfleisch, Sandaal und Glaskrebse. Algen sollten wann immer möglich angeboten werden.

GESUNDHEIT: Unter guten Bedingungen sind Kofferfische relativ frei von Krankheiten. Unter schlechten Wasserbedingungen leiden sie jedoch an Pünktchenseuche, *Oodinium*, Haut- und Augenkrankheiten. Als schlechte Schwimmer können Kofferfische Opfer für neugierige Beckengenossen sein und Wunden davontragen.

Beliebte Arten von Kofferfischen

	maximale Größe
Blauer Kofferfisch *Ostracion cyanurus*	15 cm
Gefleckter Kofferfisch *Ostracion meleagris*	45 cm
Gelbbrauner Kofferfisch *Ostracion cubicus*	45 cm
Ostracion tuberculatum	45 cm
Kuhfisch *Lactoria cornuta*	40 cm
Pyramiden-Kofferfisch *Tetrasomus gibbosus*	40 cm

Süßlippen Familie: Haemulidae

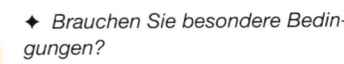

F&A... ✦ *Brauchen Sie besondere Bedingungen?*

Süßlippen vertragen weder Ammonium noch Nitrit. Sie mögen große Flächen aus weichem, sandigem Substrat, wo sie nach Nahrung suchen können, so wie sie es in der freien Natur tun. Sie werden bis zu 45 cm lang – zu groß für alle, außer den engagiertesten Aquarianer.

✦ *Sind sie gute Gesellschaftsfische?*

Süßlippen sind ausgezeichnete Gesellschaftsfische mit einer sehr friedfertigen Natur. Sie mögen jedoch nicht mit aggressiven Arten zusammengehalten werden.

✦ *Können Süßlippen mit Wirbellosen zusammengehalten werden?*

Jungtiere benehmen sich gut, aber mit zunehmender Größe werden sie immer zerstörerischer.

Aquariumbedingungen und Pflege

LEBENSRAUM: Für Becken- und Wasserbeschaffenheit siehe Drückerfische, Seite 84.

FÜTTERUNG: Süßlippen fressen am Boden. Jegliches gefrorenes oder frisches Futter wird gierig aufgenommen, einschließlich Herzmuschel, Miesmuschel, Tintenfisch, Langusten- und Krabbenfleisch, Muschelfleisch, Garnelen und Krill.

GESUNDHEIT: In der richtigen Umgebung sollten Süßlippen gesund bleiben. Sie sind jedoch empfindlich. Wenn sich die Bedingungen verschlechtern, leiden sie schnell unter Pünktchenseuche, *Oodinium* und anderen Krankheiten.

Beliebte Arten von Süßlippen

	maximale Größe
Gelbe Süßlippe *Plectorhynchus albovittatus*	22,5 cm
Harlekin-Süßlippe *Plectorhynchus chaetodontoides*	45 cm
Orient-Süßlippe *Plectorhynchus orientalis*	40 cm
Schwarzweiß-Süßlippe *Plectorhynchus picus*	60 cm
Diagonal-Süßlippe *Plectorhynchus lineatus*	35 cm

Die Süßlippen sind mit den Grunzern, Schnappern und Schweinsfischen verwandt. Sie sind fast immer leuchtend gefärbt, besonders im Jugendstadium, wenn sie auf eine reizende Art umherschwimmen. Sie besitzen auch einen friedlichen Charakter. Süßlippen unterscheiden sich von ihren nahen Verwandten nur in der Bezahnung, obwohl sie ihren Namen wegen der großen, fleischigen Lippen erhalten haben.

Süßlippen sind Schwarmfische, die einen großen Teil der Stunden mit Tageslicht im Schutz eines Felsvorsprungs im Riff verbringen. Wenn es dämmert, wagen sie sich hinaus auf die Sandflächen, um dort nach Krebstieren und Meereswürmern zu suchen.

Anders als viele andere Riffische werden Süßlippen und die Vetreter der verwandten Familien als Männchen oder Weibchen geboren und können das Geschlecht nicht im späteren Leben ändern. Ein ganzer Schwarm wird paarungsbereit, und die Männchen und Weibchen paaren sich regelmäßig über mehrere Monate hinweg und überlassen ihre Brut sich selbst, die sich in der Planktonschicht entwickelt. Nur Tiere in großen Schwärmen und enormen Becken haben sich bisher in Gefangenschaft fortgepflanzt.

🔺 Diese junge Harlekin-Süßlippe (*Plectorhynchus chaetodontoides*) wird als reizender, getupfter Fisch angeboten; aber er verliert schließlich die hübsche Zeichnung und wird als erwachsenes Tier graubraun.

Welse FAMILIE: PLOTOSIDAE

Welse werden normalerweise nicht mit dem Meer in Verbindung gebracht, und es gibt in der Tat nur wenige Arten, die ständig im Meer leben. Die bekannteste unter ihnen und die für das Aquarium am meisten geeignete ist der Gestreifte Korallenwels (*Plotosus lineatus*). Wie ihre Verwandten aus dem Süß- und Brackwasser besitzen die Korallenwelse die typischen Barteln um das Maul.

Jungtiere von *P. lineatus* besitzen einige höchst interessante Verhaltensweisen. Ein Schwarm hält ziemlich dicht zusammen, und wenn Gefahr droht, bildet er eine Art Kugel mit den Köpfen in der Mitte und auf der Außenseite hin- und her schwingenden Schwänzen, welche an die Tentakeln einer Anemone erinnern – was auch durchaus die Absicht dieses Verhaltens sein kann! Zusätzlich sind die Fische mit Giftstacheln ausgerüstet, die von den Rücken- und Brustflossen abstehen und denen man jederzeit mit Respekt begegnen sollte, da der Stich gefährlich und äußerst schmerzhaft ist.

Bei einer Größe von etwa 10–12,5 cm trennen sich die Tiere und leben einzeln. Die cremeweißen und braunen Streifen, die bei den Jungtieren so attraktiv sind, verblassen jetzt zu einem dumpfen, einheitlichen Braun, und die Tiere werden weitgehend inaktiv, außer bei der Nahrungsaufnahme.

Korallenwelse legen ihre herabsinkenden Eier in Risse und Spalten von Felsen im flachen Wasser oder noch häufiger in ein Nest aus Schutt, Algen, Sand und Kies. Die Männchen bewachen das Nest. Die Jungen schlüpfen nach etwa 7–10 Tagen. Der große Dottersack wird in weiteren 10 Tagen absorbiert, und die Jungfische sind freischwimmend und fressen sofort alles, was für sie klein genug ist (frisch geschlüpfte Salinenkrebse sind in Gefangenschaft geeignet).

Weibchen sind bei einer Länge von etwa 15 cm geschlechtsreif und nach etwa 3 Jahren ausgewachsen. Die meisten Arten werden über 7 Jahre alt.

F & A...

♦ *Vertragen sich Korallenwelse mit Wirbellosen?*

Nur wenn sie sehr jung sind. Wenn sie heranwachsen, werden sie sehr destruktiv.

♦ *Kann nur 1 Jungfisch gehalten werden?*

Nein, er siecht dahin und stirbt. Schwärme von mindestens 8–12 Stück werden empfohlen, bis die Tiere ausgewachsen sind.

♦ *Haben Korallenwelse irgendwelche Nachteile?*

Ja. Sie werden bis zu 30 cm lang und sind dann im Aquarium nicht mehr zu bändigen. Am Stich eines ausgewachsenen Exemplares kann ein Erwachsener für Wochen erkranken. Wenn Sie gestochen werden, halten Sie die Wunde für ein paar Minuten unter sehr heißes Wasser, um den Schmerz zu lindern, und nehmen Sie dann ärztliche Hilfe in Anspruch.

➤ Kleine Gestreifte Korallenwelse (*Plotosus lineatus*) sind als Jungtiere sehr hübsch.

Aquariumbedingungen und Pflege

LEBENSRAUM: Für Becken- und Wasserbeschaffenheit siehe Lippfische, Seite 103.

FÜTTERUNG: Welse fressen fast jedes Futter für Meerestiere, einschließlich Futter in Flocken- und Tablettenform.

GESUNDHEIT: Es gibt keine größeren Probleme mit Krankheiten bei Korallenwelsen.

Kaiserfische FAMILY: POMACANTHIDAE

Lebhafte Farben in einzigartigen Mustern auf großen, beeindruckenden Fischen haben zu diesem »königlichen« Namen inspiriert. Ob Sie sich zu größeren Arten hingezogen fühlen oder nicht, niemand bleibt von der Eleganz dieser Fischgruppe unbeeindruckt.

Während die größten Zwerg-Kaiserfische (siehe Seite 115) eine maximale Länge von 12,5 cm erreichen, gibt es keine Begrenzungen bei den großen Vettern. In der Tat können einige Arten in der freien Natur bis zu 60 cm lang werden. Glücklicherweise fallen die beliebtesten Aquariumarten in den Größenbereich von 15–30 cm, obwohl in ihrem natürlichen Lebensraum größere Exemplare gefunden werden. Größere Kaiserfische kommen in allen tropischen Meeren der Welt vor, wobei viele beliebte und einfach zu haltende Arten aus der Karibik, aber auch aus dem Indopazifik und dem Roten Meer stammen.

Eine große Anzahl von Arten besitzt typische Jugend- und Erwachsenenstadien, die sich durch

Der oben abgebildete junge Imperator-Kaiserfisch (*Pomacanthus imperator*) ist dunkelblau mit einer typischen weißen Zeichnung. Bei ausgezeichneten Wasserbedingungen und geeigneter Ernährung wird er sich zu einem prächtigen Erwachsenen entwickeln (unten). Die Größe spielt eine geringe Rolle bei dem Vorgang des Farbwechsels. Das Alter ist maßgeblich.

✦ *Ist es sicher, große Kaiserfische miteinander zu vergesellschaften?*

Im allgemeinen nicht. Kaiserfische derselben Art, die kein Pärchen sind, bekämpfen sich fast immer bis zum Tod des schwächeren. Kaiserfische von verschiedenen Arten mit völlig unterschiedlichen Farben und Mustern können manchmal miteinander gehalten werden, aber es gibt keine Garantie, daß eine anfänglich harmonische Beziehung anhält.

✦ *Werden Pärchen zum Verkauf angeboten?*

Kaum. Wenn Ihnen ein Paar angeboten wird, seien Sie äußerst vorsichtig, da sie nicht immer ein Paar bleiben, wenn sie einmal in eine anderen Umgebung gebracht wurden.

✦ *Wie lange braucht ein Kaiserfisch im Jugendkleid, bis er die Erwachsenenfärbung annimmt?*

Grob läßt sich sagen, ein 6 cm langes Jungtier sollte sich innerhalb von 14 – 18 Monaten verfärben. Unter den richtigen Bedingungen wechseln schließlich alle Kaiserfische ihre Farbe. Die Größe ist unerheblich, sondern das Alter ist ausschlaggebend. Wenn ein Exemplar sich zu spät verfärbt, sind die Wasserbedingungen schlecht. Eine Verbesserung setzt den Reifungsprozeß fort.

✦ *Können geeignete Beckengenossen empfohlen werden?*

Große Kaiserfische können sehr aggressiv sein und ein Aquarium total beherrschen, daher müssen die Beckengenossen äußerst sorgfältig ausgewählt werden. Es gibt keine Zauberformel, aber Fische, die sich nicht leicht aufregen lassen, sind am besten. Fahnenbarsche, Doktorfische, Kofferfische, Süßlippen, Feuerfische, Muränen, Kugelfische, Kaninchenfische, Drückerfische, große Lippfische und ausgewachsene Schmetterlingsfische sind geeignet. Alle sollten ungefähr dieselbe Größe haben oder größer sein.

✦ *Ist es wahr, daß karibische Arten anfällig für indopazifische Fischkrankheiten sind und umgekehrt?*

Es gibt keinen Beweis dafür. Aquarianer können gesunde Exemplare ohne Probleme miteinander mischen.

✦ *Können größere Kaiserfische mit Wirbellosen zusammen gehalten werden?*

Nein. Sehr kleine Jungtiere könnten über kurze Zeit in einem gemischten Becken gehalten werden, sie werden aber mit zunehmendem Alter immer destruktiver.

✦ *Wie kann ich geeignete Exemplare erkennen?*

Sie besitzen eine gute Farbe und sind aufmerksam. Sie haben keine ernsthaften Wunden auf der Haut oder den Flossen, die Augen sind klar und leuchtend.

Beliebte Arten von Kaiserfischen

Dieser ausgewachsene Ringelkaiserfisch (*Pomacanthus annularis*) ist ein beeindruckender, aber ziemlich empfindlicher Fisch.

	maximale Größe
ARTEN, BEI DENEN DIE JUNGTIERE DEN ALTTIEREN ÄHNLICH SEHEN	
Australischer Kaiserfisch *Chaetodontoplus duboulayi*	20 cm
Diadem-Kaiserfisch *Holacanthus ciliaris*	45 cm
Galapagos-Kaiserfisch *Holacanthus passer*	45 cm
Felsenschönheit *Holacanthus tricolor*	60 cm
ARTEN MIT SCHWARZ-GELBER JUGENDFÄRBUNG	
Grauer Kaiserfisch *Pomacanthus arcuatus*	50 cm
Franzosen-Kaiserfisch *Pomacanthus paru*	30 cm

	maximale Größe
ARTEN MIT BLAU-WEISSER JUGENDFÄRBUNG	
Traumkaiserfisch *Euxiphipops navarchus*	25 cm
Euxiphipops xanthometapon	37,5 cm
Ringelkaiserfisch *Pomacanthus annularis*	40 cm
Imperator-Kaiserfisch *Pomacanthus imperator*	40 cm
Blauer Kaiserfisch *Pomacanthus semicirculatus*	40 cm

Aquariumbedingungen und Pflege

LEBENSRAUM: Ein reines Fischbecken bringt diese dramatisch aussehenden Fische am besten zur Geltung. Felsvorsprünge sollten als Ruheplätze für die Nacht vorhanden sein.

Beckengröße Größere Kaiserfische brauchen mindestens ein Becken von 122 x 38 x 46 cm Größe, damit sie Platz zum Wachsen und Schwimmen haben. Als Faustregel gilt, der Fisch sollte in einem Becken sein, das mindestens 4 mal so lang ist, wie seine in der Gefangenschaft zu erwartende maximale Länge.

pH-Wert	8,1 – 8,3
Temperatur	25 – 26 °C
Ammonium	null
Nitrit	null
Nitrat	Unter 25 ppm gesamtes NO_3 werden vertragen, aber 5 ppm oder weniger sind weit besser.
Dichte	1,021 – 1,024
Gelöster Sauerstoff	6 – 7 ppm

Wasserwechsel 20 – 25% alle 2 Wochen mit hochwertigem, nitratfreiem Wasser ist unerläßlich.

Filterung Wirksame biologische Filterung ebenso wie Eiweißabschäumung und Filterung über Aktivkohle sind unentbehrlich.

FÜTTERUNG: Lebende und gefrorene Salinenkrebse ebenso wie Glaskrebse, Tintenfisch und Futter aus Schwämmen werden gerne genommen. Einige Algen sollten regelmäßig angeboten werden.

GESUNDHEIT: Neu eingesetzte Exemplare leiden häufig unter Lymphocystis, einer Viruserkrankung, die weiße Blumenkohlgeschwüre auf der Haut und den Flossen hervorruft. Sie ist selten tödlich und zeigt ein Zusammenbrechen des Immunsystems aufgrund von Streß oder Schock an. Wenn sich das Immunsystem erholt, wird der Fisch von alleine wieder gesund. Eine Behandlung ist normalerweise unwirksam. Unterstützen Sie die Erholung durch Erhaltung der guten Wasserqualität.

völlig unterschiedliche Färbungen und Muster auszeichnen. In diesen Fällen sind die Jungtiere gewöhnlich dunkelblau mit weißen, senkrechten Balken oder ringförmigen Mustern oder alternativ schwarz mit gelben, senkrechten Balken. Diese Unterschiede in der Färbung dienen als eine Art Tarnung und sind eine Methode, Aggressionen von erwachsenen Kaiserfischen abzulenken, bis die Tiere ausgewachsen sind. Jungtiere wurden beobachtet, wie sie als Putzerfische tätig waren und Parasiten von anderen, häufig größeren Fischen entfernten. Die blau-weiße oder schwarz-gelbe Zeichnung wird von Korallenriff-Fischen allgemein als Putzersignal erkannt. Wenn ein Fisch heranwächst, verändert sich gewöhnlich im Alter zwischen ein und zwei Jahren die Jugendfärbung, und der Fisch nimmt seinen Platz in der Gesellschaft der erwachsenen Kaiserfische ein. Einige Kaiserfische wie der Galapagos-Kaiserfisch (*Holacanthus passer*) und der Diadem-Kaiserfisch (*H. ciliaris*) sind als Jungtiere sehr bunt und verändern sich vergleichsweise weit weniger dramatisch, wenn sie ihr volles Erwachsenenkleid anlegen.

Leben in der freien Natur

Große Kaiserfische weiden die Felsen nach Algen, Meereswürmern, Krebstieren und Schwämmen ab und nehmen auch vorbeitreibendes Plankton auf. Sie fressen auch tote Tiere, wenn sie nicht von anderen Fischen bedroht werden.

Kaiserfische können einzeln oder ziemlich oft paarweise, wenn eine enge Bindung zwischen Männchen und Weibchen entstanden ist, beobachtet werden. Sie laichen fast immer in der Dämmerung ab und produzieren pelagische (frei an der Oberfläche schwimmende) Eier, die sich in der oberen Planktonschicht entwickeln. Bisher konnten sie nur sehr selten im Aquarium nachgezüchtet werden, und die Aufzucht der Jungen ist den meisten Fachleuten nicht gelungen.

Die Erfahrung hat gezeigt, daß Fische, die als Jungtiere ins Aquarium gesetzt wurden, dort nur selten ihre maximal mögliche Größe erreicht haben. Die Größe beträgt nur etwa 50 – 75 Prozent von der wildlebender Tiere. Solche Einschränkungen schaden den Fischen keineswegs, aber dadurch können große Fische bequem in dem begrenzten Raum eines Aquariums leben.

Allgemein läßt sich sagen, daß die Haltung von größeren Kaiserfischen Kenntnisse und Erfahrung erfordert. Einige Arten sind jedoch viel schwerer zu halten als andere. Zum Beispiel wird der Franzosen-Kaiserfisch (*Pomacanthus paru*) als relativ einfach zu halten angesehen, aber *Apolemichthys arcuatus* und der Pfauen-Kaiserfisch (*Pygoplites diacanthus*) sollen dagegen extrem schwierig zu pflegen sein. Die meisten Arten fallen in eine dazwischen liegende Kategorie. Durch gewissenhafte Überwachung der Wasserqualität wird ihnen ein langes und gesundes Leben ermöglicht.

Zwerg-Kaiserfische

FAMILIE: POMACANTHIDAE
GATTUNG: CENTROPYGE

Die »lebenden Juwelen des Riffs«, die Zwerg-Kaiserfische, haben durch ihr interessantes und liebenswertes Verhalten, die handliche Größe und die wunderbare Färbung die Herzen der Meerwasseraquarianer auf der ganzen Welt erobert.

Obwohl es keine feststehenden Regeln gibt, wird allgemein anerkannt, daß ein Zwerg-Kaiserfisch maximal 12,5 cm oder weniger lang wird. Das bedeutet, daß fast alle Arten der Gattung *Centropyge* als Zwergformen bezeichnet werden. Eine Reihe der größeren Pomacanthidae, die als Jungfische in den Handel kommen, können wie Zwerg-Kaiserfische aussehen, aber der Aquarianer kann einen bösen Schock bekommen, wenn sie zu ihrer vollen Größe heranwachsen. Ein gutes Beispiel ist die Felsenschönheit (*Holacan-*

◣ Der hübsche Blaurote Zwerg-Kaiserfisch (*Centropyge bispionus*) zeigt – je nach Herkunft – unterschiedlich intensive Färbung.

Beliebte Arten von Zwerg-Kaiserfischen

	maximale Größe
Gelber Zwerg-Kaiserfisch *Centropyge flavissimus*	10 cm
Goldener Zwerg-Kaiserfisch *Centropyge heraldi*	10 cm
Blauer Zwerg-Kaiserfisch *Centropyge argi*	5 cm
Afrikanischer Zwerg-Kaiserfisch *Centropyge acanthops*	5 cm
Blauroter Zwerg-Kaiserfisch *Centropyge bispinosus*	8,75 cm
Orangenstreifen-Zwerg-Kaiserfisch *Centropyge eibli*	10 cm
Blaugelber Zwerg-Kaiserfisch *Centropyge bicolor*	12,5 cm
Feuer-Zwerg-Kaiserfisch *Centropyge loriculus*	10 cm
Potters Zwerg-Kaiserfisch *Centropyge potteri*	10 cm

thus tricolor). Sie wird häufig im Handel angeboten, wenn sie nur 3,75 – 5 cm groß ist, wird aber leider gut über 25 cm lang!

Zwerg-Kaiserfische sind in allen Weltmeeren vertreten, wobei nur ein Bruchteil davon im tropischen Atlantik anzutreffen ist. Abhängig von der Art können sie in der Natur einzeln, paarweise oder in kleinen Gruppen beobachtet werden, wenn sie die Riffe nach Nahrung abweiden – Algen, kleinen Würmern und Krebstieren sowie verschiedenen Schwämmen.

Wie die großen Kaiserfische laichen die Zwergarten fast immer in der Dämmerung ab und produzieren pelagische (frei an der Oberfläche schwimmende) Eier. Die Larven schlüpfen und entwickeln sich in der Planktonschicht.

Wie viele der größeren Kaiserfische sind die Vertreter der Gattung *Centropyge* unterschiedlich gut für das Aquarium geeignet. Einige Arten wie z. B. *C. argi* sind extrem einfach zu halten, während andere ein bestimmtes Nahrungsbedürfnis haben und nicht für das Leben im Aquarium zu empfehlen sind. *C. multifasciatus* ist ein gutes Beispiel für den zweiten Typ. Die meisten *Centropyge*-Arten gehören irgendwo zwischen diese beiden Extreme, und ein Meerwasseraquarianer mit etwas Erfahrung kann sie erfolgreich pflegen.

➥ Der Afrikanische Zwerg-Kaiserfisch (*Centropyge acanthops*) ist eine ideale Art für das Wirbellosenaquarium.

Aquariumbedingungen und Pflege

LEBENSRAUM: Das Becken kann ein reines Fischbecken oder ein gemischtes Fische-Wirbellosen-Becken sein.

Beckengröße Das Becken sollte mindestens 90 cm lang sein und 114 l Inhalt besitzen.

pH-Wert	8,1 – 8,3
Temperatur	25 – 26 °C
Ammonium	null
Nitrit	null

Nitrat Unter 20 ppm gesamtes NO_3 für ein reines Fischbecken, aber 5 ppm oder weniger für ein gemischtes Becken.

Dichte	1,020 – 1,024
Gelöster Sauerstoff	6 – 7 ppm

Wasserwechsel 15 – 25 % alle 2 Wochen mit hochwertigem, gefiltertem Wasser.

Filterung Wirksame Eiweißabschäumung und Filterung über Aktivkohle sind Standard.

Beleuchtung Passen sich an fast alle Lichtverhältnisse an.

Wasserzirkulation Gute Zirkulation ist wichtig, obwohl Bereiche mit träger Strömung gerne aufgesucht werden.

FÜTTERUNG: Salinenkrebse und Glaskrebse, lebend und gefroren. Gefrorener Tintenfisch, Schwämme und Flockenfutter sollten auch angeboten werden.

GESUNDHEIT: Bei guter Wasserqualität sind Zwerg-Kaiserfische im allgemeinen widerstandsfähig gegen Krankheiten. Schlechte Bedingungen können Infektionen auslösen.

F & A ...

✦ *Vertragen Zwerg-Kaiserfische sich ändernde Wasserbedingungen?*

Nein. Sie brauchen eine stabile und optimale Wasserqualität für ein gesundes, langes Leben. Die meisten Verluste gehen auf schlechte Wasserbedingungen zurück.

✦ *Können mehrere Zwerg-Kaiserfische in einem Becken gehalten werden?*

Im allgemeinen nicht. Die meisten Zwerg-Kaiserfische tolerieren nicht die Anwesenheit von Artgenossen oder anderen *Centropyge*-Arten im selben Becken, sogar wenn es sehr groß ist. Es gibt Ausnahmen wie Pärchen und sehr unterschiedliche Arten.

✦ *Sind Zwerg-Kaiserfische geeignet, um mit anderen Fischen zusammen gehalten zu werden?*

Sehr oft ja. *Centropyge*-Arten vertragen sich gewöhnlich gut mit kleineren und größeren Fischen von unterschiedlicher Form und Farbe.

✦ *Können Sie mit Wirbellosen zusammen gehalten werden?*

Im allgemeinen sind Wirbellose in Anwesenheit dieser Fische ziemlich sicher. Einige Zwerg-Kaiserfische können versucht sein, an Röhrenwürmern oder Anemonen

Der Feuer-Zwerg-Kaiserfisch (*Centropyge loriculus*) ist einer der attraktivsten Zwerg-Kaiserfische und ist leicht zu pflegen. Da er sehr begehrt ist, ist er auch teuer.

zu picken, aber die meisten passen gut in ein gemischtes Fische-Wirbellosen-Becken.

✦ *Ist es ratsam, einen Zwerg-Kaiserfisch in ein neu eingefahrenes Aquarium einzusetzen?*

Nein, aus zwei Gründen:
1 Die Wasserqualität ist meist nicht stabil genug.
2 Es sind nicht genügend Mikro- und Makroalgen sowie Mikroorganismen vorhanden, welche die Tiere abweiden und die sie für eine gesunde Ernährung benötigen.

✦ *Worauf sollte man bei einem gesunden Zwerg-Kaiserfisch achten?*

Das Tier sollte sehr aufmerksam sein, der Körper völlig ohne Wunden, und beide Augen sollten perfekt klar sein. Fische mit gespaltenen oder ausgefransten Flossen sollten vermieden werden, ebenso wie unnatürlich blasse Exemplare. Überzeugen Sie sich vor dem Kauf von deren gesundem Appetit.

✦ *Können Zwerg-Kaiserfische nachgezüchtet werden?*

Nur von erfahrenen Aquarianern, die auf dieses Gebiet spezialisiert sind. Jungtiere wurden bisher selten großgezogen, obwohl es möglich ist.

Riffbarsche FAMILIE: POMACENTRIDAE

Diese vielseitigen, farbenprächtigen und aufregenden Fische sind im allgemeinen nicht teuer und ihren Preis wert. Riffbarsche findet man in großer Vielfalt und Anzahl in allen tropischen Weltmeeren. Wegen der großen Anzahl – und weil einige Arten unterschiedliche Jugend-, Halbwüchsigen-, Erwachsenen- und sogar Altersfärbungen besitzen – besteht bezüglich ihrer Systematik etwas Uneinigkeit. Taxonomen haben drei oder vier Arten beschrieben, wo in Wirklichkeit nur eine existiert.

Die meisten Riffbarsche leben in gemeinschaftlichen Gruppen in einem »sicheren« Gebiet wie einem Korallenkopf. Beim ersten Anzeichen von Gefahr verschwindet die ganze Gruppe zwischen den Felsen. Jedes Individuum besitzt seine eigene Spalte, in die es sich zurückzieht und wo es auch die Nacht verbringt. Die sichersten Plätze sind für die dominanten Fische der Gruppe reserviert.

Rangordnung in der Gemeinschaft

Da sie von Natur aus territorial sind, bilden Gruppen von Riffbarschen eine Rangordnung, und in den meisten Gemeinschaften entsteht ein festes Dominanzmuster. Gewöhnlich paart sich ein großes dominantes Männchen mit ihm verbundenen Weibchen. Es kann ein oder mehrere Weibchen einladen, auf einem Fels abzulaichen, den es zuvor gesäubert hat, und verteidigt die Eier heftig, sogar vor sehr großen potentiellen Feinden.

Nach dem Schlüpfen treiben die Larven hinauf in die Planktonschicht, um sich zu entwickeln und von kleineren Organismen zu ernähren. Innerhalb von 1–2 Monaten werden sie Jungfische, die zurück zum Riff wandern und sich einer Gemeinschaft von Artgenossen anschließen.

Riffbarsche ernähren sich von kleinen planktonischen Tieren und Pflanzen, die ihnen von günstigen Strömungen herangetragen werden. Sie gehen selten auf Nahrungssuche. Einige Arten »züchten« jedoch Algenrasen, die sie heftig gegen Wilderer verteidigen. Sie behandeln die Algen mit großer Sorgfalt und fressen jeweils nur kleine Mengen, damit die Algen weiter wachsen können.

Beliebte Arten von Riffbarschen

	maximale Größe
Blauer Riffbarsch *Abudefduf cyaneus* Ziemlich aggressiv.	5 cm
Schwarzer Neon-Riffbarsch *Abudefduf oxyodon* Aggressiv, besonders zur Paarungszeit.	7,5 cm
Zebrafisch *Abudefduf saxatilis* Kampflustig.	5 cm
Grüner Chromis *Chromis caerulea* Ziemlich friedlich.	5 cm
Blauer Riff-Chromis *Chromis cyanea* Friedlich.	5 cm
Metall-Chromis *Chromis xanthurus* Kann aggressiv sein.	5 cm
Dreibinden-Preussenfisch *Dascyllus aruanus* Aggressiv.	6,25 cm
Schwarzer Preussenfisch *Dascyllus trimaculatus* Aggressiv.	6,25 cm
Paraglyphidodon melanopus Ziemlich friedlich.	6,25 cm
Schöner Gregory *Stegastes leucostictus* Sehr aggressiv.	7,5 cm

Aquariumbedingungen und Pflege

LEBENSRAUM: Für Becken- und Wasserbeschaffenheit siehe Zwerg-Kaiserfische, Seite 116.

FÜTTERUNG: Riffbarsche nehmen viele Futterarten an, ob lebend, gefroren oder getrocknet. Wählen Sie Salinenkrebse, Glaskrebse, Langusteneier, Plankton, kleine Tintenfischstücke, Herz- und Miesmuschel. Flockenfutter wird auch gerne genommen.

GESUNDHEIT: Die meisten Riffbarsche sind sehr widerstandsfähig gegen Krankheiten.

◆ *Sind Riffbarsche für Anfänger zu empfehlen?*

Im allgemeinen ja. Sie sind nicht unverwüstlich, aber da sie weniger empfindlich als die meisten Meerwasserfische sind, vertragen sie bis zu einem gewissen Grad schlechtere Bedingungen.

◆ *Was sind ihre Vor- und Nachteile?*

Die meisten Riffbarsche sind robust, farbenprächtig, aktiv, interessant und erschwinglich. Negativ ist, daß sie aggressiv und territorial sein können. Einige Individuen graben sehr aktiv und können die Wirksamkeit des Bodenfilters herabsetzen oder Steine unterhöhlen.

◆ *Kann man Riffbarsche unterschiedlicher Arten in einem Gesellschaftsbecken halten?*

Es geht bei den meisten, solange sie jung sind, aber die Verträglichkeit hängt auch von der Beckengröße, den Steinen, anderen Insassen und dem Temperament des Einzelnen ab. Im allgemeinen ist ein Riffbarsch umso aggressiver, je älter er wird.

◆ *Hält man Riffbarsche am besten in Gruppen?*

Nicht unbedingt. Kämpfen im Aquarium ist üblich, und ein dominantes Pärchen kann als einziges einer Gruppe überleben. Es gibt Ausnahmen für dieses Verhalten, zu denen die friedlichen Arten wie Grüner Chromis und Blauer Riff-Chromis gehören.

◆ *Kann ein Aquariumfilter mit einigen Riffbarschen eingefahren werden?*

Diese Methode ist nicht erprobt. Es ist weit besser, einen Filter mit dem entsprechenden Präparat einzufahren. Die großen Mengen an Ammonium und Nitrit, die während der Einfahrzeit auftreten können, belasten die Fische, was vorsetzliche Quälerei wäre! Wenn sie überleben (und nicht alle tun das), haben sie Reviere besetzt, was es für später eingesetzte Fische sehr schwierig macht, sich einzufügen. Wenn die Riffbarsche Krankheiten aufgrund von Streß erliegen, sind weitere Tiere für diese Krankheiten anfälliger.

◆ *Vertragen sich Riffbarsche mit Wirbellosen?*

Ja, sie verhalten sich sehr gut in einem gemischten Fische-Wirbellosen-Becken.

◆ *Vertragen sich Riffbarsche mit anderen Fischarten?*

Im allgemeinen ja. Aber sie sollten nicht zusammen mit scheuen, empfindlichen Arten oder großen Fischen, die sie fressen könnten, zusammengesetzt werden.

◆ *Wenn ein neues Aquarium besetzt wird, wann sollten Riffbarsche eingesetzt werden?*

Wegen ihres Revierverhaltens sollten sie ziemlich als letzte eingesetzt werden.

Der Blaue Riff-Chromis (*Chromis cyanea*) kann einzeln oder in Gruppen sicher gehalten werden. Er braucht jedoch ausgezeichnete Wasserqualität.

Clownfische (Anemonenfische)

FAMILIE: POMACENTRIDAE

Ohne Zweifel sind die Clownfische die bekanntesten heute in Gefangenschaft gehaltenen Meeresfische. Der Name vermittelt das Bild eines leuchtend gefärbten Fisches, der zwischen den Tentakeln einer Anemone lebt. Dieses Bild repräsentiert eines der bekanntesten Beispiele für gegenseitige Kooperation in der Unterwasserwelt. Für den Aquarianer ist diese natürliche Beziehung zwischen der Anemone und dem Clownfisch zu einem Symbol für das eigentliche Wesen der Meerwasseraquaristik geworden.

Es gibt 26 beschriebene Clownfischarten, von denen 25 zur Gattung *Amphiprion* und eine, der Samt-Anemonenfisch (*Premnas biaculeatus*), zur Gattung *Premnas* gehören. Von allen sind etwa die Hälfte im Zierfischhandel erhältlich. Die anderen Arten kommen selten in den Handel, da sie an isolierten Orten leben, die entweder geschützt oder für die Tierfänger unzugänglich sind.

◄ Der Gestreifte Anemonenfisch (*Amphiprion clarkii*) ist für Anfänger und erfahrene Aquarianer gleichermaßen geeignet. Wenn der Fisch einmal eine Anemone besetzt hat, verteidigt er sie heftig.

Keine Clownfischart wird besonders groß. In der Natur sind 12,5 cm gewöhnlich das Maximum. Im Aquarium gehaltene Exemplare werden selten größer als 8,75 cm. In der Natur besteht die Nahrung normalerweise aus verschiedenem Zooplankton und Algen, die in der Strömung treiben. Die Tiere entfernen sich selten weit aus dem sicheren Umfeld ihrer Anemone auf der Suche nach Nahrung und sind folglich stark darauf angewiesen, daß Nahrungsteilchen mit dem vorbeiströmenden Wasser herbeigetragen werden. Alle Clownfischarten bilden eine Beziehung zu einer Anemone, die man als symbiontisch be-

◆ *Sind Clownfische für Anfänger geeignet?*

Ja. Obwohl man sie nicht als »widerstandsfähig« bezeichnen kann, gedeihen die meisten Arten bei durchschnittlich guter Pflege.

◆ *Muß ein Clownfisch mit einer Anemone zusammen gehalten werden?*

Nein. In der Tat sind Anemonen äußerst empfindliche Kreaturen, welche optimale Wasser und Lichtbedingungen benötigen und für Anfänger nicht einfach zu halten sind. Glücklicherweise leben Clownfische gewöhnlich ziemlich gut ohne Anemonen.

◆ *Wie sollte ein gesunder Fisch aussehen?*

Clownfische sollten immer aktiv und aufmerksam sein. Die Haut darf nicht fleckig und die Flossen dürfen nicht gespalten sein. Die Augen müssen klar und leuchtend sein. Meiden Sie Exemplare, die ungleichmäßig schwimmen oder sich in einer Ecke verstecken. In Gefangenschaft gezüchteten Tieren kann die intensive

Farbe der Wildfänge fehlen, und die weißen Abzeichen können unvollständig sein. Darüber braucht man sich nicht zu sorgen, wenn das Tier ansonsten gesund ist.

◆ *Können Clownfische in einem Gesellschaftsbecken gehalten werden?*

Ja, sie sind gute Gesellschaftsfische und im allgemeinen den Beckengenossen gegenüber sehr friedlich.

◆ *Sind alle Clownfische Wildfänge?*

Nein. Obwohl Clownfische keinesfalls gefährdete Arten sind, sind nachgezüchtete Exemplare nicht immer erhältlich und man sollte nach ihnen fragen, wann immer es möglich ist.

◆ *Können Clownfische mit Condylactis-Anemonen zusammen gehalten werden?*

Nicht wirklich. Diese Anemone ist eine karibische Art, und Clownfische kommen in der Karibik nicht vor. Deshalb wäre diese Beziehung unnatürlich.

◆ *Wie kann ein echtes Pärchen eingewöhnt werden?*

Kaufen Sie 2 junge Clownfische von etwa 1,3 cm Länge – es werden beides Männchen sein. Wenn sie heranwachsen, entwickelt sich das dominante Tier zu einem Weibchen und sie bilden ein Paar.

◀ Der Samtkorallenfisch (*Premnas biaculeatus*) ist eine weniger empfindliche Art, die ohne eine Anemone im Aquarium gedeiht. Das Weibchen ist häufig dreimal so groß wie das winzige Männchen, aber echte Pärchen findet man selten.

trachtet hatte, die aber heute richtiger als kommensal beschrieben wird. Kommensalismus kann als erste Stufe zu einer echten Symbiose angesehen werden, wobei beide Partner einen Vorteil aus dem engen Zusammenleben ziehen, aber nicht völlig gegenseitig aufeinander angewiesen sind wie bei einer echten Symbiose. In diesem Fall bietet die Anemone ein sicheres Heim für den Clownfisch, der wiederum die Anemone vor möglichen Feinden schützt, da er ein stark entwickeltes territoriales Verhalten besitzt. Viele Anemonen können jedoch ganz gut ohne ihren Clownfisch überleben, wodurch die Theorie einer echten Symbiose widerlegt ist.

Beliebte Arten von Clownfischen

	maximale Größe
Gewöhnlicher Clownfisch *Amphiprion ocellaris*	5 cm
Samtkorallenfisch *Premnas biaculeatus*	10 cm
Halsband-Anemonenfisch *Amphiprion frenatus*	7,5 cm
Gestreifter Anemonenfisch *Amphiprion clarkii*	10 cm
Glühkohlenfisch *Amphiprion ephippum*	7,5 cm
Rosa Anemonenfisch *Amphiprion akallopisos*	5 cm
Schwarzfuß-Anemonenfisch *Amphiprion nigripes*	6,25 cm

Die Frage, wie die Mitglieder der Familie Poma-centridae zwischen den nesselnden Tentakeln der Anemonen überleben, ohne verzehrt zu werden, ist noch nicht völlig geklärt. Die Theorie, die von den meisten Wissenschaftlern akzeptiert wird, besagt, daß die Zusammensetzung des Schleimes der Clownfische auf Zucker statt auf Protein basiert, so daß die Anemone den Fisch nicht als Nahrung erkennt und ihre Nematocysten oder Nesselzellen (siehe Anemonen, Seite 158) nicht abfeuert. Da in dieser Richtung weiter geforscht wird, ist vielleicht in absehbarer Zukunft eine definitive Antwort zu erwarten.

Fortpflanzung in der Natur

Clownfische legen ihre Eier auf flachen Ober-flächen in der Nähe oder bevorzugt unter den schützenden Tentakeln der Anemone ab. Die Eier werden vorwiegend vom Männchen bewacht. Die Jungen schlüpfen immer in voll-ständiger Dunkelheit nach 7–10 Tagen. Das Schlüpfen erfolgt nach einem natürlichen Rhyth-mus, der mit den Mondphasen zusammenhängt. Die Larven – sie sind noch keine richtigen Jung-fische – wandern dann nach oben in die Plank-tonschicht, um zu fressen und sich zu entwickeln. Viele überleben dieses Stadium nicht, aber die wenigen, die es schaffen, müssen so schnell wie möglich einen sicheren Platz im Schutz einer geeigneten Anemone auf dem Riffboden beset-zen.

✦ *Ein Clownfisch geht nicht in die für ihn vorgesehene Anemone. Warum nicht?*

Das geschieht von Zeit zu Zeit, und der Grund dafür ist nicht ganz klar. Es ist Geduld erforderlich, bis er schließlich doch die Anemone besetzt.

♦ *Können Clownfische in Schwärmen gehalten werden?*

Clownfische sind von Natur aus sehr territorial und neh-men die Anwesenheit von anderen Clownfischen im Aquarium übel. Es gibt keine besonderen Regeln. Einige Clownfische leben friedlich miteinander, andere kämpfen bis zum Tod. In allen Fällen bilden Clown-fische keine Schwärme im eigentlichen Sinne.

✦ *Sind Clownfische langlebig?*

Ja, einige wurden über 18 Jahre lang in Gefangenschaft gehalten.

Viele große Anemonen der Gattungen *Stoichactis* und *Heteractis* können zahlreiche Clownfische beherbergen (obwohl nur jeweils eine Art eine Anemone besetzt), aber unter diesen kann nur 1 fortpflanzungsfähiges Weibchen sein, der Rest besteht aus Männchen in einer bestimmten Rang-ordnung. Das Weibchen paart sich nur mit dem dominanten Männchen. Wenn es aber stirbt oder aus irgendeinem Grund entfernt wird, wechselt das dominante Männchen sein Geschlecht, wird zum Weibchen und alle anderen Mitglieder in der Rangordnung steigen eine Stufe höher. Diese Fähigkeit, das Geschlecht zu wechseln als Anpas-sung an die vorgegebenen Bedingungen, ist bei Meerestieren nicht ungewöhnlich und garantiert der Art eine weitergehende Existenz.

Der am häufigsten gepflegte Clownfisch und wohl der beliebteste Fisch in der Meerwasser-aquaristik ist der Gewöhnliche Clownfisch. Einige Fachleute behaupten, daß es sich hierbei tatsäch-lich um 2 Arten handelt – *Amphiprion ocellaris* und *A. percula*. Der Beweis ist jedoch alles andere als schlüssig, und es ist wahrscheinlich, daß die beiden Arten ein und dieselbe sind. Clownfische haben eine große Variationsbreite in Farbe und Muster, abhängig vom Standort, und es erscheint logisch, daß, wenn alle anderen Dinge überein-stimmen, der Gewöhnliche Clownfisch mit einem einzigen wissenschaftlichen Namen belegt wer-den sollte. Wir verwenden den Namen *Amphi-prion ocellaris*.

Aquariumbedingungen und Pflege

LEBENSRAUM: Für Becken- und Wasserbeschaf-fenheit siehe Zwerg-Kaiserfische, Seite 116.

FÜTTERUNG: Salinenkrebse und Glaskrebse, le-bend und gefroren, werden gerne genommen. Ge-legentlich sollte man mit Flockenfutter, Tinten-fisch und anderer tierischer Nahrung abwechseln.

GESUNDHEIT: Unter schlechten Bedingungen sind Clownfische anfällig für Pünktchenseuche, *Oodinium* und anderen parasitären Krankhei-ten. Bakterielle Infektionen sind häufig bei frisch importierten Wildfängen. Kupferpräparate hel-fen gewöhnlich, aber gute Lebensbedingungen sind der Schlüssel zu einem langfristigen Erfolg.

Eine Gruppe von gesunden Gewöhnlichen Clown-fischen (*Amphiprion ocellaris*) in einem Verkaufsbecken. Von diesen kann sich der Aquarianer leicht ein prächtiges Exemplar oder Pärchen aussuchen.

Zwergbarsche FAMILIE: PSEUDOCHROMIDAE

Jedes Meerwasseraquarium braucht etwas leuchtende Farbe, und die Zwergbarsche bieten sie in Hülle und Fülle! Diese Familie, die im gesamten indopazifischen Raum und im Roten Meer zu finden ist, umfaßt zahlreiche bekannte Arten für den Zierfischhandel.

Zwergbarsche sind sehr territorial und von Natur aus Einzelgänger. Sie leben im Labyrinth von Durchgängen, wie man sie in alten Korallenriffen findet, und schwimmen nur selten ins offene Wasser. Diese Fische können schnell beschleunigen und jagen nach Nahrungstieren, die mit der Strömung vorbeitreiben oder versuchen, durch Schnelligkeit dem Räuber zu entgehen. Eindringlinge in ihr Revier werden sehr heftig und mit hoher Geschwindigkeit verjagt.

Zwergbarsche besitzen nadelspitze Zähne, die sowohl zur Verteidigung als auch zum Beutefang benutzt werden. Einige der größeren Exemplare können den unvorsichtigen Aquarianer ernsthaft beißen, wenn sie den Finger fälschlicherweise für einen Eindringling oder Futter halten!

Zu den beliebten und einfach zu haltenden Arten zählen: Diadem-Zwergbarsch (*Pseudochromis diadema*), Paccagnellas Zwergbarsch (*P. paccagnella*) und Porphyr-Zwergbarsch (*P. porphyreus*). Aquarianer, die nach größeren Herausforderungen suchen, sollten es mit dem Kobaltblauen Zwergbarsch (*P. dutoiti*), dem Gelbrücken-Zwergbarsch (*P. flavivertex*), dem selteneren König-Salomon-Zwergbarsch (*P. fridmani*), *P. aureus* oder *P. novae-hollandiae* versuchen. Während die meisten der ersteren Arten eine handliche Größe von 7 cm erreichen, werden die letzteren im allgemeinen größer und brauchen mehr Platz.

Über das Fortpflanzungsverhalten der Vertreter dieser Familie ist sehr wenig bekannt. Ein Ablaichen in Gefangenschaft ist selten, und der Erfolg war bisher begrenzt.

F & A ...

✦ *Kann man mehr als eine Art von Zwergbarschen in ein Aquarium setzen?*

Die Tiere sind extrem territorial und kämpfen mit Artgenossen oder Vertretern ähnlicher Arten. Deshalb ist es ratsam, nur ein Exemplar im Becken zu halten.

✦ *Müssen Zwergbarsche in ein Wirbellosenbecken gesetzt werden?*

Nein, aber das Becken sollte zahlreiche Steinaufbauten mit vielen Gängen und Versteckplätzen enthalten, die man gewöhnlich in einem Wirbellosenaquarium findet.

✦ *Wenn man einen gesunden Zwergbarsch auswählt, worauf muß man achten?*

Versuchen Sie immer einen Fisch zu nehmen, der leuchtend gefärbt und nicht »verwaschen« aussieht. Die Flossen sollten unversehrt sein, und er sollte sich nicht an Steinen oder anderen Oberflächen kratzen. Eine gewisse Scheue und ein Sich-Verstecken sind ganz normal.

▶ *Pseudochromis dutoiti* ist eine wundervoll gefärbte Ergänzung für ein gemischtes Fische-Wirbellosen-Becken.

Das leuchtende Karminrot ist typisch für den Porphyr-Zwergbarsch (*Pseudochromis porphyreus*). Achten Sie auf seine streitsüchtige und territoriale Natur.

Aquariumbedingungen und Pflege

LEBENSRAUM: Ein gemischtes Fische-Wirbellosen-Becken mit viel Steinaufbauten ist ideal.

Beckengröße: Mindestens 120 cm lang mit einem Volumen von 205 l.

pH-Wert	8,1 – 8,3
Temperatur	25 – 26 °C
Ammonium	null
Nitrit	null

Nitrat 5 ppm oder weniger gesamtes NO_3 für ein Fische-Wirbellosen-Aquarium; 20 ppm maximal für ein reines Fischbecken.

Dichte	1,020 – 1,024
Gelöster Sauerstoff	6 – 7 ppm

Wasserwechsel 15 – 25 % alle 2 Wochen mit gefiltertem Leitungswasser.

Filterung Wirksame Eiweißabschäumung und Filtern durch Aktivkohle sind Standard, mit UV-Sterilisation und Ozonfiltration, wo es möglich ist.

Beleuchtung Zwergbarsche bevorzugen gedämpftes Licht, aber gewöhnen sich an intensive Beleuchtung, die für Wirbellosenaquarien erforderlich ist.

FÜTTERUNG: Zwergbarsche fressen besonders gerne lebende Salinenkrebse, aber nehmen auch andere tierische Nahrung wie Herzmuschel, Tintenfisch und Miesmuschel. Man sollte jedoch daran denken, daß sie nur Nahrung aufnehmen, die in der Strömung treibt, und nicht vom Boden.

GESUNDHEIT: Es gibt keine speziellen Probleme bei qualitativ gutem Wasser.

Feuerfische FAMILIE: SCORPAENIDAE

Feuerfische werden auch als Skorpionsfische oder Drachenköpfe bezeichnet. Ihr Aussehen ist unverwechselbar. Die Strahlen der Brust- und Rükkenflossen sind stark verlängert und bei vielen Arten mit dekorativem Gewebe verschönert. Die Wirkung entspricht einem explodierendem Feuerwerk, daher der Name Feuerfisch!

Feuerfische sind äußerst erfolgreiche Raubfische mit einer Reihe von Verteidigungsmöglichkeiten, um potentielle größere Feinde zu vertreiben. Die verlängerten Flossenstrahlen, leicht als hübsche Verzierungen fehlinterpretiert, sind mit wirksamem Gift gefüllt, das bei Menschen eine schmerzhafte Wunde und bei anderen Fischen eine tödliche Verletzung hervorrufen kann.

Die Tarnung des Jägers

Feuerfische können sich durch ihre merkwürdige Zeichnung gut an ihre Umgebung anpassen, während sie ganz still auf einen vorbeischwimmenden Fisch warten. Das riesige Maul verschluckt das Opfer blitzschnell und zielgenau. Einige Arten verwenden die langen Stacheln, um kleine Fische oder Garnelen in die Enge zu treiben, bevor sie einige der Opfer verschlucken. In der Natur kann man Feuerfische als einzelne Individuen finden, aber sie schließen sich häufig während des Tages in Höhlen oder unter schatti-

✦ *Ist die Haltung von Feuerfischen gefährlich?*

Feuerfische müssen mit größtem Respekt behandelt werden, aber sie sind weder aggressiv noch verletzen sie absichtlich ihren Besitzer. Seien Sie sich immer ihrer Gegenwart bewußt und halten Sie einen entsprechenden Abstand zwischen Ihrem Arm und dem Fisch ein. Füttern Sie Feuerfische nie mit der Hand.

✦ *Was muß man unternehmen, wenn jemand von einem Feuerfisch gestochen wird?*

Spülen Sie die Wunde mit heißem Wasser aus, damit das Gift zusammenklumpt, dann geben Sie Essig oder Alkohol auf die Wunde, um den Schmerz zu lindern. Wenn sie nur von 1 oder 2 Strahlen gestochen wurden, sollten die meisten Erwachsenen die Schmerzen aushalten. Es besteht jedoch eine leichte Gefahr für Personen, die auf das Gift allergisch reagieren (die Wahrscheinlichkeit steigt, wenn man schon gegen Bienen- oder Wespenstiche allergisch ist). Wenn eine allergische Reaktion zu erwarten ist, sollte der Patient schnell medizinisch behandelt werden.

✦ *Wie geht man am sichersten mit Feuerfischen um?*

So wenig wie möglich! Wenn ein Exemplar im Netz gefangen werden muß, verwenden Sie einen großen Kescher, in den der gesamte Fisch hineinpaßt, und setzen ihn mit weitem Abstand zu den Händen um. Drehen Sie den Kescher um und lassen Sie den Fisch sich selbst befreien (was er auch tut). Versuchen Sie nicht, ihn mit der Hand zu befreien.

✦ *Können Feuerfische mit Artgenossen zusammen gehalten werden?*

Ja, sie sind recht verträglich, aber größere Exemplare brauchen auch mehr Platz.

✦ *Vertragen sich Feuerfische mit anderen Fischen?*

Ja, solange sie friedlich und zu groß zum Verschlucken sind. Größere Kaiserfische, Muränen, Barsche, Süßlippen und Drückerfische sind geeignete Beckengenossen.

✦ *Gibt es Zwerg-Feuerfischarten?*

Ja. Obwohl es nur relativ wenig Feuerfischarten gibt, kann die Größe der ausgewachsenen Tiere von 10–35 cm variieren. Man sollte jedoch sicher sein, daß ein »Zwerg«-Feuerfisch nicht nur ein Jungtier einer viel größeren Art ist!

Beliebte Arten von Feuerfischen

	maximale Größe
Pazifischer Rotfeuerfisch *Pterois volitans*	35 cm
Strahlen-Feuerfisch *Pterois radiata*	20 cm
Antennen-Feuerfisch *Pterois antennata*	20 cm
Kurzflossen-Zwergfeuerfisch* *Dendrochirus brachypterus*	10 cm
Pfauenaugen-Zwergfeuerfisch* *Dendrochirus biocellatus*	12,5 cm

* Zwergformen

gen Felsvorsprüngen zu kleinen Gruppen zusammen, bevor sie sich am Abend zur Nahrungssuche zerstreuen. Mehrere Arten sind als nachtaktive Jäger bekannt und schwimmen niemals bei Tageslicht ins offene Wasser.

Es gibt keine zuverlässigen äußeren Geschlechtsmerkmale zwischen Männchen und Weibchen. Im Aquarium konnte beobachtet werden, daß Feuerfischweibchen eine gallertartige Kugel aus Eiern abgeben, während das Paar zusammen in einer Wassersäule nach oben steigt. Das Männchen besamt die Kugel, die auseinander bricht, wenn sie die Oberfläche erreicht. Bisher konnten die Tiere noch nicht in größerer Anzahl nachgezüchtet werden, aber vielleicht ist es bald möglich.

➤ Wegen der nicht aggressiven Art der Feuerfische vergißt der Aquarianer häufig, daß die Flossenstrahlen, bei diesem Exemplar (*Pterois volitans*) gut zu erkennen, giftig sind und schmerzhafte Wunden verursachen können.

Aquariumbedingungen und Pflege

LEBENSRAUM: Für Becken- und Wasserbeschaffenheit siehe Kaiserfische, Seite 114.

FÜTTERUNG: Die meisten frisch gefangenen Tiere akzeptieren nur Lebendfutter wie Goldfische, Guppies, Mollies, Flußgarnelen und Salinenkrebse. Vielen Aquarianern ist dies unangenehm, aber mit etwas Geduld lassen sich alle Feuerfische auf Frostfutter umstellen. Dazu können Sandaale, Miesmuscheln und Herzmuscheln gehören. Folgende Methode hat sich bewährt: Binden Sie das ausgewählte Futter locker an das Ende eines Baumwollfadens und lassen Sie es langsam vor die Nase des Feuerfisches sinken. Wenn er es ignoriert, zucken Sie mit dem Futter. Wenn der Fisch schließlich die Nahrung annimmt, sollte der Faden entfernt werden. Die Umstellung kann Tage oder sogar Wochen dauern.

GESUNDHEIT: Feuerfische sind sehr widerstandsfähig gegen Krankheiten, besonders bei guter Wasserqualität. Sie können über 12 Jahre in einem Aquarium überleben.

Fahnenbarsche und Mirakelbarsche

FAMILIEN:
SERRANIDAE / PLESIOPIDAE

Vertreten in jedem gemäßigten und tropischen Meer weltweit sind die Serranidae, eine große Familie mit über 370 Arten. Die größte ist wahrscheinlich *Epinephelus lanceolatus* mit 2,7 m Länge, aber einige andere Arten erreichen auch fast diese Größe. Am anderen Ende des Spektrums befindet sich der winzige *Plectranthias longimanus* mit nur 2,5 cm Länge. Viele der größeren Fahnenbarsche sind beliebte Nahrungsfische. Wechsel des Geschlechts und gleichzeitiger Hermaphroditismus kommt bei Fahnenbarschen häufig vor. Die Hamlet-Fische sind ein gutes Beispiel: Jeder Fisch besitzt ein Ovotestis (Eierstöcke und Hoden) und kann Eier und Sperma zur selben Zeit produzieren. Solche Fische können mehrere Generationen an Nachkommen durch Selbstbefruchtung hervorbringen, aber das Einbringen von neuen Genen ist für ein langfristiges Überleben notwendig. Die Fähigkeit, das Geschlecht zu wechseln, ist bei Riffischen häufig. Bei *Anthias* beginnt jeder Fisch sein Leben als Weibchen. Es besitzt die Fähigkeit, ein Männchen zu werden, wodurch die Art auch unter den schwierigsten Umständen überleben kann. Die Umwandlung kann sehr schnell, manchmal innerhalb von 2 – 3 Tagen erfolgen.

Beliebte Arten von Fahnenbarschen und Mirakelbarschen

	maximale Größe
Echter Mirakelbarsch	15 cm

Calloplesiops altivelis
Heute zur Familie Plesiopidae gehörig.

➥ Der Echte Mirakelbarsch (*Calloplesiops altivelis*) ist ein wunderschön gezeichneter Raubfisch, der am besten in einem reinen Fischbecken gehalten wird.

Pantherfisch	30 cm

Chromileptes altivelis
Häufig werden im Handel 2,5 cm große Exemplare angeboten, aber letztendlich braucht der Fisch ein sehr großes Aquarium!

Hypoplectrus gemma	12,5 cm

Für den Aquarianer nur unregelmäßig erhältlich. Einfach zu halten und für Anfänger geeignet. In Gemeinschaft mit anderen größeren Mirakelbarschen fressen sie kleinere Fische.

Goldstreifenbarsch	25 cm

Grammistes sexlineatus
Besitzt auffallende Zeichnungen und ist ziemlich scheu. Er frißt kleinere Beckengenossen, und es gibt Berichte, daß diese Art ein Gift ins Wasser abgibt, wenn sie sehr erschrickt, verletzt ist oder stirbt.

🐟 Der Haremsfahnenbarsch (*Anthias squamipinnis*) besitzt deutliche Geschlechtsunterschiede. Obwohl alle ihr Leben als gelb-orange Weibchen beginnen, entwickeln sich die dominanten roten Männchen (siehe unterer Fisch) zu Herrschern über einen Harem.

✦ Sind Mirakelbarsche schwer zu halten?

Die echten Mirakelbarsche, die über 25 cm groß werden, vertragen schlechte Wasserbedingungen recht gut und sind deshalb einfach zu halten. Die kleineren Fahnenbarsche wie der Haremsfahnenbarsch oder *Lioproproma rubre* brauchen zu jeder Zeit optimale Wasserbedingungen.

✦ Welche Beckengenossen sind geeignet für Mirakelbarsche?

Nur solche, die viel zu groß zum Verschlucken sind! Viele Mirakelbarsche können ihre Kiefer übermäßig aufreißen und Beckengenossen fressen.

Aquariumbedingungen und Pflege

LEBENSRAUM: Alle Arten brauchen viele Steine und Versteckplätze.

Beckengröße Größere Mirakelbarsche brauchen Becken mit 682 l Inhalt, wenn sie ausgewachsen sind. Kleinere Arten brauchten mindestens 182 l Fassungsvermögen.

pH-Wert	8,1–8,3
Ammonium	null
Nitrit	null

Nitrat Bis zu 50 ppm gesamtes NO_3 für große Arten; weniger als 10 ppm für kleinere, empfindlichere Arten.

Dichte	1,021–1,024

Gelöster Sauerstoff Größere Arten 5–7 ppm; kleinere Arten 6–7 ppm.

Wasserwechsel 15–20% alle 2 Wochen. Für empfindliche Arten nur qualitativ hochwertiges, gefiltertes Wasser verwenden.

Filterung Ausgezeichnete biologische, chemische und mechanische Filterung ist erforderlich. Wirksame Eiweißabschäumung und Filterung durch Aktivkohle sollten als Standard benutzt werden.

Beleuchtung Die meisten Fahnenbarsche bevorzugen gedämpftes Licht, obwohl *Anthias* an sehr helle Riffbedingungen gewöhnt ist.

FÜTTERUNG: Größere Mirakelbarsche gedeihen mit lebenden Flußgarnelen und gefrorener tierischer Nahrung wie Herzmuschel, Miesmuschel, Tintenfisch und Sandaal. Kleinere Fahnenbarsche nehmen gerne gefrorene Salinenkrebse, Glaskrebse und sogar Flockenfutter.

GESUNDHEIT: Die meisten der größeren Mirakelbarsche sind nicht krankheitsanfällig und erkranken selten, wenn sie in einem ausreichend großen Becken gehalten werden. Die kleineren Arten sind empfindlicher und erfordern ausgezeichnete Wasserqualität.

Scheuer Hamlet   12,5 cm
Hypoplectrus guttavarius
Wie *Hypoplectrus gemma*.

Haremsfahnenbarsch   12,5 cm
Anthias squamipinnis
Der beliebteste und attraktivste Fahnenbarsch. Erstklassige Wasserbeschaffenheit ist lebenswichtig.

Pfefferminz-Höhlenbarsch   10 cm
Lioproproma rubre
Eine attraktive, scheue Art; sehr friedlich und sehr teuer.

Juwelen-Zackenbarsch   45 cm
Cephalopholis miniatus
Ein leuchtend roter Fisch mit neonblauen Punkten. Er wird gewöhnlich zu groß für ein Heimaquarium und frißt seine Beckengenossen, wenn er heranwächst!

Kaninchenfische FAMILIE: SIGANIDAE

Kaninchenfische, die ihren Namen deswegen erhalten haben, weil sie Vegetarier sind, stellen eine relativ kleine Familie mit nur etwa 25 Arten dar, die sich auf 2 Gattungen aufteilen. *Lo* und *Siganus* sind im ganzen indopazifischen Raum verbreitet, während *Siganus luridus* und *S. rivulatus* Einzug ins östliche Mittelmeer gehalten haben, wahrscheinlich durch den Suez-Kanal.

Man findet sie gewöhnlich zwischen Seetang und in sandigen Bereichen der Lagunen, häufig in großen Schulen als Jungfische und manchmal zusammen mit Doktorfischen. Ausgewachsene Exemplare neigen dazu, die großen Schwärme zu verlassen und eine enge Paarbindung einzugehen und weiter über die Riffe zu wandern. Einige Kaninchenfische werden regelmäßig auf der Futtersuche im Süßwasser angetroffen, wobei sie in die Mündungsgebiete der Flüsse wandern.

Abweiden von Algen

Das kleine Maul und die Raspelzähne sind speziell an das Abweiden von Algen angepaßt. Wie alle Pflanzenfresser verbringen auch die Kaninchenfische viel Zeit mit der Nahrungsaufnahme, weil das Futter relativ arm an Nährstoffen ist und daher in großen Mengen aufgenommen werden muß.

Die Rücken- und Afterflossenstrahlen der Kaninchenfische sind giftig und können, wenn man auf sie tritt oder sie auf andere Weise ohne gehörigen Respekt behandelt, eine extrem schmerzhafte Wunde verursachen! Sollte der Fisch von einer anderen Art angegriffen werden, nimmt er eine typische Verteidigungshaltung mit gesenktem Kopf ein, wobei die Rückenstacheln dem Gegner entgegengestreckt werden.

Die Paarung erfolgt gewöhnlich am frühen Morgen oder am späten Nachmittag, häufiger in kleinen Gruppen. Die Eier sind klebrig und sinken auf den Boden oder haften sich an Algen fest. Es findet keine Brutpflege statt. Einige Arten haben schon in Gefangenschaft abgelaicht, und die Jungen wurden erfolgreich großgezogen.

Beliebte Arten von Kaninchenfischen

maximale Größe

Fuchsgesicht — 25 cm
Lo vulpinus
Äußerst attraktive Art mit einem leuchtend gelben Körper und schwarzen und weißen Streifen auf dem Kopf. Sein Verhalten läßt sich gut mit friedlich und lebhaft beschreiben.

Kopfband-Kaninchenfisch — 25 cm
Siganus virgatus
Weniger häufig zu sehen als *Lo vulpinus* und nicht so leuchtend gefärbt. Er empfiehlt sich dem vorsichtigen Aquarianer, da er fädige Algen abweidet, die häufig als Plage angesehen werden. Er ist auch eine friedliche Art.

ANDERE ARTEN, DIE MAN GELEGENTLICH SIEHT

Einfleckiges Fuchsgesicht — 20 cm
Siganus unimaculatus

Braungelbes Fuchsgesicht — 20 cm
Siganus uspae

Andamanen-Fuchsgesicht — 20 cm
Siganus magnificus

Aquariumbedingungen und Pflege

LEBENSRAUM : Für Becken- und Wasserbeschaffenheit siehe Doktorfische, Seite 80.

FÜTTERUNG: Kaninchenfische brauchen ein ständiges Algenangebot. Wenn sie das nicht erhalten, müssen jeden Tag blanchierte Salat- oder Spinatblätter gefüttert werden. Andere Nahrung wie Salinenkrebse, Glaskrebse und sogar Flokkenfutter werden gelegentlich genommen.

GESUNDHEIT: Viele Kaninchenfische nehmen unter Streß oder bei Nacht eine völlig andere Färbung an. Es handelt sich gewöhnlich um braune Flecken, die als Tarnfärbung für die Nacht angesehen werden. Wenn ein Fisch einmal eingewöhnt ist, nimmt er seine vorherige leuchtende Färbung wieder an.

Der Kopfband-Kaninchenfisch (*Siganus virgatus*) ist eine ideale Ergänzung in einem reinen Fischbecken. Es ist eine friedliche Art, die nicht behelligt werden möchte.

Der für den Aquarianer attraktivste Kaninchenfisch ist wahrscheinlich das Fuchsgesicht (*Lo vulpinus*). Die Strahlen der Rücken- und Afterflosse sind jedoch giftig.

F & A ...

✦ *Sind Kaninchenfische für Anfänger geeignet?*

Unter den richtigen Wasserbedingungen und mit einem ständigen Angebot an Grünfutter sind sie nicht schwer zu halten.

✦ *Wachsen Kaninchenfische schnell?*

Ja. Unter guten Bedingungen erreichen sie ihre volle Größe innerhalb von einigen Jahren. Ein entsprechend großes Becken muß zur Verfügung stehen, oder der Fisch wird für seine Umgebung zu groß.

✦ *Was sollte man unternehmen, wenn man gestochen wird?*

Kaninchenfischstiche sind sehr schmerzhaft, aber nicht gefährlich, wenn man nicht allergisch ist. Behandeln Sie den Schmerz wie beim Feuerfisch (Scorpaenidae), indem Sie die Wunde mit sehr heißem Wasser ausspülen. Das lindert den Schmerz, der schließlich nach einigen Stunden nachläßt.

✦ *Vertragen sich Kaninchenfische mit Wirbellosen?*

Nein, sie können sehr zerstörerisch sein, indem sie besonders sessile Wirbellose anpicken.

Seepferdchen und Seenadeln FAMILIE: SYNGNATHIDAE

Das Seepferdchen ist ein außergewöhnliches und faszinierendes Wesen. Sein ihm eigener Charme und seine merkwürdige Natur haben Aquarianer mit unterschiedlichem Erfolg in die Meerwasseraquaristik gelockt. Denn Seepferdchen sind schwierig zu halten und nicht für Anfänger geeignet. Sie sind stammesgeschichtlich sehr alt und stammen von seenadelähnlichen Tieren, die vor Jahrmillionen lebten, ab. Da ihre Vorfahren längere Zeit in ruhigen Gewässern gelebt haben, brauchten sie keine guten Schwimmer sein und verließen sich auf ihre Tarnung als Schutz vor Feinden. Das heutige Seepferdchen schwimmt langsam mit Hilfe einer schnell schlagenden Rükkenflosse und einem Paar kaum sichtbarer Flossen direkt hinter den Ohröffnungen. Es kann seine Körperfarbe an die Umgebung anpassen und besitzt ein hartes Außenskelett, das mögliche Feinde abwehren kann. Seine Augen bewegen sich unabhängig voneinander, wodurch es seine Nahrung mit einem Auge beobachten kann, während das andere nach möglichen Gefahren Ausschau hält. Es besitzt auch einen Greifschwanz, mit dem es sich an einem geeigneten Stück Alge, Fels oder Koralle festhalten kann. Daher der alte Name »Seeaffe«.

Die Fortpflanzung erfolgt auf eine der merkwürdigsten Arten im ganzen Tierreich. Das Weibchen benutzt seinen Ovipositor (Eilegeapparat), um die Eier in die Bauchtasche des Männchens zu legen, wo sie befruchtet werden und sich in völligem Schutz entwickeln. Außer bei der Eiablage spielt das Weibchen für die Entwicklung der Jungen keine Rolle mehr.

Etwa 2 – 8 Wochen später, abhängig von der Art, besitzt das »schwangere« Männchen einen riesigen, vorgewölbten Bauch und »gebärt« winzige Nachbildungen der erwachsenen Tiere. Die Babies besitzen einen voll funktionsfähigen Schwanz und greifen nach allen geeigneten Objekten, während sie gierig Plankton fressen.

Seenadeln sind für den Aquarianer nicht so attraktiv wie Seepferdchen, aber sie haben viele gemeinsame Eigenschaften und sollten im Aquarium auf dieselbe Art behandelt werden.

✦ *Besitzen Seepferdchen ebenso ein Innenskelett wie ein Außenskelett?*

Ja. Das innere ist genau wie bei normalen Fischen aufgebaut, wogegen das äußere aus Hornplatten besteht, die sich ausdehnen und entwickeln, während das Seepferdchen wächst.

✦ *Mit welcher Art beginnt der erfahrene Aquarianer am besten?*

Seepferdchen sind äußerst schwierig zu bestimmen, und es ist einfacher die »Riesen«, welche 25 cm lang werden können und über 5 Jahre alt werden, von den »Zwergen«, die kaum mehr als 10 cm Länge erreichen und 1– 2 Jahre alt werden, zu unterscheiden. Die »Riesen« sind im allgemeinen einfacher zu ernähren.

🐟 Das Krönchen-Seepferdchen (*Hippocampus kuda*) kann seine Färbung der Umgebung anpassen. In der Natur bewohnt es normalerweise die ruhigeren Lagunen und Buchten und versteckt sich zwischen Seetang und Algen.

✦ *Ein männliches Seepferdchen hat seine Babies zur Welt gebracht. Wie sollten sie gefüttert werden?*

Seepferdchenbabies können mit Salinenkrebsen und Rädertierchen gefüttert werden. Ihre Nahrungsbedürfnisse sind jedoch noch nicht vollständig geklärt, und eine Nachzucht im großen Rahmen hat bisher noch nicht erfolgreich stattgefunden.

✦ *Welche Beckengenossen sind für Seepferdchen geeignet?*

Seenadeln, Mandarinleierfische und *Petroscirtes temmincki* sind ideale Begleitfische?

🐟 Die Blaustreifen-See-nadel (*Doryrhamphus excisus*) braucht dieselben Bedingungen im Aquarium wie sein naher Verwandter, das Seepferdchen.

Aquariumbedingungen und Pflege

LEBENSRAUM: Seepferdchen brauchen ein »ruhiges« Aquarium, wo sie nicht von wilden Fischen behelligt werden, die ihnen auch das Futter streitig machen. Gorgonien, Seefächerskelette und Algen sollten zum Festhalten zur Verfügung stehen. Seepferdchen können lebende Gorgonien und Seefächer abtöten, wenn sie sich lange an ihnen festhalten und dadurch die Wirbellosen daran hindern, ihre Polypen auszufahren und Nahrung aufzunehmen.

Beckengröße Eine Größe von 92 x 38 x 30 cm ist mindestens notwendig für 4 große oder 8 kleine Seepferdchen.

pH-Wert	8,1 – 8,3
Temperatur	24 – 25 °C
Ammonium	null
Nitrit	null
Nitrat	weniger als 10 ppm gesamtes NO_3
Dichte	1,021 – 1,024
Gelöster Sauerstoff	6 ppm
Kalzium	400 – 450 ppm
Phosphate	null

Filterung Wirksame biologische Filterung, Eiweißabschäumung und Aktivkohle sind Standard.

Beleuchtung mittelmäßig, nicht zu hell

Wasserwechsel 15 – 20% alle 2 Wochen mit qualitativ hochwertigem Wasser derselben Temperatur und demselben Salzgehalt.

FÜTTERUNG: Es ist schwer, Seepferdchen von Lebendfutter auf Frostfutter umzustellen, deshalb werden gewöhnlich große Mengen an Salinenkrebsen angeboten. Da dieser Nahrung lebenswichtige Mineralien und Vitamine fehlen, sollte das Futter durch Glaskrebse, Daphnien und Würmer ergänzt werden. In der Natur ernähren sich Seepferdchen ständig von Plankton, was im Aquarium durch 4 oder 5 Fütterungen am Tag simuliert werden sollte.

GESUNDHEIT: Seepferdchen haben viele Gesundheitsprobleme. Pünktchenseuche, *Oodinium* und Kiemenwürmer können mit Medikamenten behandelt werden. Gasblasen (wahrscheinlich bedingt durch winzige Veränderungen des osmotischen Druckes als Folge von Veränderungen des Salzgehaltes) können sich in der Bauchtasche oder im Körper bilden und tödlich sein. Körperblasen können mit einer Nadel angestochen werden. Blasen in der Bauchtasche werden vorsichtig mit einem stumpfen Stäbchen herausgedrückt.

Kugelfische FAMILIE: TETRAODONTIDAE

Kugelfische findet man in den Tropen. Einige Arten dringen bis ins Brackwasser und sogar bis ins Süßwasser vor. Es gibt 118 Arten, aber nur wenige findet man im Zierfischhandel.

Kugelfische besitzen glatte, weiche Körper und überhaupt keine Schuppen. Dadurch können sich die Kugelfische mit Wasser auf die doppelte Größe aufpumpen, wenn Gefahr droht. Solche Aufpumptechniken, die man auch bei Igelfischen (Seite 94) findet, vergrößern den Fisch, bis er zu groß ist, um von einem möglichen Feind verschluckt zu werden. Sollte das nicht wirken, sind Schleim, Haut und Eingeweide giftig. Trotzdem scheinen einige Freßfeinde immun zu sein und fressen regelmäßig Kugelfische.

Arten der Gattung *Fugu* werden als Delikatesse in Japan besonders geschätzt. Ihre Organe enthalten eines der tödlichsten Gifte, die bekannt sind, und Köche müssen besonders geschult werden, um diesen Fisch sicher zubereiten zu können. Es sterben regelmäßig Menschen am Gift, aber die Delikatesse ist weiterhin sehr begehrt.

Die Rücken- und Afterflossen besitzen weiche Strahlen und sind hauptsächlich für den Antrieb verantwortlich. Es gibt keine Bauchflossen. Kugelfische können geschickt manövrieren und

Aquariumbedingungen und Pflege

LEBENSRAUM: Für Becken- und Wasserbeschaffenheit siehe Igelfische, Seite 95.

FÜTTERUNG: Kugelfische mögen Krebstiere und Weichtiere mit Schale. Sie fressen gierig und fast ständig, wenn sie dazu die Möglichkeit haben.

GESUNDHEIT: Wie Kofferfische und Igelfische sind Kugelfische anfällig für Augeninfektionen, wenn die Wasserqualität schlecht wird oder sie ständig unter Streß stehen. Wenn die Augen trüb erscheinen, führen Sie einen 50%igen Wasserwechsel durch und behandeln Sie mit einem Bakterizid. Ansonsten sind Kugelfische bemerkenswert widerstandsfähig gegen Krankheiten.

einfach rückwärts schwimmen, wenn es die Situation erfordert. Zur Fortpflanzung bilden sie Paare oder kleine Harems und verteilen ihre auf den Boden sinkenden Eier innerhalb eines Revieres, das von dem Pärchen oder dem Weibchen, abhängig von der Art, verteidigt wird. Die Jungen schlüpfen nach 1 Monat, und die Larven wandern in die Planktonschicht, um sich dort zu entwickeln. Die Nachzucht in Gefangenschaft gelingt nur selten.

Beliebte Arten von Kugelfischen

	maximale Größe
Weißflecken-Kugelfisch	25 cm
Arothron hispidus	
Sehr friedlich gegenüber anderen Fischen.	

	maximale Größe
Sternen-Kugelfisch	30 cm
Arothron meleagris	
Gedeiht gut in großen Aquarien. Wird häufig als leuchtend gelbe ebenso wie als braune Form angetroffen.	

Schwarzflecken-Kugelfisch	25 cm
Arothron nigropunctatus	
Besitzt ein hundeähnliches Gesicht. Es gibt ihn in verschiedenen Farben wie Gelb, Grau und Gelbgrau!	

Ambon-Spitzkopfkugelfisch*	15 cm
Canthigaster amboinensis	
Äußerst attraktiv, friedlich und leicht zu halten.	

Hawaii-Spitzkopfkugelfisch*	8,75 cm
Canthigaster jactator	
Erfordert viel Platz.	

Perlen-Spitzkopfkugelfisch*	8,75 cm
Canthigaster janthinoptera	
Ein attraktiver, kleiner Fisch.	

Augenfleck-Spitzkopfkugelfisch*	7,5 cm
Canthigaster solandri	
Attraktiv und sehr friedlich gegenüber anderen Fischen, aber nicht zu Artgenossen.	

Sattel-Spitzkopfkugelfisch*	7,5 cm
Canthigaster valentini	
Hat eine Vorliebe für Knabbern an Flossen.	

* Diese relativ kleinen Arten reagieren auf schlechte Wasserqualität empfindlicher als ihre großen Verwandten.

F & A ...

✦ *Können Kugelfische mit Wirbellosen zusammen gehalten werden?*

Nein, sogar die kleinen Arten können sehr zerstörerisch sein.

✦ *Wie lange leben Kugelfische?*

Durchschnittlich etwa 5–7 Jahre, obwohl Exemplare in großen öffentlichen Aquarien schon viel länger gelebt haben.

✦ *Wenn die Zähne so lang werden, daß die Fische kaum fressen können, was kann man tun?*

Ein Tierarzt, der sich auf Fische spezialisiert hat, sollte gebeten werden, die Zähne abzufeilen, während der Fisch betäubt ist. Diese Methode ist üblich und gewöhnlich erfolgreich. Regelmäßiges Füttern mit Weichtieren, Krabben oder Langusten (jeweils in ihren Schalen) hält die Zähne kurz.

✦ *Sollten Kugelfische zum Aufblasen gebracht werden?*

Nein. Es ist sehr belastend für die Fische und kann sie dazu bringen, giftigen Schleim ins Wasser abzugeben, wodurch sie die Beckengenossen und sich selbst gefährden!

✦ *Geben Kugelfische ihren giftigen Schleim regelmäßig in das Aquariumwasser ab?*

Nein. In hochwertigem Wasser und zusammen mit friedlichen Fischen gibt es keinen Grund dafür.

🐟 *Canthigaster solandri* ist ein friedlicher und liebenswerter Fisch, der ein reines Fischbecken interessant macht und Farbe hineinbringt. Die Beckengenossen sollten ebenso friedlich wie Kugelfische sein.

🐟 Diese Nahaufnahme eines Weißflecken-Kugelfisches (*Arothron hispidus*) zeigt die typische Mundpartie. Wie der Name sagt (»tetra« = vier, »dontid« = Zähne) besitzen Kugelfische 4 schnabelähnliche Schneidezähne, 2 in jedem Kiefer. Die Zähne wachsen ständig und müssen durch Zerbeißen von Muschelschalen und Krebspanzern abgenutzt werden.

Ungewöhnliche Fische

Die 3 in diesem Kapitel erwähnten Fische sind nicht miteinander verwandt. Jeder ist der einzige Vertreter seiner Familie, der in einem Heimaquarium gehalten wird. Keiner von ihnen ist schwierig zu halten, aber einige Exemplare können schlecht zu bekommen sein oder müssen vom Händler extra bestellt werden.

Tannenzapfenfisch (Monocentrus japonicus)
Familie: Monocentridae

Dies ist ein echtes lebendes Fossil. Er existierte schon vor Millionen von Jahren in der heutigen Form und wird im Aquarium selten größer als 15 cm. Der Körper ist mit großen, gelben Schuppen bedeckt, die miteinander verschmolzen sind und eine tannenzapfenähnliche Struktur bilden. Seine bemerkenswerteste Eigenschaft ist ein lichterzeugendes Organ auf seinem Unterkiefer, das dazu dient, Artgenossen in der Nacht zu erkennen, und auch bei der Nahrungssuche dienlich ist. Tannenzapfenfische sind friedlich und können in einem Fischbecken mit anderen großen und friedlichen Arten oder alternativ in einem Wirbellosenbecken ohne Krebstiere oder Fische gehalten werden.

✦ *Könnte ich alle diese 3 Arten zusammen in einem Becken halten?*

Ja, vorausgesetzt, das Becken ist groß genug, werden sie friedlich miteinander leben.

✦ *Wo finde ich das lichterzeugende Organ beim Tannenzapfenfisch?*

Es liegt direkt unter dem Auge und kann bei Dunkelheit gesehen werden, wenn der Fisch in entsprechender Stimmung ist.

Würde sich ein Schiffshalter an einen Fisch, der im selben Aquarium lebt, anheften?

✦ Es ist möglich, wenn der andere Fisch sehr groß ist, aber der Schiffshalter ignoriert im allgemeinen seine Beckengenossen.

✦ *Fressen Trompetenfische kleinere Arten?*

Ja. Sie können ihren Kiefer so auseinanderklappen, daß sie Fische verschlucken können, die eigentlich viel zu groß dafür zu sein scheinen.

Aquariumbedingungen und Pflege – Tannenzapfenfisch

LEBENSRAUM: Für Wasserbeschaffenheit siehe Große Kaiserfische, Seite 114.

Beckengröße Für kleine Exemplare ist mindestens eine Beckengröße von 122 x 38 x 46 cm erforderlich.

Beleuchtung Gedämpft, mit dunklen Höhlen als Versteckplätze.

FÜTTERUNG: Neu eingeführte Tiere nehmen vielleicht nur lebende Flußgarnelen und Salinenkrebse an. Vorsichtig und mit Geduld können sie auf gefrorene tierische Nahrung umgestellt werden.

GESUNDHEIT: Tannenzapfenfische sind normalerweise ziemlich widerstandsfähig gegen Krankheiten, solange die Wasserqualität gut ist.

⬆ Die großen, unverkennbar geformten Schuppen sind ein faszinierendes Merkmal des Tannenzapfenfisches.

Aquariumbedingungen und Pflege
Trompetenfisch

LEBENSRAUM: Für Wasserbeschaffenheit siehe Große Kaiserfische, Seite 114. Sie brauchen eine gute Filterung, sind aber bezüglich der Beleuchtung anspruchslos.

Beckengröße Ein Becken von 2 m Länge ist für ausgewachsene Exemplare zu empfehlen, da sie viel Platz zum Schwimmen benötigen.

FÜTTERUNG: Lebendfutter wie Flußgarnelen werden anfangs als Hauptnahrung angenommen, obwohl gefrorene Garnelen und andere tierische Nahrung genommen wird, wenn sich die Fische im Aquarium eingelebt haben.

GESUNDHEIT Optimale Wasserbedingungen müssen eingehalten werden.

◀ Der Atlantische Trompetenfisch (*Aulostomus maculatus*).

Trompetenfisch (*Aulostomus* spp.)
Familie: Aulostomidae

Dieser längliche Fisch kann im Aquarium 60 cm Länge erreichen. Er ist ein reiner Fleischfresser und sehr intelligent, besonders bei der Nahrungssuche. In der Natur ist er ein Einzelgänger, der einen erhöhten Aussichtspunkt wählt, von wo er kleine Fische, Garnelen und andere Krebstiere überfällt. In Gefangenschaft kann er darauf dressiert werden, Garnelen aus der Hand zu nehmen. Trompetenfische haben eine sehr seßhafte Lebensweise und dürfen nicht zusammen mit unruhigen Beckeninsassen gehalten werden. Ein reines Artenbecken wäre viel besser.

Die Körperfarbe ist von Art zu Art unterschiedlich, aber gewöhnlich grün oder gelb. Die Männchen entwickeln einen langen vorderen Flossenstrahl an der ersten Rückenflosse.

Aquariumbedingungen und Pflege
Schiffshalter

LEBENSRAUM: Für Becken- und Wasserbeschaffenheit siehe Große Kaiserfische, Seite 114. Da dieser Fisch ziemlich inaktiv ist, braucht er kein sehr großes Becken, aber gut durchlüftetes Wasser ist wichtig.

FÜTTERUNG: Schiffshalter fressen gerne lebende Flußgarnelen und andere tierische Nahrung.

GESUNDHEIT: Nicht anfällig für Krankheiten, solange die Wasserqualität gut bleibt.

Schiffshalter (*Echeneis naucrates*)
Familie: Echeneididae

Schiffshalter besitzen eine wirkungsvolle Saugscheibe (eine umgebildete Rückenflosse) über ihrem Kopf, mit der sie sich an Meeressäugern und größeren Fischen festhalten. Wenn sie sich einmal angeheftet haben, fressen sie die Nahrungsabfälle ihres Wirtes. Sie können auch unabhängig fressen und ohne einen Wirt überleben. Schiffshalter sind sehr träge und können sich über einen langen Zeitraum an der Aquariumwand anheften. Sie sind im allgemeinen friedlich und behelligen Beckengenossen von ähnlicher Größe nicht. Die zum Kauf angebotenen Exemplare können klein sein, aber dieser Fisch kann unter idealen Bedingungen eine Länge von 90 cm erreichen.

◀ Schiffshalter sind normalerweise in einem Aquarium sehr träge, aber in der Natur ermöglicht ihnen ihr stromlinienförmiger Körper, mit schnellen, großen Fischen und Meeressäugern mitzuhalten.

Haie und Rochen

KLASSE: CHONDRICHTHYES

Anders als bei den zuvor beschriebenen Arten, die alle ein Knochenskelett besitzen, besteht das Skelett der Haie und Rochen aus Knorpel. Außerdem gibt es einen erheblichen Unterschied in der Physiologie von Knochen- und Knorpelfischen. Knorpelfische sind besonders empfindlich gegen kupferhaltige Medikamente und Schwermetalle und können nicht immer so wie Knochenfische gegen Krankheiten behandelt werden.

Haie

Es gibt etwa 357 Haiarten auf der ganzen Welt. Am kleinsten sind die Weibchen von *Squalilous laticauda*, die ausgewachsen kaum länger als 17,5 cm werden. Am anderen Ende der Skala steht der gigantische Walhai (*Rhincodon typus*) mit 12 m Länge. Als völlig harmloser Planktonfresser ist der Walhai die Ausnahme, welche die Regel bestätigt – praktisch alle anderen Arten sind reine Fleischfresser und jagen aktiv Fische, Krebstiere und Weichtiere.

Haie sind ausgezeichnete Jäger. Jeder Teil ihres Körpers ist aufs Töten zugeschnitten. Ihr stromlinienförmiger Körper kann enorme Geschwindigkeiten erreichen. Die nach vorne gerichteten Augen fokussieren das Opfer, und ein Sinnesorgan in der Nase, die »Lorenzinischen Ampullen«, nimmt elektrische Impulse war, die durch die Muskelbewegung von möglichen Beutetieren ausgesendet werden. Es ist so empfindlich, daß die Atmung eines Plattfisches unter einer mehrere Zentimeter dicken Sandschicht wahrgenommen werden kann. Es kann auch Signale von verletzten Fischen orten, die außer Sichtweite sind.

Aus tropischen Regionen werden befruchtete Eikapseln importiert, aus denen dann winzige Nachbildungen der Elterntiere schlüpfen. In 3–5 Jahren erreichen die meisten Haie eine Länge von mindestens 1 m. Viele öffentliche Aquarien nehmen heute nur widerwillig Tiere an, die für das Heimaquarium zu groß geworden sind. Die reine Größe der Tiere ist nicht das einzige Problem. Bei den meisten Arten ist die Schwanzflosse vorwiegend für Geschwindigkeit und Richtung verantwortlich, während die Brustflossen als Querruder für die Vertikalbewegung dienen, wobei die Manövrierfähigkeit in einem engen Raum begrenzt ist. Haie besitzen keine Schwimmblase und sinken ab, wenn keine Vorwärtsbewegung mehr stattfindet. Kombinieren Sie dies mit der Tatsache, daß Haie keine »Bremsen« haben, und Sie erhalten ein Tier, das im Aquarium recht unglücklich ist. Einige Tiere verletzen ihre Nasen an den Aquarienwänden, beschädigen dadurch die Lorenzinischen Ampullen und werden gestreßt.

Rochen

Sehr wenige Rochenarten sind für das Heimaquarium geeignet, da die meisten zu groß werden oder relativ unattraktiv sind. Nur der Blauflecken-Stechrochen (*Taeniura lymna*) ist regelmäßig im Handel erhältlich. Er wird selten größer als 25 cm und kann in einem großen Becken gehalten werden. Wie die meisten Rochen ist dieser attraktive Fisch ein Bodenbewohner. Er durchsiebt Sand, Mulm und Korallenbruch auf der Suche nach seiner Lieblingsnahrung, Weich- und Krebstieren, die er mit seinen mächtigen Kiefern zerknackt.

Beliebte Arten von Haien

	Mindestgröße ausgewachsen
Bambushai *Chiloscyllium indicum*	75 cm
Chiloscyllium griseum	75 cm
Gestreifter Katzenhai *Chiloscyllium plagiosum*	1 m
Braun gefleckter Katzenhai *Chiloscyllium punctatum*	1 m
Leopardenhai *Triakis semifasciata*	1,65 m
Hemiscyllium ocellatum	1 m
Ammenhai *Ginglymostoma cirratum*	4,2 m

Fast alle erreichen diese Mindestgröße in 3–5 Jahren, unabhängig von der Aquariumgröße.

♦ *Können Haie und Rochen mit der Hand gefüttert werden?*

Nein, sie können ernsthafte Verletzungen verursachen. Füttern Sie mit einer Plastikzange.

♦ *Was sind geeignete Beckengenossen?*

Große, widerstandsfähige, schnell schwimmende Fische sind gewöhnlich geeignet. Hierzu gehören: Argusfisch (*Scatophagus argus*) und Silberflossenblatt (*Monodactylus argenteus*). Fische, die den Hai vermutlich irritieren wie z. B. Drückerfische, sollte man meiden.

♦ *Wie können Pflegearbeiten im Becken sicher durchgeführt werden?*

Trennen Sie mit einem Gitter den Hai oder Rochen von dem Bereich, in dem Sie arbeiten möchten, ab. Glauben Sie niemals, daß es sicher ist, zwischen den Fischen zu hantieren.

♦ *Sind die von Rochen verursachten Stiche gefährlich?*

Ja. Sie können eine ernsthafte Erkrankung bei Menschen hervorrufen. Häufig knipsen Exporteure den Stachel ab. Es ist nicht geklärt, ob sich der Stachel regeneriert und noch einmal giftig wird.

Der Blauflecken-Stechrochen (*Taeniura lymna*) ist der bekannteste Rochen, der im Zierfischhandel angeboten wird. Einzeltiere werden häufig recht zahm und kommen an die Wasseroberfläche, um Futter zu nehmen.

Aquariumbedingungen und Pflege

LEBENSRAUM: Dekorationsgegenstände und Steine sind nicht notwendig, da sie wertvollen Raum zum Schwimmen wegnehmen.

Beckengröße Ein frisch geschlüpfter Hai braucht ein Aquarium von mindestens 90 cm Länge, aber wird schnell dafür zu groß. Ein Becken von 2,4 m Länge ist schließlich erforderlich.

pH-Wert	8,1 – 8,3
Temperatur	24 – 25 °C
Ammonium	null
Nitrit	null
Nitrat	25 ppm gesamtes NO_3
Dichte	1,021 – 1,024
Wasserwechsel	10% wöchentlich

Filterung Hoch wirksame biologische, mechanische und chemische Filterung ist wichtig.

Beleuchtung	gedämpft
Heizung	Heizmatten unter dem Becken

FÜTTERUNG: Sandaale, Tintenfisch, Miesmuscheln, Herzmuscheln, Muschelfleisch, lebende Flußgarnelen und sogar Würfel von frischem Fisch sind Bestandteile einer ausgewogenen Nahrung. Einmal pro Tag füttern.

GESUNDHEIT: Haie und Rochen sind sehr widerstandsfähig gegen Krankheiten. Nicht mit kupferhaltigen Medikamenten behandeln!

Wirbellose

Die meisten Meerwasseraquarianer streben danach, irgendwann einmal ein Riff-Aquarium anzulegen. Dazu gehört das Besetzen des Beckens mit Wirbellosen ebenso wie mit Fischen. Das Einrichten und Instandhalten eines wirkungsvollen Miniaturriffes fordert den Aquarianer, denn er muß die schwierigeren Bereiche dieses Hobbys meistern. Dazu gehört auch, daß er in der Lage ist, den Bedürfnissen der einzelnen Tiere, die er halten möchte, zu entsprechen.

Wirbellose reagieren sehr empfindlich auf Wasserqualität, Beleuchtung, richtige Fütterung und andere Bedingungen im Aquarium – erheblich stärker als die meisten Meeresfische. Folglich muß der Aquarianer einen höheren Wissenstand haben, wenn er über eine längere Zeit erfolgreich ein attraktives Aquarium betreiben möchte. Das folgende Kapitel versucht, den erforderlichen Einblick in die Pflege dieser schönen und empfindlichen Kreaturen zu geben.

Putzergarnele (*Lysmata amboinensis*), siehe Seite 176.

Was sind marine Wirbellose?

Wirbellose sind Tiere ohne Wirbelsäule. Obwohl es ein recht unspezifischer Begriff ist, umfassen die »Wirbellosen« eine überwältigende Mehrheit der Tiere auf diesem Planeten. Es wird geschätzt, daß es mindestens zwei Millionen Tierarten auf der Welt gibt, von denen etwa 97 Prozent Wirbellose sind. Ein erheblicher Anteil dieser Zahl entfällt auf Landinsekten, Würmer und Spinnen, aber Fachleute glauben, daß die im Meer lebenden Wirbellosen fast die Hälfte aller bekannten Arten ausmachen. Die meisten sind mikroskopisch klein, aber der Riesenkalmar (*Architeuthis harveyi*), der 20 m lang werden kann, ist auch ein Wirbelloser. Einige Tiere stehen stammesgeschichtlich am Übergang von Wirbellosen zu Wirbeltieren. Seescheiden (Seite 197) bilden kaulquappenähnliche Larven, die eine steife, wirbelsäulenähnliche Stütze besitzen, welche den erwachsenen sessilen Tieren fehlt.

Salzwasserwirbellose haben sich zu einer Vielfalt an faszinierenden Formen und Größen entwickelt. Beispielsweise sind Anemonen nur wenig mehr als ein Hautsack; wenn sie aber mit Wasser gefüllt sind, werden sie zu einer wunderschönen, blumenähnlichen Kreatur mit tödlichen, schützenden Tentakeln. Statt einem Innenskelett tragen die Krebstiere ihr Skelett auf der Außenseite, das sie von Zeit zu Zeit abstreifen, damit sie wachsen können. Seefächer und Peitschenkorallen besitzen ein biegsames Stützgerüst ohne Nervensystem, das nur als Ansatzstelle für die zahlreichen, es umgebenden Polypen dient. Kopffüßer wie Oktopusse und Kalmare sind freischwimmende, hoch intelligente Wirbellose mit einem beeindruckenden Jagdverhalten. Und so läßt sich die Liste weiterführen, zu der so faszinierende Tiere wie Seesterne, Seeigel, Muscheln, Nacktkiemerschnecken, Röhrenwürmer, Schwämme, Lederkorallen, Quallen, Polypenkolonien und Steinkorallen zählen.

Meerwasseraquarianer beschäftigen sich meistens mit den Wirbellosen, die in den flachen, tropischen Meeren der Welt leben, aber ähnliche Arten finden sich in allen Ozeanen von der tropischen äquatorialen Zone bis zu den eiskalten Gewässern der Polarregionen. In der Tat gibt es in den Polarmeeren eine erstaunliche Vielfalt und Anzahl an Anemonen, Schwämmen, Röhrenwürmern und Garnelen.

Die Anpassungsfähigkeit der Wirbellosen erstaunt immer wieder aufs Neue. 1977 entdeckten Wissenschaftler eine intakte Kolonie von Krabben, Garnelen, Schwämmen, riesigen Röhrenwürmern, Weichtieren und anderen Arten, die sich in einer zuvor als unbewohnbar angesehenen Tiefe von 2,4 km unter der Wasseroberfläche befindet! Weit tiefer als dort, wo noch Sonnenstrahlen hin gelangen, ernähren sich die Arten dieses Ökosystems auf eine völlig unerwartete Weise. Basis der Nahrungskette sind Bakterien, die Chemikalien verwerten können. Als primäre Energiequelle fand man eine Reihe von vulkanischen Öffnungen am Meeresboden, die lebenswichtige Wärme und Chemikalien liefern.

◆ *Sind Wirbellose für Anfänger geeignet?*

... Nein. Sie sind im allgemeinen wesentlich empfindlichere Wesen als Fische und erfordern ein besseres Verständnis für die Wasserchemie im Aquarium, die Filterung und die Beleuchtung. Indem er 6–12 Monate ein reines Fischbecken unterhält, bekommt der Anfänger auf diesem Gebiet ein gutes Grundwissen mit Tieren, die im allgemeinen weniger empfindlich sind.

◆ *Gibt es irgendwelche Substanzen, die für Wirbellose besonders schädlich sind?*

Ja, kupferhaltige Medikamente sind tödlich für Wirbellose, sogar in winzigen Mengen. Kupferbehandlungen werden im allgemeinen dazu benutzt, um bestimmte Fischkrankheiten zu heilen, aber alle kalkhaltigen Materialien wie Tuffstein, Korallensand und Kies besitzen die Fähigkeit, Kupfer aufzunehmen und zu speichern, um es später an das Aquariumwasser wieder abzugeben. Deshalb kann es gefährlich sein, Wirbellose in ein Becken zu setzen, das zuvor mit Kupfer behandelt wurde, ohne zuerst alle in Mitleidenschaft gezogenen Gegenstände daraus zu entfernen.

Was ihnen an Beweglichkeit fehlt, gleichen Wirbellose häufig mit einer Vielfalt an Formen und Farben aus. Hier haben sich orange Polypen in einer Kolonie aus rosa Schwämmen angesiedelt.

Historische Korallenriffe

Die ersten Korallen traten vor rund 500 Millionen Jahren auf und sind heute als Fossilien auf dem Land, weit entfernt von der heutigen Küste, zu finden. Tatsächlich schätzt man, daß sich die heutigen Korallenriffe erst vor kurzem, nämlich vor etwa 5000 Jahren, begonnen haben zu bilden. Weil der Meeresspiegel heute wesentlich höher ist, sind die früheren Riffe versunken. Erst kürzlich – nach geologischem Verständnis – vor 7000 Jahren lag der Meeresspiegel 20 m tiefer als heute. Vor 20 000 Jahren war er 120 m niedriger! Sogar diese relativ langsam wachsenden Wirbellosen können sich an neue Umweltbedingungen anpassen. Es überrascht daher nicht, daß so massive Strukturen wie das Great Barrier Reef nur etwa 5000 Jahre alt sind.

Korallenriffe sind empfindliche Ökosysteme. Das Absammeln für den Aquarienhandel, ein ständiges Abernten von kleinen Mengen dieser nur bedingt nachwachsenden Organismen, kann sie schädigen. Der Aquarianer ist jederzeit dafür verantwortlich, daß er seine Becken richtig pflegt und dafür sorgt, daß seine Tiere leben, wachsen und sich hoffentlich vermehren.

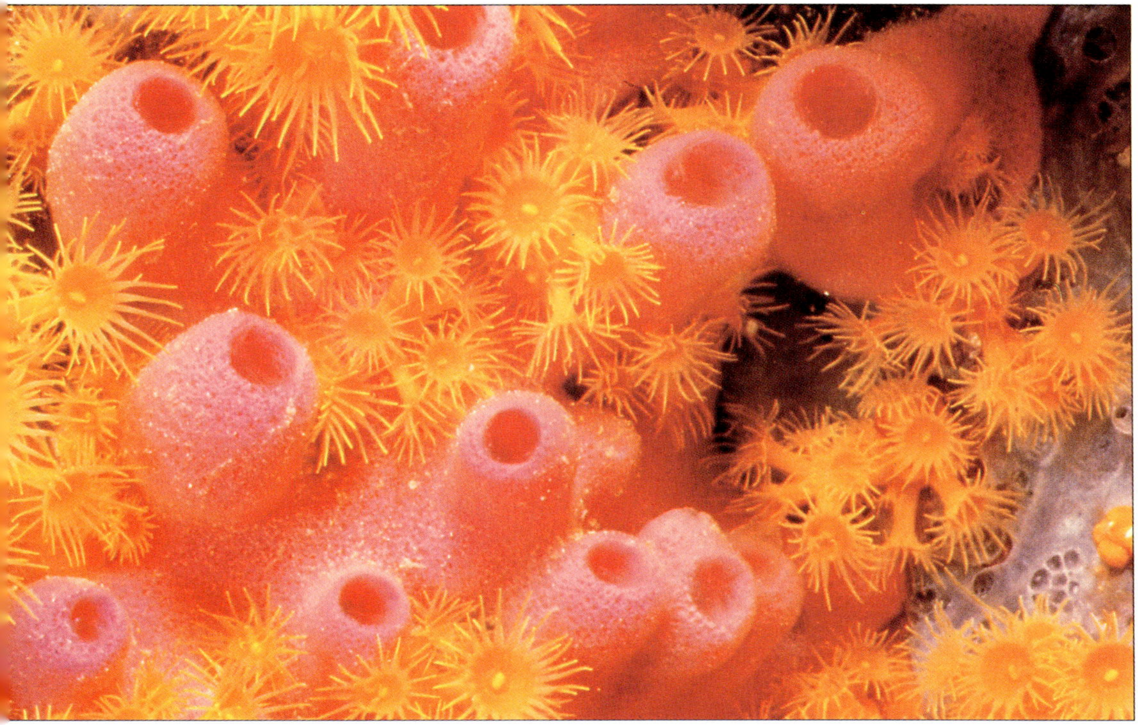

Schwämme PHYLUM: PORIFERA

Schwämme sind äußerst primitive Tiere und haben sich im Laufe der Evolution nur wenig verändert. Es gibt etwa 9000 Arten, die meisten in marinen Gewässern und etwa 150, die an das Süßwasser angepaßt sind. Sie leben in allen Weltmeeren, kommen aber am häufigsten in den subtropischen und tropischen Gewässern vor. Sie reichen von winzigen, 1 cm großen bis zu 2 m großen Arten, wobei die größten in der Karibik und in der antarktischen See zu finden sind. Die Tiefseearten sind gewöhnlich weiß, grün oder blaßgelb, aber die häufigeren Flachwasserarten umfassen rote, gelbe, grüne, orange und violette Formen. Die Farben werden von Pigmenten in den Geweben gebildet, aber der Zweck dieser Pigmente ist nicht geklärt. Vielleicht dienen sie als Warnsignale (viele Schwämme sind giftig) oder bieten Schutz vor schädlichen Strahlen im Spektrum des Sonnenlichtes.

Schwämme sind sessile Filtrierer. Sie sind auch leichte Beute für Raubtiere. Kaiserfische und Schmetterlingsfische können sich ihr ganzes Leben ausschließlich von Schwämmen ernähren. Große Meeresschildkröten und ebenso eine Reihe von Nacktkiemerschnecken finden viele Schwämme unwiderstehlich. Um sich vor ihrer Vernichtung zu schützen, vermehren sich Schwämme schnell, um solche Verluste möglichst rasch auszugleichen.

Heim für andere Arten

Schwämme werden manchmal als »lebende Hotels« bezeichnet, da ihre inneren Kammern eine ideale »Wohnung« für eine Reihe von Meerestieren abgeben, z. B. für verschiedene Garnelen, Krabben, Würmer und kleine, bodenlebende Fische wie Grundeln. Die äußere Oberfläche der Schwämme kann von Algen, Pilzkorallen und anderen Korallenpolypen besiedelt werden. Einige Schwämme dulden solch eine Besiedelung nicht. Die Larvalstadien von Wirbellosen auf der Suche nach einem Lebensraum oder Algensporen werden von Schwammgiften getötet, falls sie versuchen, sich dauerhaft auf oder im Körper der Schwämme anzusiedeln.

Formen

Da vieles in ihrer Entwicklung von Außenfaktoren wie Platz, Wasserströmung und Substrat, an dem sie sich anheften, abhängt, bilden Schwämme keine einheitlichen Formen. Arten in turbulenten Gewässern bilden eher kugelige oder abgeflachte Kolonien, wogegen Arten, die sich in ruhigem Wasser entwickeln, höhere und ver-

Schwämme können äußerst farbenprächtige Elemente im Wirbellosenaquarium sein. Hier sieht man attraktive Arten: der Rote Röhrenschwamm (*Haliclona compressa*), der Fingerschwamm (*Axinella vericosa*) und der Rote Bohrschwamm (*Cliona lampa*).

✦ *Sind Schwämme einfach zu halten?*

Die meisten Arten brauchen qualitativ hochwertige und stabile Wasserbedingungen. Sie können eine erhebliche Herausforderung darstellen und sind nicht für Anfänger geeignet.

✦ *Was sind die zuverlässigsten Arten?*

Alle inkrustierenden Arten scheinen in einem Riffaquarium gut zu gedeihen, besonders Schwämme der Gattung *Adocia,* die Steine und Glas überziehen. Die Fingerschwämme (*Axinella* spp.) und der Rote Röhrenschwamm (*Haliclona compressa*) sind auch geeignet.

✦ *Woran kann man einen gesunden Schwamm erkennen?*

Wenn er keine blassen oder durchscheinenden Ränder besitzt und die Farbe intensiv und leuchtend ist. Kaufen Sie keine Exemplare, die in irgendeiner Weise auseinander fallen, wenn es kein *Adocia* ist (siehe unten).

✦ *Wie transportiert man einen Schwamm nach Hause?*

Schwämme dürfen niemals aus dem Wasser genommen werden, da Lufttaschen zu einem vorzeitigen Absterben führen können. Lassen Sie so viel Wasser in der Transporttüte, daß der Schwamm vollständig bedeckt ist.

✦ *Ist Wasserzirkulation wichtig?*

Ja. Ein mäßiger Strom um den Schwamm jederzeit ist erstrebenswert. Verbrauchtes, sauerstoffarmes Wasser sollte vermieden werden.

✦ *Ist es möglich zu beobachten, wie ein Schwamm Wasser pumpt?*

Nur bei extrem guter Sicht, obwohl man schätzt, daß ein gesunder Schwamm von 10 cm Höhe und 1 cm Durchmesser 22,5 Liter Wasser täglich durchfiltern kann!

✦ *Ein* Adocia *ist in kleinere Teile zerfallen. Was soll ich tun?*

Das ist nicht ungewöhnlich. Jedes kleine Stück kann ein neues Tier bilden. Falls möglich verteilen Sie die Stücke im Aquarium und beobachten Sie ihr Wachstum.

✦ *Kann ein Badeschwamm als Dekoration in einem Meerwasseraquarium benutzt werden?*

Nein. Obwohl es nicht gefährlich ist, sind solche Skelette sehr leicht und porös und schwimmen fast immer davon!

zweigte Formen bilden. Die vielen inkrustierenden Arten nehmen einfach die Form der festen Objekte an, welche sie überwachsen. Diese Faktoren haben die zuverlässige Bestimmung von Schwämmen erheblich erschwert. Die meisten Arten können nur durch genaue Betrachtung ihrer strukturellen Besonderheiten, die häufig mikroskopisch klein sind, identifiziert werden.

Innere Struktur

Schwämme besitzen keine Organe oder echten Gewebe, sondern sind einfach eine Zusammenballung von Zellen, die sich nicht bewegen können. Im Inneren befindet sich ein System aus Kanälen und Kammern, die sich zur Oberfläche durch eine Reihe sichtbarer Poren öffnen. Tatsächlich bedeutet der Stammname Porifera wörtlich »porentragend«. Ein großer Teil der inneren Oberfläche ist mit peitschenähnlichen Haaren, den sogenannten Flagellen, bedeckt, die frisches, sauerstoffreiches Wasser zusammen mit organischen Nährstoffen in den Schwamm hineinstrudeln. Das verbrauchte Wasser wird von anderen Flagellen durch Austrittsporen nach außen gepumpt. Dieser Filtermechanismus ist so wirkungsvoll, daß sogar winzige Teilchen und Bakterien aufgenommen werden können, wodurch der Schwamm in nährstoffarmem Wasser gedeihen kann. Einige Schwämme enthalten einzellige, Photosynthese betreibende Algen, Blaualgen und symbiontische Bakerien, die auch Nährstoffe für den Schwamm bereitstellen.

Schwämme besitzen ein »Skelett«, das entweder aus Spicula (kunstvolle, starre, stützende Splitter aus Kalziumkarbonat oder Silikaten) oder fädigen Proteinen, genannt Spongin (was wir als Badeschwamm kennen) besteht. Diese Skelette sind nicht nur schön, sondern auch die einzige Möglichkeit für eine zuverlässige Bestimmung.

Aquariumbedingungen und Pflege

LEBENSRAUM: Für Becken- und Wasserbeschaffenheit siehe Steinkorallen, Seite 151.

Temperatur Zwischen 21 und 25,5 °C. Höhere Temperaturen belasten den Schwamm.

Beleuchtung Gedämpftes Licht wird bevorzugt, da sie nicht gerne von Algen überzogen werden, die normalerweise durch intensive Beleuchtung gefördert werden. Wenn helle Bedingungen von anderen Wirbellosen im selben Becken benötigt werden, setzen Sie den Schwamm an eine dunklere Stelle, z. B. in eine Höhle oder eine Felsspalte.

FÜTTERUNG: Direktes Füttern ist nicht unbedingt erforderlich. Säfte von gefrorenem Fischfutter reichen zur Ernährung der meisten Schwämme aus. Zusätzliches Füttern kann das Wasser verschmutzen.

GESUNDHEIT: Wenn die Aquariumbedingungen schlecht sind, können Schwämme verfallen und lassen nur Spiculae oder ein Sponginskelett zurück.

Schwämme können sich sowohl geschlechtlich als auch ungeschlechtlich vermehren. Einige können Eier abgeben, die von Sperma eines anderen Schwammes derselben Art befruchtet wurden. Die befruchteten Eier treiben bis in die Planktonschicht, wo sie sich zu Larven entwickeln. Zu einem vorbestimmten Zeitpunkt ihrer Entwicklung siedelt sich die Larve auf dem Meeresboden an und wächst zu einem neuen Schwamm heran. Typisch ist die asexuelle Vermehrung durch Abknospung von neuen Individuen. Viel bemerkenswerter ist, daß sich ganze Schwämme aus einem kleinen, von einem ausgewachsenen Tier gelösten Stück entwickeln können. Dieser Vorgang findet häufig im Aquarium statt. Schwämme der Gattung *Adocia* »zerfallen« häufig in viele Stücke, die alle zu einem neuen Schwamm heranwachsen.

◀ Violette Schwämme sind wegen ihrer schönen Färbung begehrte Exemplare. Kommen sie nur selten vor, erzielen solche Arten einen hohen Preis.

Steinkorallen ORDNUNG: SCLERACTINIA (MADREPORARIA)

Astronauten haben berichtet, daß man das Great Barrier Reef vom Weltraum aus sehen kann, was es zu dem größten, von Tieren errichteten Bauwerk der Welt macht. Es ist kaum vorstellbar, daß dieses Bauwerk mit gut über 2000 km Länge fast vollständig durch die Tätigkeit von Steinkorallenpolypen entstanden ist! Während Tausende von Wirbellosen auf dem Riff leben, sind die Steinkorallen buchstäblich das Riff. Diese einzigartigen Polypenkolonien entziehen dem Meerwasser Kalziumkarbonat, um daraus Kalkskelette zu formen, in denen sie leben. Wenn sie sterben, bauen neue Polypen ihre Skelette auf die alten, wodurch das Riff erhalten bleibt und sich ausdehnt.

Steinkorallen wurden nur über einen relativ kurzen Zeitraum genau untersucht, aber wir wissen, daß sie sehr langsam wachsen und verglichen mit anderen sessilen Wirbellosen extrem langlebig sind. Das genaue Alter von einem bestimmten Tier oder einer Kolonie zu bestimmen, ist jedoch

Die Blasenkoralle (*Plerogyra sinuosa*) erhielt ihren Namen wegen der ungewöhnlichen blasenartigen Struktur.

✦ *Können Steinkorallen dem Anfänger empfohlen werden?*

Mit Sicherheit nicht! Der Aquarianer braucht mindestens 1–2 Jahre Erfahrung mit einem Meerwasseraquarium ohne Steinkorallen, bevor er versuchen kann, diese empfindlichen Organismen zu halten.

✦ *Sind Fische im selben Aquarium ein Problem?*

Ihre Ausscheidungen verschmutzen das Wasser und stressen die Steinkorallen. Der Fischbesatz sollte nie 2,5 cm Fischlänge pro 27 Liter Wasser überschreiten.

✦ *Ist es möglich, Steinkorallen in einem Aquarium mit Algenbewuchs anzusiedeln?*

Nein. Algenbewuchs ist ein Anzeichen dafür, daß die Wasserqualität schlecht und nicht für Steinkorallen geeignet ist.

147

sehr schwierig und kompliziert, da es im Wachstum durch tropische Stürme und Hurrikans Unterbrechungen gibt. Studiengebiete können innerhalb von einigen Stunden fortgerissen werden und die zuvor genauen Informationen auf etwas mehr als Abschätzungen reduzieren.

Wir wissen auch, daß Korallen besondere Bedingungen für ein beständiges, gesundes Wachstum benötigen. Das Meer sollte gleichmäßig warm sein und die Temperatur niemals unter 21 °C fallen. Das Wasser muß sauerstoffreich und sauber sein. Und sie brauchen intensives Sonnenlicht, welches für die tropischen und äquatorialen Regionen typisch ist.

Das Bedürfnis nach intensivem Sonnenlicht ist ein Schlüsselfaktor für das Überleben der Steinkorallen, weil das Gewebe wie bei ihren Verwandten, den Anemonen, verschiedene Algenarten beherbergt, die zusammen als Zooxanthellen bezeichnet werden. Diese Beziehung ist echt symbiontisch, da keiner ohne den anderen leben kann. Die Algen versorgen die Korallen mit Sauerstoff und Nährstoffen, während die Korallen den Algen ein sicheres Zuhause bieten.

Fortpflanzung

Die Fortpflanzung erfolgt auf zwei verschiedene Weisen. Entweder wachsen neue Kolonien aus Stücken, die durch Abknospung entstanden sind, oder völlig neue Polypen beginnen aus einer Larve zu wachsen, die ins Wasser entlassen wurde und einen neuen Lebensraum sucht. Wie bei vie-

✦ »Kämpfen« Steinkorallen miteinander?

Steinkorallen brauchen viel Platz und spüren die Nähe von konkurrierenden Arten. Die dominanten Arten können die schwächeren mit zwei Methoden angreifen. Nesselzellen können in das Wasser abgegeben werden, die den »Eindringling« auf Entfernung schädigen. Und lange Tentakeln mit Nesselzellen können ausgefahren werden, um andere Korallen zu schädigen. Die schwächere Koralle erscheint »verbrannt« oder zieht sich vor dem Angreifer zurück. Ist ein »Kampf« zu erwarten, setzen Sie die Korallen so weit wie möglich auseinander. Ein wirksamer Filter hilft, Nesselzellen zu entfernen.

◀ Diese Ankerkoralle (*Euphyllia fimriata*) hat lange Tentakeln ausgesandt, um eine benachbarte Lederkoralle zu stechen. Viele Steinkorallen verwenden diese wirksame Angriffsmethode, um Platz zum Wachsen zu erhalten.

✦ Wohin setzt man am besten Steinkorallen?

Viel qualitativ hochwertiges, intensives Licht ist wichtig, daher ist es sinnvoll, die Korallen so dicht an die Lichtquelle wie möglich zu setzen, was in den meisten Fällen bedeutet sehr hoch auf den Steinen. Ein sicherer Standplatz ist lebenswichtig, da Korallen, die bei einem Sturz verletzt werden, nur äußerst schwer wieder zur vollen Gesundheit gelangen. Eine kleine Verletzung breitet sich aus und beeinflußt die ganze Kolonie.

✦ Ist eine gute Wasserzirkulation notwendig?

Ja, sie ist lebenswichtig. Wenn möglich sollten verschiedene pulsierende Pumpen verwendet werden, um die Richtung des Wasserstroms zu variieren.

✦ Sind Zusätze für eine gute Gesundheit erforderlich?

Zusätze von Molybdän und Strontium scheinen bei einigen Arten zu verhindern, daß sie sich von ihrem Skelettfundament lösen. Jodzusätze haben sich auch als nützlich erwiesen. Wenn jedoch qualitativ gutes (d. h. durch Umkehrosmose behandeltes) Wasser wie vorgeschrieben verwendet wird oder ein konstanter Wasseraustausch erfolgt, sollten nur wenig oder keine Zusätze erforderlich sein.

✦ Welche Vorkehrungen müssen beim Kauf von Steinkorallen getroffen werden?

Kaufen Sie immer gesunde Exemplare, die voll ausgebreitet sind, ohne Anzeichen von Ablösungen oder Beschädigungen. Die Tiere sollten intensiv gefärbt sein.

✦ Wie sollten Steinkorallen eingesetzt werden?

Gewöhnen Sie die Tiere langsam an ihren neuen Lebensraum, um einen pH- oder Osmoseschock zu verhindern. Vermischen Sie über einen Zeitraum von 30 Minuten langsam das Aquarienwasser mit dem Wasser in der Transporttüte, bis beides identisch ist. Achten Sie immer darauf, daß genügend Platz für eine voll ausgebreitete Steinkoralle vorhanden ist.

✦ Gibt es Steinkorallen, die keine intensive Beleuchtung benötigen?

Ja, die Goldene Rohrkoralle (*Tubastrea aurea*) besitzt keine symbiontischen Zooxanthellen und lebt in beschatteten Höhlen und Spalten. Mit ihrer hübschen, goldenen Farbe ist sie bei Aquarianern sehr beliebt, aber schwierig zu halten. Die Goldene Rohrkoralle braucht eine beschattete Höhle mit guter Wasserzirkulation und als Futter lebende Rädertierchen und Naupliuslarven. Bringen Sie die Polypen dazu, sich auszubreiten, indem Sie Saft einer Garnele über der Kolonie verteilen. Eine ausgezeichnete Wasserqualität ist absolut notwendig.

◀ Es ist verständlich, wie diese großartige Goldene Rohrkoralle (*Tubastrea aurea*) zu ihrem Namen gekommen ist. Leider werden die charakteristischen goldenen Polypen gewöhnlich nur bei Nacht ausgefahren.

Euphyllia picteti zeigt die zahlreichen kleinen Mund-öffnungen zwischen den Tentakeln.

len anderen sessilen Wirbellosen (die an einem Ort festsitzen und sich nicht bewegen können) ermöglicht die geschlechtliche Vermehrung eine weitere Verbreitung der Art. Es ist ein Wunder der Natur, daß auf den meisten Riffen die Fortpflanzung nur in ein paar ausgewählten Nächten in jedem Jahr stattfindet! In solchen Nächten werden Milliarden von Eiern und Sperma gleichzeitig von denselben Arten freigesetzt, die Hunderte, manchmal Tausende von Kilometern voneinander entfernt leben. Die sich daraus ergebende Aktivität macht das Wasser über viele Kilometer hinweg trübe. Dieses Massenablaichen hat den Effekt, daß Raubtiere ihren Hunger stillen können und dennoch die Mehrzahl der befruchteten Eier entkommen kann, um einen

Beliebte Arten von Steinkorallen

ARTEN FÜR DEN ERFAHRENEN AQUARIANER

	Euphyllia picteti
Bohnenkorallen	*Euphyllia* spp.
Ankerkoralle	*Euphyllia fimriata*
Blasenkoralle	*Plerogyra sinuosa*
Pilzkoralle	*Fungia actiniformis*

ARTEN FÜR SEHR ERFAHRENE AQUARIANER

Orgelkoralle	*Tubipora musica*
Porenkorallen	*Goniopora* spp.
Hirnkorallen	*Leptoria* spp.
Rosenkorallen	*Trachyphyllia* spp.
Eckensternkorallen	*Favites* spp.
Goldene Rohrkoralle	*Tubastrea aurea*

Aquariumbedingungen und Pflege

LEBENSRAUM: Ein Becken fast nur für Wirbellose, das mindestens schon vor 4–6 Monaten eingerichtet wurde und in dem die folgenden Bedingungen genau eingehalten werden.

Beckengröße Mindestens 122 x 46 x 30 cm oder 182 l Inhalt.

pH-Wert	8,2 – 8,3
Temperatur	25 – 26 °C
Ammonium	null
Nitrit	null
Nitrat	null
Dichte	1,021–1,026
Gelöster Sauerstoff	7–8 ppm
Kalzium	400 – 450 ppm
Phosphate	null
Redoxpotential	350 – 400 mV

Beleuchtung Halogen-Metalldampflampen sind ideal mit einer 150-Watt-Birne mit 6500 Kelvin pro 0,18 m². Höchst intensive Leuchtstoffröhren in der richtigen Menge sind annehmbar – ein 1,5 m langes Becken benötigt 5–6 Röhren mit Reflektor. 12 Stunden durchgehende Beleuchtung jeden Tag.

Substrat Keins, Bildung von Mulm ist zu vermeiden.

Zirkulation Gute Wasserströmung unter Verwendung von pulsierenden Pumpen ist wichtig (siehe Wasserzirkulation, Seite 46–47).

Filterung Außenrieselfilter mit ausgezeichneter Wasserumwälzung. Wirksame Eiweißabschäumung mit zusätzlichem Ozon. Die besten Aktivkohlefilter verwenden.

Wasserwechsel Entweder 15–20% alle 2 Wochen, ohne einen auszulassen, oder ein konstantes Wasseraustauschsystem, das sich als erfolgreicher erweist. Umkehrosmose oder deionisiertes Wasser wird dringend empfohlen (Giftstoffe im Leitungswasser wirken meist tödlich). Nur das beste Salz verwenden.

Besonderheiten UV-Sterilisatoren, Sauerstoffreaktoren, Redoxpotentialkontrolle, Dosierpumpen für Kalkzusätze usw., Platinfühler zur Konstanthaltung der Temperatur, damit Beleuchtung und das Wetter sich nicht negativ auswirken.

FÜTTERUNG: Die meisten Steinkorallen profitieren von einer wöchentlichen Fütterung mit kleinen Tintenfisch- und Sandaalstückchen. Lebendfutter wie Salinenkrebse und Rädertierchen ergänzen die von den symbiontischen Algen gelieferten Nährstoffe. Eine Menge des Futters ist verschwendet, wenn zu viele Fische im Becken sind, da sie es verschlingen, bevor die Korallen eine Chance haben, es aufzunehmen. Sollten die Korallen das Futter ausschlagen, müssen alle Reste sofort abgesaugt werden, damit das Wasser nicht verschmutzt.

GESUNDHEIT: Fast alle gesundheitlichen Probleme werden durch schlechte Wasserqualität verursacht. Das Gewebe löst sich vom Skelett und wächst nie wieder fest. Die Polypen ziehen sich jeden Tag weiter in das Skelett hinein, bis sie überhaupt nicht mehr herauskommen. Wenn das Tier schrumpft, wird das weiße Skelett immer weiter freigelegt. Es ist normalerweise unmöglich, diesen Verfall aufzuhalten, sogar durch Verbesserung der Wasserqualität. Vorbeugen ist besser als Heilen.

erheblichen Teil der Planktonschicht, die durch die tropischen Ozeane driftet, zu bilden. Der Mondzyklus scheint diese Massenfortpflanzung zu steuern. Das Ablaichen beginnt ein oder zwei Nächte nach Vollmond im Spätfrühling oder Frühsommer, wobei die größte Aktivität in der vierten, fünften und sechsten Nacht stattfindet. Wissenschaftler haben noch viel über dieses Phänomen zu forschen.

Wenn die Larven ihr Wachstum abgeschlossen haben, sinken sie zum Riff hinab, um einen geeigneten Platz zum Ansiedeln zu finden. Sie müssen sorgfältig auswählen, weil sie dort den Rest ihres Lebens verbringen werden. Neuere Untersuchungen haben gezeigt, daß die Larven einiger Arten ihre Wahl korrigieren können, zumindest in der Anfangsphase. Wenn sich der erste Standort als ungeeignet erweist, können sich die Larven loslösen und an einem besseren Ort niederlassen.

Obwohl es nur selten vorkommt, konnten schon beide Arten der Fortpflanzung im Aquarium beobachtet werden, was zeigt, daß Steinkorallen unter optimalen Bedingungen nicht nur gedeihen, sondern sich sogar vermehren.

Unterschiedliche Empfindlichkeiten

Steinkorallen stellen eine Herausforderung dar, aber die Empfindlichkeit kann von Art zu Art verschieden sein. Ein ausgezeichnetes Beispiel ist der Vergleich von Rosenkorallen (*Trachyphyllia* spp.) mit der Art *Euphyllia picteti*. Rosenkorallen sind unheimlich empfindlich und brauchen nicht nur eine äußerst intensive Beleuchtung, sondern auch eine sehr saubere und stabile Umgebung, die der durchschnittliche Aquarianer nicht bieten kann. Dagegen stellt *Euphyllia picteti* weniger Ansprüche an die Umwelt, und der Aquarianer kann größeren Erfolg erwarten.

Rindenkorallen FAMILIE: GORGONIDAE

In den turbulenten Strömungen eines Korallenriffs zu überleben, ist nicht einfach. Die meisten sessilen Wirbellosen heften sich an ihrem Fußpunkt fest, um nicht fortgeschwemmt zu werden. Peitschenkorallen und Seefächer besiedeln dagegen sogar Gebiete mit starken Wasserbewegungen und werden in einigen Fällen 3 m hoch. Das Geheimnis liegt in ihrer Fähigkeit, sich in der Strömung, welche andere Korallen leicht zerstören würde, zu wiegen. Aber warum lebt man in dem am wenigsten geschützten und gefährlichen Bereich des Riffs? Die Antwort ist einfach: Nahrung. Diese turbulenten Bereiche sind extrem reich an Plankton, das durch die Zweige der Seefächer und Peitschenkorallen strömt und in großen Mengen aufgenommen wird.

Diese Tiere werden Rindenkorallen genannt. Der Name Gorgonidae stammt von dem Namen Gorgo, einem Ungeheuer aus der griechischen Mythologie. Später wurde das Protein Gorgonin, eine biegsame, hornige Substanz, die bei dieser Gruppe häufig vorkommt, nach den Tieren benannt. Peitschenkorallen und Seefächer gehören zu den Gorgonidae, weil ihr Stützskelett aus Gorgonin besteht. Andere Arten besitzen ein Kalkskelett, aber sie bleiben klein und bevorzugen geschützte, beschattete Standorte. Der Stamm der Rindenkorallen ist von einer krustigen, häufig leuchtend gefärbten Substanz mit dem Namen Coenenchym überzogen, in welche die koloniebildenden Polypen dicht eingebettet sind. Er ist an einer harten Oberfläche, gewöhnlich Kalkstein, befestigt und verzweigt sich von dort aus.

Architektonische Schönheit

Obwohl sie eng verwandt sind, unterscheiden sich Peitschenkorallen und Seefächer erheblich durch die Art ihres Wachstums. Seefächer besitzen einen zentralen Stamm ohne Polypen. Von dort verzweigt sich eine spitzenähnliche Struktur auf einer flachen Ebene. Peitschenkorallen besitzen keinen zentralen Stamm, sondern verzweigen sich von einem Punkt in der Nähe der Basis in vertikale, peitschenähnliche Auswüchse, die in verschiedene Richtungen weisen.

Rindenkorallen gibt es in einer Vielzahl von Farben, vom gedämpften Beige bis Rot, Orange, Violett und Gelb. Einige Arten fressen ausschließlich bei Nacht. Bei solchen, die bevorzugt am Tage fressen, beherbergen die Polypen gewöhnlich symbiontische Algen, durch welche sie ihre gefilterte Nahrung ergänzen. In nährstoffreichen Gewässern ziehen Rindenkorallen andere Tiere an. Diese sitzen dann in großer Zahl zwischen den Verzweigungen, um den Vorteil dieses Nahrungsangebotes zu nutzen.

Plexaurella sp. ist eine karibische Peitschenkoralle, die gut in einem Wirbellosenaquarium gedeiht.

F & A... ✦ *Sind Rindenkorallen schwierig zu halten?*

Sie gedeihen nicht gut in einem durchschnittlichen Wirbellosenaquarium. Die beigen Peitschenkorallen (meist aus der Karibik) sind am wenigsten empfindlich und gedeihen erheblich besser.

✦ *Gibt es ungeeignete Beckengenossen?*

Ja, einige Garnelen und Seepferdchen ruhen sich an den Zweigen aus, wodurch die Polypen daran gehindert werden, zum Fressen herauszukommen – was den Tod zur Folge haben kann. Seeigel, Seesterne und Kaurischnecken können sie zum Umfallen bringen.

✦ *Haben Rindenkorallen Feinde?*

Eischnecken (Kaurischnecken) sind besonders destruktiv, ebenso wie bestimmte Arten von Nacktkiemerschnecken, die sich von Polypen ernähren.

✦ *Wachsen Rindenkorallen?*

Ja, unter optimalen Bedingungen wachsen sie jeden

Monat um 2,5 cm. Üblicher ist aber eine Wachstumsrate von einigen Millimetern pro Monat.

✦ *Wo sollten Peitschenkorallen und Seefächer im Aquarium hingesetzt werden?*

Immer in starke Strömung und niemals in ruhiges Wasser. Einige Arten mögen eine hell beleuchtete Position, während andere lieber im Schatten stehen. Die Äste dürfen sich nicht an Steinen oder Korallen reiben, da sie sonst »abgeschält« werden.

✦ *Was, wenn die Polypen bei Peitschenkorallen niemals herauskommen?*

Rindenkorallen können sich wochenlang, sogar monatelang weigern, ihre Polypen herauszustrecken, und trotzdem gesund bleiben, aber letztendlich »schälen« sie sich ab und sterben. Die Wasserbedingungen müssen stimmen, und die Peitschenkoralle sollte in einem kräftigen Wasserstrom stehen. Setzen Sie das Tier an eine Stelle mit richtiger Beleuchtung.

✦ *Was für Exemplare sollte man aussuchen?*

Kaufen Sie niemals Exemplare, die sich geschält haben und bei denen ein schwarzes oder weißes Skelett sichtbar ist. Versuchen Sie zu beobachten, wie die Polypen bei tagaktiven Arten herausgestreckt werden. Arten mit dickeren Ästen sind besser als solche mit dünnen, die meistens nachtaktive Tiefseearten sind.

✦ *Wie kann man Rindenkorallen ohne Fuß befestigen?*

Bohren Sie ein Loch in ein Stück Tuffstein und klemmen Sie den Fuß dort hinein. Das Tier wird innerhalb von wenigen Wochen festgewachsen sein. Auch manche Unterwasserharze sind geeignet.

Aquariumbedingungen und Pflege

LEBENSRAUM: Für Becken- und Wasserbeschaffenheit siehe Steinkorallen, Seite 151.

FÜTTERUNG: Die Polypen sind häufig groß genug, um Naupliuslarven, Rädertierchen, Daphnien und Cyclops zu fangen. Tote Tiere und Flüssigkeiten werden gewöhnlich abgelehnt. Füttern Sie sparsam ein- oder zweimal wöchentlich, wenn die Polypen voll herausgestreckt sind. Einige Arten sind im Aquarium autark und ernähren sich bei intensiver Beleuchtung allein durch die symbiontischen Algen.

GESUNDHEIT: Bakterielle Infektionen bewirken, daß sich das Coenenchym verfärbt, häufig schwarz, und schließlich zerfällt und das hornige Skelett übrig läßt. Die Ursachen für dieses »Abschälen« sind mechanische Beschädigung, schlechte Wasserqualität, unzureichende Wasserzirkulation und sogar ein Anreichern von fädigen Algen zwischen den Ästen. Unter optimalen Bedingungen ist eine Regeneration möglich.

Pilzkorallen FAMILIE: ACTINODISCIDAE

Pilzkorallen werden häufig als falsche Korallen bezeichnet, weil sie eine Mittelstellung zwischen Anemonen und Korallen einnehmen.

Viele Meerwasseraquarianer kennen diese Tiere unter einer Vielfalt an Trivialnamen – Korallenanemonen, Scheibenanemonen, Plattenanemonen, Pilzanemonen usw. Wie immer sie auch genannt werden, sie gehören alle zur Familie Actinodiscidae, und die meisten Arten findet man in relativ flachen, tropischen Riffbereichen, die es auf der ganzen Welt gibt. Im allgemeinen leben sie bevorzugt in Gebieten mit ruhigem Wasser, statt in lebhafteren Bereichen des Riffs.

Ernährung in der Natur

Obwohl sie in verschiedenen Tiefen, von unmittelbar unter der Oberfläche bis in 40 m Tiefe, gefunden werden, besitzen alle Arten symbiontische Zooxanthellen-Algen in ihrem Gewebe als zuverlässige und dauerhafte Nährstoffquelle. Außerdem können Pilzkorallen auch Nahrung durch direktere Methoden aufnehmen. Viele Arten bedecken sich mit einer Schleimschicht, die im Wasser enthaltene Nährstoffe aufnimmt und zur zentralen Mundöffnung transportiert. Verschiedene andere Arten haben eindrucksvollere Methoden entwickelt. Die riesigen Elefantenohren

♦ *Warum lösen sich Pilzkorallen selbst von Steinen ab?*

Das Loslösen von einem, mehreren oder allen Tieren von den Steinen, auf denen sie gewachsen sind, ist ein häufig auftretendes Problem. Mögliche Gründe:
1 falsche Beleuchtung,
2 Verlust der Zooxanthellen,
3 schlechte Wasserqualität,
4 Überwachsen von Algen,
5 eine zu starke Wasserströmung,
6 Bedrohung durch eine benachbarte Koralle.
Eine zu dichte Besiedlung der Kolonie kann auch verursachen, daß die Polypen sich loslösen und ausbreiten, um in der unmittelbaren Umgebung neue Kolonien zu gründen. In vielen Fällen werden sich einzelne Polypen, vorausgesetzt die Beckenbedingungen werden verbessert, wieder am Substrat anheften.

♦ *Haben Pilzkorallen Feinde?*

Pilzkorallenkolonien haben nur sehr wenige Feinde. Andere Nesselkorallen können eine Bedrohung darstellen, wenn sie zu dicht neben ihnen sitzen, obwohl Pilzkorallen verschiedener Arten in völliger Harmonie miteinander leben, egal wie eng sie nebeneinander stehen. Eines der größten Probleme ist das Überwuchern der Kolonien mit lästigen Algen (siehe Seite 68 – 69). Sie reagieren heftig auf diese Bedrohung, und häufig lösen sich einzelne Polypen ab, um nach besseren Bedingungen zu suchen. Sehr hungrige Garnelen und Krabben verursachen manchmal geringe Schäden ebenso wie nicht verträgliche Fische. Einige Nacktkiemerschnecken, die gewöhnlich versehentlich dazu gesetzt wurden, fressen die Pilzkorallenpolypen. Da sie nachts fressen, entdeckt man sie am besten in der Dunkelheit im Schein einer Taschenlampe. Hat man sie gefunden, ist es einfach, sie zu entfernen.

◀ *Actinodiscus striatus* ist auf dem Riff sehr häufig, besonders in flachen Bereichen mit intensivem Sonnenlicht. Der größere »Mutterpolyp« hat wahrscheinlich die kleineren umgebenden Pilzkorallen hervorgebracht.

(*Rhodactis* spp.) können ihre flachen Scheiben in eine hohle Kugel verwandeln, in der sie kleine Fische und Krebstiere fangen. 12 bis 18 Stunden später ist das glücklose Opfer verzehrt, und die Scheibenform wird wieder angenommen. Es stimmt, daß nicht alle *Rhodactis*-Arten diese Fähigkeit besitzen, aber der Aquarianer sollte sich bewußt sein, daß Exemplare mit über 30 – 38 cm Durchmesser überprüft werden müssen, bevor sie mit kleinen Fischen, Garnelen und Krabben zusammengesetzt werden.

Fortpflanzung

Im allgemeinen sind Kolonien aus Pilzkorallen wie viele andere sessile Wirbellose in der Lage, sich auf unterschiedliche Weise fortzupflanzen. Teilung ist ein ungeschlechtlicher Vorgang, wobei der einzelne Polyp zwei oder mehr getrennte Münder bildet und sich schließlich in mehrere Tiere teilt. Manchmal bleiben diese Tiere jedoch aneinander hängen und vermitteln den Eindruck eines Tieres mit mehreren Mundöffnungen. Knospung ist eine häufig bei Anemonen zu findende Methode der ungeschlechtlichen Fortpflanzung. Hierbei spaltet ein Mutterpolyp mehrere kleine und identische junge Polypen ab. Diese jungen Tiere bleiben im Schutz des Mutterpolypen, bis sie groß genug sind, um abzuwandern und selber ein ausgewachsenes Tier zu werden. Geschlechtliche Vermehrung ist wichtig für alle Arten, die ihre Nachkommen an weiter entfernt liegende Orte verbreiten möchten. An bestimmten Abenden im Jahr entlassen Tiere derselben Art gleichzeitig Eier und Sperma ins Wasser (siehe Steinkorallen, Seite 150). Die befruchteten Eier bilden einen Teil der Planktonschicht des Meeres, wo sie sich zu Larven entwickeln, bevor sich diese an einem ausgewählten Platz niederlassen, um dort ihre eigene Kolonie zu bilden. Warum eine bestimmte Kolonie zu einer gewissen Zeit eine Fortpflanzungsmethode der anderen vorzieht, ist nicht genau geklärt. Alle diese Vermehrungspraktiken wurden im Aquarium beobachtet, wobei die ungeschlechtliche Vermehrung unter optimalen Wasserbedingungen recht häufig

◀ Die intensive türkise Farbe zeigt an, daß diese *Actinodiscus*-Art aus größeren Tiefen gesammelt wurde. Die intensive Färbung bleibt erhalten, wenn sie in mittelstarke Beleuchtung gesetzt wird.

ist. Dichte Kolonien pflanzen sich viel eher fort als wenige Einzeltiere.

»Pilze« mit Sonnenbrand

Unter der intensiven Tropensonne können Pilzkorallen, die im flachen Wasser leben, einen Sonnenbrand bekommen! Die Schäden werden durch UV-Licht verursacht, das noch nicht vom Meerwasser absorbiert wurde. Unter diesen Bedingungen produzieren die symbiontischen Zooxanthellen gelbe, grüne oder türkise Pigmente, um die potentiell schädlichen Wellenlängen zu reflektieren und deren Wirkung entgegenzutreten.

Dagegen sind Arten in tieferem Wasser häufig blau oder rot, wodurch sie soviel Sonnenlicht wie möglich aufnehmen können. Diese intensiv gefärbten Arten sind bei den Aquarianern viel begehrter und dadurch auch sehr teuer. Sie können deren Gesundheit und die kräftigen Farben erhalten, indem Sie die Tiere in gedämpftes Licht setzen.

Selbstschutz

Pilzkorallen können sich selbst verteidigen. Sie produzieren nicht nur ein Gift, um andere wuchernde Korallen auf Distanz zu halten, sondern sie sind auch sehr widerstandsfähig gegenüber Giften, die von vordringenden Arten gebildet

◆ *Wie weiß ich, welchte Art von Beleuchtung ich wählen muß?*

... Wenn die Polypen schrumpfen oder sich zurückziehen, dann brauchen sie weniger Licht. Wenn sie sich dem Licht entgegenstrecken, dann brauchen sie intensivere Beleuchtung. Sie können aus einer Reihe von Beleuchtungen wählen (siehe Seite 12–15). Verwenden Sie sie möglichst ohne eine Beckenabdeckung aus Glas, da diese wertvolle Wellenlängen herausfiltert.

◆ *Gibt es nützliche Ratschläge für die Haltung von Pilzkorallen?*

1 Stören Sie die Kolonien so wenig wie möglich.
2 Stellen Sie den Stein so auf, daß sich die Polypen richtig ausstrecken können.
3 Achten Sie darauf, daß sie nicht Kontakt zu Nesselkorallen bekommen.
4 Halten Sie die Kolonien frei von lästigen Algen.
5 Wenn die Polypen im Händlerbecken voll ausgestreckt und gesund sind, versuchen Sie dieselben Bedingungen im Aquarium zu erschaffen.
6 Wenn Sie Kolonien umsetzen müssen, warten Sie mindestens eine Woche, um zu beurteilen, ob das Umsetzen erfolgreich war.
7 Neu gekaufte Kolonien brauchen mindestens 7–14 Tage, um sich richtig anzusiedeln. Vorher nicht füttern oder wieder umsetzen.
8 Abgelöste Polypen können in Gruppen vereint werden, um eine attraktive »Kolonie« in einem Bereich mit ruhiger Wasserbewegung zu bilden.

Aquariumbedingungen und Pflege

LEBENSRAUM: Steinwände, Überhänge, flache Riffe mit sehr klarem Wasser. Am besten in einem Riffaquarium.

Beckengröße	über 91 Liter Volumen
pH-Wert	8,1–8,3
Temperatur	24–26°C
Ammonium	null
Nitrit	null
Nitrat	weniger als 10 ppm (bevorzugt null)
Dichte	1,022–1,025
Phosphate	weniger als 0,5 ppm (bevorzugt null)
Redoxpotential	350–450 mV

Filterung   Rieselfilter sind vorzuziehen. Wirksame Eiweißabschäumung und Filterung durch Aktivkohle als Standard.

Wasserwechsel   15–25% alle 2 Wochen mit qualitativ hochwertigem, gefiltertem Wasser.

Fischbesatz   absolutes Maximum 2,5 cm pro 27 l

Wasserzirkulation   mäßige Strömung über den Kolonien

Beleuchtung   Wie im Text beschrieben entsprechend der richtigen Plazierung der Kolonien.

FÜTTERUNG: *Rhodactis* spp. sollten Stücke von Muschel, Tintenfisch oder Sandaal angeboten werden. Andere kleinere Arten können mit lebenden oder gefrorenen Rädertierchen, gefrorenem Zooplankton und dem Saft von gefrorenem Fischfutter gefüttert werden. Flüssiges Jungfischfutter und künstliche Ersatzstoffe sind nicht zu empfehlen, da sie das Wasser verschmutzen. Viele Kolonien überleben ohne zusätzliche Fütterung, aber wenn eine Fütterung notwendig ist, dann nur sehr sparsam füttern und nicht mehr als zweimal wöchentlich.

GESUNDHEIT: Die beiden hauptsächlichen Gesundheitsrisiken für Pilzkorallen sind Ablösen und Schrumpfen. Große Polypen können von gesunden Scheiben zu winzigen Knöpfen auf weniger als 10% ihrer normalen Größe zusammenschrumpfen. Die Hauptursache sind schlechte Wasserqualität oder ungeeignete Beleuchtung. Wenn diese Bedingungen verbessert werden, sollten sich die Pilzkorallen langsam wieder erholen.

werden. Innerhalb eines Wirbellosenaquariums müssen solche Gifte ständig durch eine Filterung mit Aktivkohle entfernt werden.

Obwohl alle Pilzkorallen scheibenförmig sind, ist die Vielfalt an Farben, Flecken, Streifen, Grübchen, ausgefransten Tentakeln und Strukturen erstaunlich. Die Mehrheit dieser faszinierenden Kreaturen muß noch richtig systematisch eingeordnet werden, was ziemlich verständlich ist, da diese Arbeit für mehrere Forschergenerationen ausreicht! Deshalb sollten Sie nicht überrascht

Pilzkorallen (*Actinodiscus* sp.) in verschiedenen Farben und Formen wachsen häufig in perfekter Harmonie dicht zusammen.

sein, wenn Sie versuchen, ein wertvolles Exemplar zu bestimmen und nur die Bezeichnung *Actinodiscus* sp. finden. Wie bei vielen Wirbellosen ist für den Aquarianer die genaue Taxonomie weniger von Bedeutung als die richtige Haltung der Tiere.

Anemonen
(einschließlich Seefedern) ORDNUNG: ACTINARIA

Diese ursprünglichen Tiere besiedeln alle Meere der Welt, und man trifft sie an von den kältesten bis in die wärmsten Regionen aufgrund ihrer Vielseitigkeit und Anpassungsfähigkeit. Anemonen sind sehr eng mit den Korallen verwandt, aber während Korallen aus Polypen zusammengesetzte Kolonien sind, bestehen die Anemonen nur aus 1 großen Polypen. Ihr Aufbau ist extrem einfach und hat sich über die Jahrmillionen bemerkenswert wenig verändert. Sie bestehen im Grunde aus einer Hauttasche, die mit Wasser gefüllt wird und dadurch ihre Form erhält. Einige Arten haben einen Saugfuß, mit dem sie sich an Felsen festhalten können, während bei anderen der Fuß eher zum Eingraben geeignet ist. Über dem schlanken Körper befindet sich eine Scheibe mit einer Mundöffnung in der Mitte und Tentakeln, die vom Rand nach außen weisen. Jeder Tentakel ist mit einer Reihe von Nesselzellen, den sogenannten Nematocysten, besetzt, die zum Vertreiben von Feinden und zum Fangen von Beutetieren verwendet werden. Jede Nematocyste ist sprungfederartig mit einem hohlen Faden mit Widerhaken geladen, durch den das Gift geleitet wird. Das Abfeuern der Zellen wird ausgelöst, wenn sie mit etwas Eßbarem in Kontakt kom-

Sandanemonen (*Heteractis* sp.) verankern ihren Fuß tief im Substrat. Wenn sie gestört werden, können sie sich sehr schnell zurückziehen.

Condylactis gigantea ist eine karibische Art, die farbenprächtig und weniger empfindlich als viele andere Anemonen ist. Da sie aus dem tropischen Atlantik stammt, ist sie kein natürlicher Wirt für Clownfische.

Aquariumbedingungen und Pflege

LEBENSRAUM: Für Becken- und Wasserbeschaffenheit siehe Pilzkorallen, Seite 156.

FÜTTERUNG: Eine gesunde Anemone kann mit Sandaal, Tintenfisch, Herz- und Miesmuschel einmal wöchentlich gefüttert werden. Kleine Stücke sollten leicht in die Tentakeln gedrückt werden, aber niemals in die Mundöffnung, da dies ernsthafte Schäden hervorrufen kann. Wenn Futter abgelehnt wird, entfernen Sie es und probieren Sie es eine Woche später erneut. Viele Anemonen bleiben ohne Futter völlig gesund und erhalten die benötigten Nährstoffe ausschließlich von ihren Zooxanthellen. Wo Fische im selben Becken gehalten werden, reicht der Saft von gefrorenem Fischfutter häufig als Nahrung aus. Lästige Anemonen wie *Aiptasia* spp. dürfen nicht gefüttert werden, wenn sie unter Kontrolle gehalten werden sollen.

GESUNDHEIT: Das am häufigsten auftretende Leiden ist, daß die Anemonen weiß werden, schrumpfen und schließlich sterben. Dies kann verschiedene Ursachen haben wie mangelndes Licht, schlechte Wasserqualität oder Beleuchtung mit dem falschen Farbspektrum. Anemonen besitzen symbiontische Algen in ihrem Gewebe, und wenn diese sterben, verlieren die Anemonen ihre Farbe und schrumpfen wegen Nährstoff- und Sauerstoffmangel. Wenn der Zerfallsprozeß einmal begonnen hat, kann die Anemone die Kraft verlieren, sich festzuhalten und stirbt gewöhnlich kurz darauf ab. Dieses Szenario tritt viel häufiger bei Clownfisch-Typen (wie *Heteractis* spp.) als bei den widerstandsfähigeren Karibik-Arten auf. Wenn eine Anemone einmal beginnt auseinanderzubrechen und zu zerfallen, sollte sie sofort aus dem Aquarium entfernt werden, um eine erhebliche Verschmutzung zu vermeiden.

◆ *Gibt es Anemonen, die im Aquarium nicht erwünscht sind?*

Ja, Glasrosen (*Aiptasia* spp.; siehe wirbellose Schädlinge, Seite 201). Diese kleine, 2,5 – 5 cm große, bräunliche Anemone kann sich in unzählige Abschnitte zerteilen und fängt jeden kleinen Fisch, der ihr zu nahe kommt. Sie ist oft schwer auszurotten, wenn sie sich einmal in einem Aquarium angesiedelt hat.

◆ *Wie behandelt man am besten Verbrennungen durch Anemonen?*

Spülen Sie die Wunde mit Essig oder Alkohol und geben Sie dann eine Paste aus gleichen Teilen Natron und Wasser darauf. Wenn der Schmerz nachläßt oder die Paste austrocknet, geben Sie Talkumpulver oder Papain, einen Fleischzartmacher, der eine Substanz enthält, die Gifte neutralisieren kann, darauf. Diese Behandlung kann auch zur Linderung von Schmerzen bei Stichen durch giftige Fische angewendet werden.

◆ *Warum ziehen sich Anemonen periodisch zusammen und dehnen sich dann wieder aus?*

Anemonen sind einfach Beutel voller Wasser. Wenn sie voll entfaltet sind, entziehen sie dem eingeschlossenen Wasser Sauerstoff und Nährstoffe. Nach einer Weile ist das Wasser verbraucht, sauerstoffarm und muß durch frisches ersetzt werden. Die Anemone zieht sich für kurze Zeit zusammen und preßt die unerwünschte Flüssigkeit zusammen mit Abfallprodukten heraus. Eine gesunde Anemone in hochwertigem Wasser schließt den ganzen Vorgang von Zusammenziehen und Ausdehnen innerhalb von 5 – 10 Stunden ab.

◆ *Gibt es nützliche Tips für den Kauf von Anemonen?*

Ja. Wenn eine Anemone an einem Stein festsitzt, kaufen Sie den Stein, wenn möglich, mit, statt sie zu entfernen und Beschädigungen zu riskieren. Kaufen Sie niemals Anemonen, die sehr blaß oder weiß sind und offensichtlich ihre symbiontischen Algen verloren haben. Nehmen Sie keine abgelösten Anemonen.

▶ Ein Pärchen Clownfische (*Amphiprion percula*) aalt sich im Schutz der Anemone *Heteractis gelam*. Diese Anemone läßt sich aufgrund der verdickten Tentakelenden leicht bestimmen.

men – ein Gebilde ohne Proteine wird gewöhnlich ignoriert. Wenn die Beute einmal von den Widerhaken gefangen wurde, wird sie von den Tentakeln weitertransportiert und ständig gestochen, bis sie aufhört sich zu wehren und schließlich von der zentralen Mundöffnung verschlungen wird.

Symbiontische Beziehungen

Anemonen gibt es in vielen attraktiven Farben: Grün, Gelb, Rot, Rosa und Violett. Bei fast allen ist jedoch die Grundfarbe braun wegen der einzelligen Algen, den sogenannten Zooxanthellen, die im Gewebe der meisten Arten leben. Die Beziehung ist echt symbiontisch, weil die Anemone Sauerstoff und Nährstoffe von den Algen erhält, während die Algen ein sicheres Heim in hellem Sonnenlicht haben und die Abfallprodukte der Anemone wie Kohlendioxid für die Photosynthese nutzen können. Ohne die Zooxanthellen wäre das Überleben für die meisten Anemonenarten fast unmöglich.

Die Fortpflanzung erfolgt entweder durch Teilung (Abknospen) oder geschlechtlich durch die Produktion von Eiern und Sperma. Viele Arten haben sich unter geeigneten Aquarienbedingungen erfolgreich fortgepflanzt.

Clownfische werden häufig in Anemonen abgebildet, wobei es sich hier nicht um eine echte Symbiose handelt. Viele Anemonenarten sind ungeeignete Wirte, und in der Karibik gibt es gar keine Clownfische, die vom Schutz einer Anemone profitieren. Einige Garnelen- und Krabbenarten unterhalten eine ähnliche Beziehung zu den karibischen Anemonen. Anemonen der Gattung *Heteractis* (früher *Radianthus*), *Anthopsis* und *Stoichactis* sind für Clownfische geeignete Partner. *Condylactis* und *Pachycerianthus* spp. sollten gemieden werden. Sie kommen ausschließlich in der Karibik vor und werden am besten in einem reinen Wirbellosenbecken gehalten, weil sie höchst räuberisch sind.

Seefedern

Diese faszinierenden Tiere sind mit den Anemonen eng verwandt, obwohl sie ganz anders aussehen. Sie sind nur selten erhältlich, und der Aquarianer weiß vielleicht nicht, was sie sind und wie man sie pflegt. Seefedern besitzen einen röhrenförmigen Körper. Der obere Bereich wird von einem inneren Kalkrückgrat gestützt, der an einen Federkiel erinnert. Wie Anemonen besitzen Seefedern einen Fuß, mit dem sie sich eingraben und in turbulentem Wasser festhalten können. Da sie vorwiegend nachts fressen, sind Seefedern tagsüber recht ruhig und präsentieren nur ihren weißen, gelbbraunen, gelben oder orangen Fuß, der aus dem Substrat herausragt. Wenn es dunkel wird, beginnt sich das Tier auszustrecken, wobei der Körper mit zahlreichen fedrigen Polypen bedeckt ist, die bereit sind, Futterteilchen aus dem Wasser aufzunehmen. Die am häufigsten erhältliche Art ist *Cavernularia obesa*.

✦ *Sind Clownfische immer immun gegen die Stiche von Anemonen?*

Nein. Clownfische brauchen häufig eine Gewöhnungsphase, in der sie sich an eine neue Anemone anpassen. Dabei können sie gestochen oder sogar von der Anemone verdaut werden.

✦ *Sind Anemonen für Anfänger geeignet?*

Sie brauchen ausgezeichnete Wasserbedingungen und intensive Beleuchtung der richtigen Qualität. Für Anfänger ist es am besten, Erfahrungen mit weniger empfindlichen Meerestieren, vorzugsweise Fischen, zu sammeln, bevor sie zu den anfälligeren Wirbellosen wie Anemonen übergehen.

✦ *Kann ich eine Anemone umsetzen, wenn mir ihr Standort nicht gefällt?*

Nein, ein Umsetzen der Anemone beschädigt ihren Fuß, unabhängig davon, wie vorsichtig Sie sind, und die Anemone kann jederzeit zurückkehren. Manchmal setzen sich Anemonen an der Frontscheibe fest. In diesem Fall ist ein Umsetzen entschuldbar. Der Fuß muß jedoch sehr vorsichtig gelöst werden.

✦ *Was bringt eine Anemone dazu, im Aquarium »herumzuwandern«?*

Schlechte Wasserbedingungen, ungenügende Beleuchtung oder beides sind die Hauptgründe. Die Anemone sucht nach einem besseren Standort, der ihren Bedürfnissen entspricht. Herrschen nicht die richtigen Bedingungen, wandert die Anemone weiter umher.

✦ *Ist es sicher, kleine Fische mit Anemonen zusammen zu halten?*

Die meisten Fische sind instinktiv vorsichtig, wenn sie sich Anemonen nähern, aber sehr kleine Fische können ihren nesselnden Tentakeln zum Opfer fallen, besonders in der Dunkelheit.

✦ *Kann der Stich von einer Anemone für einen Menschen gefährlich werden?*

Ja. *Stoichactis* spp*., Condylactis* spp. und *Pachycerianthus* spp. besitzen wirksame Nesselzellen und sollten nicht mit nackter Haut in Berührung kommen, besonders in empfindlichen Bereichen wie am Unterarm oder Handrücken. Auch *Heteractis*-Arten können eine Reaktion hervorrufen. Außerdem können einige Menschen allergisch mit heftigem Ausschlag oder in seltenen Fällen mit einem anaphylaktischen Schock (vollständiger Zusammenbruch des Atmungssystems) reagieren. Beides erfordert sofortige Behandlung im Krankenhaus.

▲ Seefedern wie diese *Cavernularia obesa* benötigen tiefes Substrat, in dem sie ihren Fuß fest verankern können.

▶ Nächste Seite: *Stoichactis gigas* besitzt sehr kurze Tentakeln, wodurch sie wie ein kugeliger Teppich aussieht. In der Natur wird diese Art gerne von vielen Clownfischen besiedelt, weil sie durch eine starke Nesselwirkung geschützt sind.

Röhrenkorallen FAMILIE: CLAVULARIIDAE

Clavularia ist eine nicht schwierig zu haltende Koralle und kann eine lebenswichtige Funktion für das Wolhbefinden des Aquariums übernehmen. Mitglieder der Familie Clavulariidae wurden lange mit Gattungen wie *Xenia* (siehe Seite 166–167) verwechselt, denen sie äußerlich ähneln, und zwar so sehr, daß Röhrenkorallen häufig *Xenia* genannt wurden, was ziemlich verwirrend ist.

Röhren- oder Orgelkorallen gibt es in einer enormen Farbenvielfalt, aber sie besitzen gewisse einzigartige Fähigkeiten, wodurch sie leicht zu identifizieren sind. Während ihre Tentakeln eine seesternähnliche, achteckige Symmetrie aufweisen, ist der Stamm kurz, nie länger als 12 mm, wodurch die Polypen dicht an der Basis gehalten werden. Die Basis ist häufig eine verschmolzene, gummiartige, inkrustierende Masse, gewöhnlich violett, kann aber auch bei einigen Arten braun gefärbt sein. Die Polypen können sich in ihre Basis zurückziehen, wodurch sie Feinden keinen Angriffspunkt liefern, so daß sie vollen Schutz vor allen Angreifern genießen – außer den hartnäckigsten. Wenn die Polypen erscheinen, verdecken sie den Fuß vollständig. Die Färbung der Polypen variiert von Art zu Art, aber umfaßt verschiedene Schattierungen von Grün, Braun und Silbergrau. Das »Auge« der Polypen ist häufig weiß.

Die häufigste Fortpflanzungsmethode im Aquarium ist die Teilung. Sie findet statt, wenn die basale Masse an Größe zunimmt und neue Poly

Die violette basale Masse ist typisch für die Art *Clavularia viridis*. Unter ausgezeichneten Aquarienbedingungen breitet sie sich schnell auf Steinen oder Glas aus.

pen entwickelt. Die meisten Aquarianer, die *Clavularia*-Arten unter optimalen Bedingungen halten, stellten fest, daß sie sich sehr schnell ausbreiten: bis zu 1 cm jeden Monat, abhängig von der Art. Diese Wachstumsrate verleiht einem neuen Aquarium recht schnell einen eingewachsenen Eindruck, wenn die Korallen zuvor kahle Steine oder Glas bedecken. In der Natur breiten sich die Polypen über Äste von Rindenkorallen und Peitschenkorallen, die in der Nähe wachsen, aus und töten den »Wirt« allmählich ab. Röhrenkorallen»bäume« sind das Ergebnis und häufig im Aquarienhandel erhältlich. Es ist ratsam, Rindenkorallen und Peitschenkorallen im sicheren Abstand zu halten, wenn sie in ihrem Originalzustand erhalten werden sollen!

In der Natur vermehrt sich *Clavularia* durch Abgeben von Eiern und Sperma ins Meer, um Kolonien weit entfernt zu gründen. Dies geschieht aber selten im Aquarium, und man kann sich nicht darauf verlassen, daß sich die Art bis zum anderen Ende eines großen Aquariums ausbreitet.

Aquariumbedingungen und Pflege

LEBENSRAUM: Für Becken- und Wasserbeschaffenheit siehe Pilzkorallen, Seite 156.

FÜTTERUNG: Es scheint, daß Röhrenkorallen sich nicht von mikroskopisch kleinem Plankton ernähren, sondern die Nährstoffe von den symbiontischen Algen in ihrem Gewebe erhalten.

GESUNDHEIT: Röhrenkorallenkolonien sind sehr widerstandsfähig gegen Krankheiten, können aber von Nacktkiemerschnecken wie *Pleuroleura striata* angegriffen werden. Werden die Kolonien während der Dunkelheit beobachtet, können die Schnecken entfernt werden.

F&A …

◆ Haben Röhrenkorallen besondere Ansprüche?

Ja, gute Wasserzirkulation ist wichtig. Träges, ruhiges Wasser um die Polypen führt zu einem sehr schlechten Aussehen, wogegen starke Turbulenzen eine gute Belüftung fördern und die Vitalität steigern.

◆ Wie kann man die Ausbreitung von Röhrenkorallen im Aquarium fördern?

Stücke von gut eingewachsenen Kolonien können vorsichtig von einem Stein gelöst und anderswo hingesetzt werden. Arten, die polsterähnliche Formen bilden, können mit einem sehr scharfen Skalpell zerschnitten und die Stücke ebenso verteilt werden. Das mag brutal erscheinen, aber die Kolonien erholen sich sehr schnell und sind bald wieder bereit, sich erneut auszubreiten.

◆ Wenn sich eine Kolonie wochenlang weigert, ihre Polypen auszustrecken, was kann man tun?

Obwohl sie ziemlich widerstandsfähig sind, vertragen *Clavularia*-Arten keine sich verschlechternden Wasserbedingungen durch fehlenden Wasserwechsel, Überfütterung oder Überbesatz durch Fische. Mehrere große Wasserwechsel helfen oft, daß sich die Röhrenkorallen wieder erholen. Ruhende Basalstrukturen können manchmal wiederbelebt werden, wenn das Umfeld drastisch verbessert wird.

Clavularia sp. Attraktive Kolonien von Röhrenkorallen sind häufig im Aquarienhandel erhältlich und sind eine ideale Wahl für Anfänger bei der Wirbellosenhaltung.

◆ Brauchen Clavularia-Kolonien besondere Aufmerksamkeit?

Ja. Es ist wichtig, daß sie weder von lästigen noch von Zieralgen überwachsen werden (siehe Seite 52 – 55). Wenn sie sich einmal auf einer Kolonie angesiedelt haben, ist es fast unmöglich, die tief wurzelnden Algen auszurotten.

◆ Kann Clavularia eine nützliche Funktion erfüllen?

Ja. In einem Wirbellosenaquarium ohne Substrat kann *Clavularia* dazu veranlaßt werden, eine lebende Matte aus Polypen auf dem Boden zu bilden, um das nackte Glas zu verdecken.

◆ Können Clavularia-Kolonien eng zusammengesetzt werden?

Ja, sie sind gegenseitig keine Bedrohung.

◆ Sind Röhrenkorallen für den Anfänger in der Wirbellosenhaltung zu empfehlen?

Ja, sie gehören zweifellos zu den zuverlässigsten Wirbellosen und sind ideal für den weniger erfahrenen Aquarianer.

Pumpkorallen FAMILIE: XENIIDAE

Die Familie Xeniidae besteht aus 7 Gattungen, und sogar der begeistertste Aquarianer wird kaum mehr als einigen der vielen Arten, die in Aquarien gehalten werden, begegnen. Die häufigsten von ihnen sind gewöhnlich die sogenannten Pumpkorallen wie *Xenia umbellata*, *X. puertogalarea*, *X. elongata*, *Heteroxenia fuscescens* und *Anthelia glauca*. Alle besitzen 8 pulsierende, gefiederte Tentakel an verlängerten Stielen. Sie können sich nicht völlig zurückziehen, aber in der Größe erheblich schrumpfen. Das ist der wichtigste physische Unterschied zwischen Xeniidae und Clavulariidae (Seite 164–165).

Pumpkorallenpolypen variieren in der Farbe, die von Dunkelbraun bis Hellgrau reicht. Die meisten Arten pulsieren, indem sie sich rhythmisch öffnen und schließen (30–40mal/Minute), vermutlich damit frisches, belüftetes Wasser über ihre Oberfläche strömt (Atmung!). Obwohl das auch

F & A...

✦ *Sind Pumpkorallen einfach zu pflegen?*

Nein, nur die erfahrensten Aquarianer mit fortschrittlicher Aquarientechnologie sollten versuchen, sie zu halten.

✦ *Woran kann ich eine gesunde Pumpkoralle erkennen?*

An der Tatsache, daß die Tentakeln pulsieren! Wenn die Koralle nicht oder nur selten pulsiert, kaufen Sie sie nicht.

✦ *Warum hören Pumpkorallen auf zu pulsieren?*

Die Mehrheit der Exemplare in Aquarien neigt dazu, normalerweise nicht zu pulsieren, wobei der Grund nicht genau bekannt ist. Wenn jedoch optimale Bedingungen geboten werden, können solche nicht pulsierenden Exemplare das Verhalten wieder aufnehmen.

Xenia sp. Alle Pumpkorallen sind schwer im Aquarium zu halten

Pumpkorallen sind leicht an den dicken, verzweigten Stämmen zu erkennen, an denen die pulsierenden Tentakeln entspringen. Sie sind in der Natur häufig, aber schwierige Aquarienbewohner.

der Nahrungsaufnahme dienen mag, werden die Nährstoffe in den meisten Fällen von symbiontischen Algen im Gewebe geliefert.

Die verschiedenen Gattungen in der Familie Xeniidae unterscheiden sich in der Art, wie sie sich am Substrat anheften. *Xenia* spp. besitzen beispielsweise einen dicken Stamm, von dem die Tentakeln nach oben weisen, wogegen die Polypen von *Anthelia* spp. sich am Festhaltepunkt verzweigen. Die Fußlänge variiert von Art zu Art. Einige sind nur wenige Zentimeter lang, andere, z. B. *Heteroxenia fuscescens*, können 7,5 cm groß werden.

Aquariumbedingungen und Pflege

LEBENSRAUM: Für Becken- und Wasserbeschaffenheit siehe Steinkorallen, Seite 151.

FÜTTERUNG: Keine Fütterung notwendig.

GESUNDHEIT: Wenn nicht die besten Bedingungen herrschen, hören Pumpkorallen häufig auf zu pulsieren, schrumpfen und sterben. Andere Xeniidae wie *Anthelia glauca* sind wesentlich zuverlässiger und vermehren sich sogar unter optimalen Bedingungen.

Pumpkorallen sind in der Natur nicht selten und überwachsen Felsen, wo eine gute Strömung aus klarem, sauberem Wasser und intensive Sonneneinstrahlung herrscht. Sie leiden erheblich, wenn sie transportiert werden, und benötigen in der Gefangenschaft die besten Bedingungen.

Leder- und Weichkorallen

GATTUNGEN: SARCOPHYTON, SINULARIA UND DENDRONEPHTHYA

Lederkorallenarten zu bestimmen ist nicht einfach. Sie besitzen keine einheitliche, definierte Form oder Färbung, und viele Arten sind fast nicht zu unterscheiden. Das tut jedoch der Freude des Aquarianers an diesen Tieren keinen Abbruch, da die meisten Arten auf die Bedingungen im Aquarium gleich reagieren.

Sinularia

Sinularia-Arten besitzen ein anderes Wachstumsmuster als ihre ledrigen Vettern. Zwar entspringen beide Formen von einem einzelnen, basalen Fußpunkt, aber die meisten *Sinularia*-Arten verzweigen sich in viele fingerähnliche, senkrechte Lappen, die mit zahlreichen, viel kürzeren Polypen bedeckt sind. Eine häufige Ausnahme zur normalen Form ist *Sinularia brassica* – die Blumenkohlkoralle –, die so genannt wird wegen ihrer dichten Anhäufungen von dunkelbraunen Rosetten, die von zahlreichen Polypen gebildet werden und an Blumenkohlröschen erinnern. Wenn die Polypen die Tentakeln zurückziehen, wird die ganze Koralle weiß. *Sinularia*-Arten sind in einem gut gepflegten Wirbellosenbecken einfach zu halten.

Sarcophyton

Sarcophyton-Arten machen dem Namen Lederkoralle alle Ehre. Sowohl Struktur als auch Farbe der Tiere ähneln, wenn die Polypen zurückgezogen sind, auf bemerkenswerte Weise gegerbtem Leder. Weit verbreitet in den tropischen Regionen des Indopazifiks findet man einige Arten von *Sar-*

◆ *Wie vermehren sich Lederkorallen im Aquarium?*

Die meisten Lederkorallen knospen kleinere Tiere an der Basis ab oder fallen buchstäblich auseinander, wobei Stücke der Hauptplatte sich schnell wieder an anderen Standorten ansiedeln und zu Kopien der Muttertiere heranwachsen. Es ist auch möglich, Lederkorallen zu vermehren, indem man sie mit einer scharfen Rasierklinge oder einem Skalpell in kleinere Stücke schneidet. Das funktioniert besonders bei *Sinularia*-Arten gut, wo natürliche Teilungspunkte auftreten. Setzen Sie die neue Koralle in ein geeignetes Loch in einem Stein oder bohren Sie eins in ein Stück Tuffstein. Sie setzt sich schnell fest und wächst normal weiter. Die Mutterkoralle heilt innerhalb von mehreren Wochen ab.

◆ *Haben Lederkorallen irgendwelche Feinde?*

Relativ wenig, aber zwei, auf die man achten sollte, sind die Rapa-Rapa-Schnecke (Familie Coralliophilidae) und eine Nacktkiemerschnecke (*Dendronotus* sp.). Letztere ist rein weiß und weniger als 5 cm lang. Die Kiemen sind in attraktiven Büscheln über den ganzen Körper in Gruppen angeordnet. Beide Arten sind nachtaktiv und können sich in den weichen Korallenkörper bohren und ihn von innen auffressen. Große Borstenwürmer sollen auch Lederkorallen fressen, obwohl diese Schädlinge weit weniger eine Bedrohung sind. Trotzdem sollte man nach diesen nachtaktiven Räubern mit der Taschenlampe Ausschau halten. Alle kleinen Schnecken oder weißen Nacktkiemerschnecken, die auf den oder um die Korallen gefunden werden, sollten entfernt werden.

◆ *Ist gute Wasserzirkulation wichtig?*

Ja, Lederkorallen gedeihen in einem kräftigen Wasserstrom, der sie stimuliert und hilft, bakteriellen Infektionen vorzubeugen.

◆ *Warum strecken Lederkorallen ihre Polypen bei Nacht aus?*

Obwohl sie das Licht mögen und symbiontische Algen in ihren Geweben besitzen, strecken die meisten Lederkorallen ihre Polypen in der Nacht aus, um kleine, planktonische Futterteilchen aufzunehmen.

◆ *Sollten Lederkorallen von anderen Arten ferngehalten werden?*

Ja. Alle Steinkorallen, Anemonen und viele andere nesselnde Wirbellose müssen in ausreichender Entfernung eingesetzt werden. Lederkorallen besitzen keinen Schutz und können so eingeschüchtert werden, daß sie ständig eingezogen sind, bis sie schließlich sterben oder umgesetzt werden.

◆ *Soll man Lederkorallen dort lassen, wo sie sind?*

Ja, Lederkorallen gedeihen am besten mit möglichst wenig Störungen.

◀ *Sarcophyton*-Arten vermehren sich leicht im Aquarium unter geeigneten Bedingungen. Hier hat eine »Mutter«-Lederkoralle kleinere Exemplare von der Basis abgeschnürt. Lange Polypen erscheinen auf der Oberfläche.

◀ *Sinularia*-Arten können eine attraktive Form annehmen und fühlen sich wie ein Schwamm an. Die Polypen sind im allgemeinen winzig im Vergleich zu *Sarcophyton*.

cophyton, die sanft wiegende Platten mit 1 m Durchmesser bilden. Oben auf der Oberfläche entspringt ein Teppich aus Polypen, die manchmal bis zu 1 cm lang werden. Mit einer Lupe kann man die zarten Polypen erkennen, die mit einem Ring aus 8 Tentakeln besetzt sind, mit denen sie winzige planktonische Partikel fangen, die mit der Strömung herangetragen werden. Unerfahrene Aquarianer können *Sinularia*- und *Sarcophyton*-Arten als die idealen Anfänger-Wirbellosen ansehen.

Höchst verträglich

Eine der besten Eigenschaften der Lederkorallen ist, im Unterschied zu ihren Vettern, den Steinkorallen, ihr friedliches Wesen. Sie leben einträchtig

Aquariumbedingungen und Pflege

LEBENSRAUM: Für Becken- und Wasserbeschaffenheit siehe Pilzkorallen, Seite 156.

Beleuchtung Lederkorallen sind nicht nachtragend, wenn es um die Beleuchtung geht. Sie gedeihen recht gut unter einigen Leuchtstoffröhren. Je stärker jedoch die Beleuchtung ist, desto besser sieht das Tier aus und wächst es. Beobachten Sie, wie es unter Halogen-Metalldampflampen aufblüht!

FÜTTERUNG: Ein Tropfen Saft von marinen Futtertieren kann in der Nacht gegeben werden, wenn die Korallen fressen, aber es ist nicht erforderlich, besonders in einem gemischten Aquarium, wo auch Fische gefüttert werden.

GESUNDHEIT: Lederkorallen leiden an bakteriellen Infektionen aufgrund schlechter Wasserqualität. Ein Verfaulen des basalen Kontaktpunktes ist recht häufig, ebenso wie eine Schwarzfärbung des Gewebes. Beide unerwünschten Zustände können durch Beibehalten von guter Wasserqualität und einer verbesserten Wasserzirkulation in dem betroffenen Bereich vermieden werden. Ist dies erreicht, heilen sich viele Arten mit der Zeit wieder selbst.

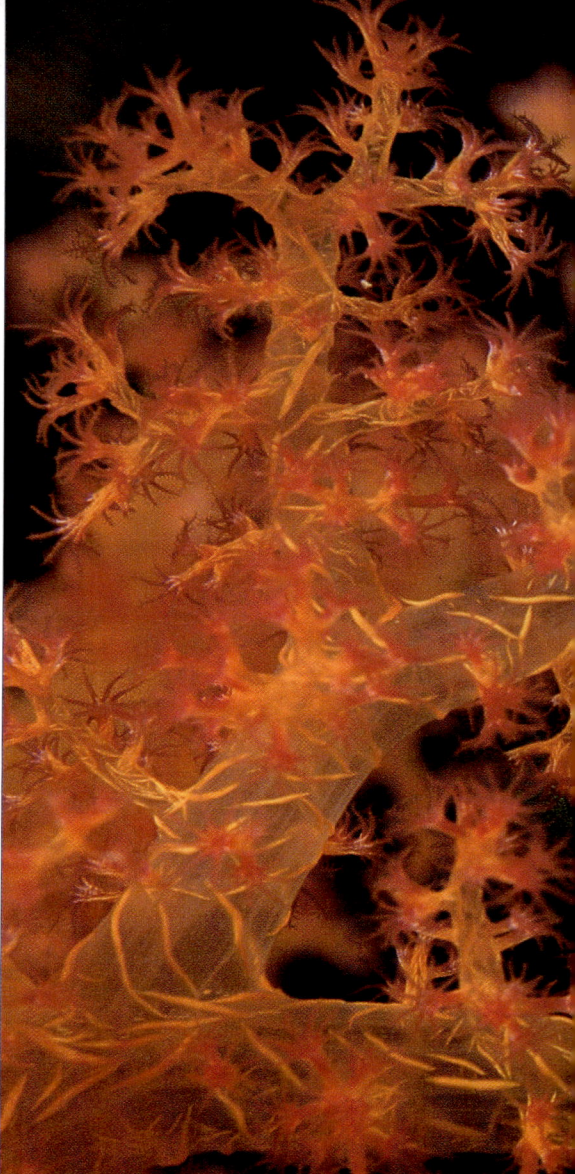

in enger Nachbarschaft miteinander. In der Natur besiedeln Lederkorallen freie Bereiche auf einem Riff in der Tat so schnell und so dicht, daß kaum eine andere Art Zugang bekommt. Deshalb können vorwiegend mit Wirbellosen besetzte oder Riffaquarien eng besiedelt werden, ohne daß man Auseinandersetzungen zwischen den Korallen befürchten muß, wie es häufig bei Steinkorallen der Fall ist.

Lederkorallen können sehr unterschiedlich schnell wachsen. Die wichtigsten bestimmenden Faktoren sind Wasserqualität, Beleuchtung und (nicht zuletzt) die spezielle Art. Unter optimalen Bedingungen kann das Wachstum unerwartet schnell erfolgen. Sogar unter weniger optimalen Bedingungen wachsen Lederkorallen gleichmäßig und brauchen zusätzlichen Platz, um sich voll entfalten zu können – und das kann erheblich sein!

Wie andere Wirbellose verwenden sie das umgebende Wasser, um ihr Gewebe zu entfalten, was ihnen ein »lebendiges« Aussehen verleiht. Von Zeit zu Zeit wird jedoch das alte Wasser ausgestoßen, und die Korallen nehmen eine verschrumpelte Form an, wobei alle Polypen eingezogen sind. Jeder Aquarianer, der schon Leder-

korallen hält, weiß, daß diese Aktionen Bestandteil eines regelmäßigen Zyklus sind, der sogar täglich stattfinden kann. Gleichzeitig mit dem Zusammenfallen können die Korallen eine Schleimschicht abstoßen, wodurch sie sich der Parasiten oder anderer Inkrustierungen entledigen, die versuchen, sich auf ihrer Haut anzusiedeln. Falls notwendig, kann überschüssiger Schleim vorsichtig abgesaugt werden, damit andere Wirbellose nicht leiden.

Dendronephthya (Weichkorallen)

Obwohl sie mit der Gattung *Sinularia* eng verwandt ist, unterscheidet sich *Dendronephthya* erheblich, da ihr Körper von spitzen Kalziumspicula gestützt wird und leuchtend rot, orange oder weiß sein kann. Sie kommt in relativ tiefem Wasser vor und besitzt im Gewebe keine symbiontischen Algen. Am Tag sieht sie wie ein uninteressanter, kleiner Ball aus. In der Nacht entfaltet sie sich jedoch blumenkohlförmig. Sie ernährt sich, indem sie winzige Nahrungspartikel in sich

Eine Weichkoralle der Gattung *Dendronephthya* in Großaufnahme. Im Foto sind die Kalziumspicula sichtbar, welche die wassergefüllte Struktur stützen. Wie so viele andere schöne Korallen ist auch diese schwer zu pflegen.

hineinzieht, wenn sie entfaltet ist, wodurch es sehr schwierig ist, sie im Aquarium richtig zu füttern. *Dendronepythya* bevorzugt eine schattige Position und mag nicht durch lästige Haaralgen, die sich in den dünnen Verzweigungen verfangen, verunreinigt werden.

Röhrenwürmer

Die meisten von Aquarianern bevorzugten Würmer sind sessile Röhrenwürmer, die zwei Familien angehören: den Sabellidae oder Fächerwürmern und den Serpulidae, die Kalkröhrenwürmer genannt werden. Alle diese Arten leben dauerhaft in Röhren und strecken ein oder mehrere fedrige Büschel aus Tentakeln heraus, mit denen sie fressen und atmen. Häufig sind diese Büschel äußerst attraktiv und leuchtend blau, rot, gelb, weiß, schwarz, orange, grün, violett, rosa, beige oder braun gefärbt.

Federwürmer und Kalkröhrenwürmer fangen winzige Nahrungsteilchen mit ihren Federkronen. Von dort werden die Partikel zu einer Mittelrippe mit einem Schleimfluß befördert, der in die zentrale Mundöffnung fließt. Die Kronen reagieren extrem empfindlich auf Bewegungen in der unmittelbaren Umgebung und werden häufig plötzlich eingezogen. Die Reaktionen werden von riesigen Nervenfasern kontrolliert, die über die ganze Körperlänge in einem Hauptnervenstrang verlaufen.

Federwürmer

Diese Würmer sind gewöhnlich im Sand oder Schlick flacher Gezeitenzonen zu finden. Sie vermischen winzige Schlammpartikel mit Schleim, um eine pergamentartige Röhre zu bauen, in der sie leben. Die Größe reicht von 2,5 cm Länge bis gut über 10 cm, abhängig von der Art. Federwürmer sind gesellig und leben in extrem großen Kolonien, besonders bei reichhaltigem Nahrungsangebot. Allgemein läßt sich sagen, daß die Farben recht gedämpft und auf beige, braun, schwarz, dunkelrot, rosa und weiß beschränkt sind. Am häufigsten für den Aquarianer erhältlich sind die Arten *Sabellastarte magnifica* und *S. sanctijosephi.*

Kalkröhrenwürmer

Die Serpulidae unterscheiden sich von den Federwürmern dadurch, daß sie eine harte Kalkröhre bilden. Arten wie *Protula magnifica* sind einzelgängerische Tiere mit einer Röhre, die 30 cm lang werden kann und eine 2,5 cm große Öffnung besitzt. Der darin lebenden Wurm kann ein oder mehrere farbenprächtige Federbüschel zur Schau stellen und ist daher bei den Aquarianern sehr beliebt.

Die viel kleineren Kalkröhrenwürmer bauen ihre Röhren in lebende Steinkorallen wie *Porites* und bilden häufig große Kolonien. Die spiralförmige, doppelreihige Krone hat normalerweise einen Durchmesser von 1 cm, und bis zu 50 Würmer können einen Felsen von 1 m^2 Größe besiedeln. Sie erinnern an winzige, doppelte Tannenbäume. Sogar kleine Felsabschnitte können Federkronen in einer prächtigen Farbenvielfalt zur Schau stellen. *Spirobranchus giganteus* ist wahrscheinlich die am häufigsten erhältliche Art, aber erreicht im Aquarium selten die maximale Größe von 15 cm Durchmesser.

Aquariumbedingungen und Pflege

LEBENSRAUM: Für Becken- und Wasserbeschaffenheit siehe Pilzkorallen, Seite 156. Kalkröhrenwürmer sollten optimale Wasserbedingungen wie für Steinkorallen, siehe Seite 151 erhalten.

FÜTTERUNG: Röhrenwürmern kommt gelegentliches Füttern mit lebenden Rädertierchen und Naupliuslarven zugute. Das Ausdrücken des Saftes einer aufgetauten Muschel über den Federkronen ist auch hilfreich.

GESUNDHEIT: Gelegentlich verläßt der Wurm seine Röhre. Er kann so viele Wochen lang überleben, stirbt aber manchmal fast augenblicklich. Ohne geeignetes Material kann der Wurm keine neue Röhre bauen. Einzelne Kalkröhrenwürmer können sich einer nach dem anderen zurückziehen, bis sich die ganze Kolonie nicht mehr zeigt. Der Grund ist gewöhnlich verschlechterte Wasserqualität und ein Mangel an Nährstoffen.

✦ *Sind Röhrenwürmer für alle Meerwasseraquarien geeignet?*

Nein, Wirbellosenbecken sind am besten. Mit Fischen besetzte Becken bilden zu viele Abfallstoffe, und die Fische können an den Kronen knabbern und sie schädigen.

✦ *Warum werfen Röhrenwürmer regelmäßig ihre Kronen ab?*

Wegen schlechter Wasserqualität, um nicht von Feinden bemerkt zu werden, durch den Schock des Umsetzens oder überraschenderweise als Vorbote der Fortpflanzung. Oder die Krone ist alt geworden und nicht mehr so wirkungsvoll wie eine neue. Es ist sehr wahrscheinlich, daß die Tiere innerhalb von 2 oder 3 Wochen eine neue Krone bilden, vorausgesetzt daß mögliche ungünstige Bedingungen verbessert wurden.

✦ *Wenn die Porites-Koralle stirbt, sterben die Kalkröhrenwürmer auch?*

Ja, höchstwahrscheinlich. Obwohl es keine physikalische Verbindung zwischen den beiden gibt, scheint es den Würmern sehr schlecht zu gehen, wenn die Korallen abgestorben sind.

✦ *Brauchen Röhrenwürmer sandiges Substrat?*

Sie können in Sand oder in eine Felsspalte gesetzt werden. Sie gedeihen an beiden Orten gleich gut.

✦ *Wie vermehren sich Röhrenwürmer im Aquarium?*

Wenn Sie mehrere Exemplare derselben Art besitzen, werden sie vielleicht anfangen, früh am Morgen eine milchige Wolke auszustoßen. Sie enthält Eier oder Sperma. Die erwachsenen Tiere werfen im allgemeinen ihre Krone ab, damit sie nicht die Larven fressen, die sich sehr schnell bilden und auf Steinen, Glas und Substrat niederlassen. Wenn die Erwachsenen begonnen haben, eine neue Krone zu bilden, erscheinen winzige Röhrenwürmer, die mit lebenden Rädertierchen mindestens dreimal täglich während des Wachstums gefüttert werden sollten, bis sie erwachsen sind. Federwürmer vermehren sich am erfolgreichsten.

✦ *Kann die Röhre wieder verwendet werden, wenn ein Wurm stirbt?*

Ja. Wenn Sie sicher sind, daß der Wurm tot ist, säubern Sie die Röhre mit einer Bürste und stellen Sie sie zurück ins Aquarium. Ein geeigneter Federwurm kann in die Öffnung gesetzt werden, um die Röhre wieder zu besiedeln. Versuchen Sie nicht, den neuen Bewohner in die Röhre zu zwingen, da der Wurm sich selbst in die

◄ Federwürmer wie diese farbenprächtige *Sabellastarte*-Art sind häufig im Aquarienhandel erhältlich, aber erfordern sorgfältige Fütterung, damit sie lange erfolgreich überleben.

Garnelen, Langusten, Krabben & Entenmuscheln

STAMM: CRUSTACEA

Krebstiere gewinnen zusehends an Popularität in der Meerwasseraquaristik. Viele Krebstiere sind nicht nur bunt und beweglich, sondern auch noch nützliche Aasfresser, die winzige Futterreste vertilgen, die ansonsten eine mögliche Ursache für Wasserverschmutzung wären.

Der Stamm Crustacea ist mit über 40 000 Arten sehr groß, von denen viele für die Meerwasseraquaristik uninteressant sind. Es gehören auch Arten dazu, die gewöhnlich fälschlicherweise anderen Gruppen zugeordnet werden. Entenmuscheln (trotz ihrer moluskenähnlichen Erscheinung) sind ein gutes Beispiel. Die bei weitem größte Gruppe innerhalb dieses Stammes ist die Klasse Malacostraca, zu der fast drei Viertel aller bekannten Krebstiere gehören. Die meisten und bekanntesten Krebstiere in Meerwasseraquarien gehören zu den Dekapoden. Wie der Name sagt, besitzen sie 10 Beine, die in 5 Paaren angeordnet sind, wobei einige der vorderen Paare zu Scheren oder Klauen umgebildet sein können. Zu den für die Aquaristik geeigneten Zehnfußkrebsen gehören Krabben, Langusten und Garnelen.

Häuten des Außenskeletts

Krebse besitzen alle eine faszinierende Eigenschaft – sie tragen ein Skelett (korrekt als Exoskelett oder Cuticula bezeichnet) auf der Außenseite des Körpers. Sie besitzen die bemerkenswerte Fähigkeit, sich in regelmäßigen Abständen zu häuten, wodurch sie weiter wachsen und beschädigte oder fehlende Gliedmaßen regenerieren können. Das Exoskelett besteht aus Chitin und wird durch Karbonat und andere Kalziumsalze verstärkt, wodurch es in der Tat sehr hart werden kann. Mineralsalze und andere nützliche Substanzen werden von dem alten Exoskelett absorbiert, bevor es abgestreift wird, was den ganzen Vorgang noch bemerkenswerter macht. Bei der Häutung pumpt sich das Tier mit Wasser auf, so daß die Cuticula an der Brust reißt. Das »neue« Tier drückt sich rückwärts aus dem Spalt und hinterläßt eine leere Hülle. Nach der Häutung ist das neue Exoskelett noch weich, und die Krebstiere sind einige Tage lang durch Feinde ver-

✦ *Werden Krebstiere am besten in einem Becken hauptsächlich mit Wirbellosen gehalten?*

Ja. Sie sind empfindlich gegen hohe Mengen an Abfallstoffen von Fischen und gedeihen besser in einer Umgebung mit sehr wenigen, verträglichen Fischen.

✦ *Können verschiedene Krebstiere in einem Becken gehalten werden?*

Mit Einschränkung, ja. Garnelen und Krabben lassen sich relativ sicher zusammen halten, wogegen Langusten ungeeignet sein können.

✦ *Muß ein abgestreiftes Exoskelett entfernt werden?*

Nein. Es ist neutral und verursacht keine Verschmutzung. Die Exoskelette von Garnelen und einigen Krabben sind sogar extrem dekorativ und können herausgenommen, getrocknet und mit einem Schutzanstrich konserviert werden.

✦ *Wie alt können Krebstiere im Aquarium werden?*

Das ist schwer zu beantworten, da es hauptsächlich von der Art, dem Alter beim Kauf und den Wasserbedingungen abhängt. Im allgemeinen sollten Garnelen 2 – 3 Jahre, Krabben 4 – 5 Jahre und Langusten über 5 Jahre leben.

✦ *Warum legen viele Putzergarnelen das Putzverhalten im Aquarium ab?*

Wenn der Aquarianer sie regelmäßig reichlich füttert, lernen sie, auf das Futter zu warten, statt selber auf Nahrungssuche zu gehen.

✦ *Können Garnelen dazu gebracht werden, am Tag zu erscheinen?*

Als Einzeltiere oder kleine Gruppen sind sie sehr zurückgezogen, aber in großer Anzahl (wie in der Natur) sind sie zutraulicher. Große Gruppen sehen auch eindrucksvoller aus.

✦ *Können Garnelen im Aquarium aufgezogen werden?*

Frisch geschlüpfte Garnelen sind extrem schwierig aufzuziehen. Einige kommerzielle Züchter und Universitäten sind dabei erfolgreich, aber sogar erfahrene Aquarianer scheitern gewöhnlich, da ihnen anfangs die richtige Nahrung fehlt.

wundbar. Die abgestreifte Hülle wird häufig an einem exponierten Ort zurückgelassen (vielleicht als Ablenkung), während sich das verwundbare Tier in der Nähe versteckt. Die für diesen Vorgang benötigte Energie ist erheblich. Nicht alle Tiere schließen die Häutung erfolgreich ab, manche sterben dabei.

Garnelen

Viele der Garnelen, die in Meeresaquarien gehalten werden, verrichten in einer Korallenriffgemeinschaft einen unersetzlichen Dienst – sie befreien die Fische von Parasiten. Sie werden so stark in Anspruch genommen, daß Fische an solchen »Putzerstationen« sogar Schlange stehen. Die unverwechselbare rot-weiße Färbung vieler solcher Garnelen ist ein klares Signal für die wartenden Fische, um absolut still zu halten. Sie lassen die Garnelen über Körper, Flossen, Augen und sogar in Maul und Kiemen wandern, wobei

Wenn sich ein Fisch wie diese Wächtergrundel (*Cryptocentrus* sp.) einer Putzergarnele (*Lysmata amboinensis*) nähert, wird sie auf Parasiten und Hautveränderungen untersucht. Viele Fische finden diese Behandlung angenehm und kommen immer wieder.

diese die schädlichen Parasiten fressen. Das faszinierende Verhalten ist häufig im Aquarium zu beobachten, besonders bei größeren Fischen oder allem, was wie ein großer Fisch aussieht, z. B. eine menschliche Hand. Jedoch stellen Garnelen häufig den größten Anteil der Nahrung von vielen Fischen wie Büschelbarschen, Kugelfischen und Drückerfischen dar. Deshalb muß trotz ihrer relativen Immunität dafür Sorge getragen werden, daß eine neu eingesetzte Garnele, ob Putzergarnele oder nicht, nicht zu einem teuren Leckerbissen wird! Man sollte auch daran denken, daß das natürliche Verhalten im offenen Riff nicht immer mit dem Verhalten im Aquarium zu vergleichen ist. Die ständige Aufmerksamkeit einer Putzergarnele kann häufig dazu führen, daß ein irritierter Fisch die Garnele frißt, um sich dieses Plagegeistes zu entledigen. Vorwiegend mit Fischen besetzte Becken sind nicht besonders gut für Garnelen geeignet, die gewöhnlich am besten in einem gemischten Fische-Wirbellosen-Becken oder in einem reinen Wirbellosenbecken aufgehoben sind. Wenn in ein vorwiegend mit Fischen besetztes Becken ein Aasfresser gesetzt werden soll, wäre eine geeignete Alternative ein Einsiedlerkrebs (*Dardanus* spp.). Er ist nicht nur gut geschützt, sondern kann auch verschiedene Wasserbedingungen und eine gewisse Menge an kupferhaltigen Medikamenten vertragen.

Die folgenden Garnelen sind wertvolle Ergänzungen in einem Meerwasseraquarium:

Putzergarnele (*Lysmata amboinensis* und *L. grabhami*) sehen mit ihrer rot-weißen Färbung und den langen, weißen Antennen prächtig aus. Sie können einzeln oder in Gruppen gehalten werden, und viele Exemplare werden schnell handzahm. Putzergarnelen sind gewöhnlich häufig zu sehen. Diese Arten sieht man oft mit Eiern, die sie mit ihren Schwimmfüßen festhalten.

Scherengarnelen (*Stenopus* spp.) sind beliebt und farbenprächtig, besitzen aber mit ihren großen, ausgestreckten Klauen eine bedrohliche Erscheinung. Sie werden am besten einzeln gehalten, da zwei Tiere miteinander kämpfen, wenn es sich nicht um ein Pärchen handelt. Obwohl sie zur Fütterungszeit aktiv sind, sind Scherengarnelen gewöhnlich scheu und neigen dazu, sich für längere Zeit unter Steinen zu verstecken.

Tanzgarnelen (*Rhynchocinetes* spp.) werden am häufigsten angeboten. Sie sind gute Aasvertilger, friedlich, attraktiv, widerstandsfähig und relativ billig. Sie sind vor allem für Neulinge mit Wirbellosenaquarien zu empfehlen. *Rhynchocinetes uritai* ist die bekannteste Art, aber auch andere Vertreter der Gattung gelangen von Zeit zu Zeit in den Fachhandel. Einzeltiere verstecken sich zwischen Steinen, aber in großen Gruppen werden sie mutiger.

Rhynchocinetes regulosus ist eine von mehreren als Tanzgarnelen bekannten Arten. Sie fühlen sich in Gruppen wohler als allein.

Die **Kaisergarnele** (*Lysmata debelius*) ist ausgesprochen schön und meistens recht teuer. Sie ist nicht schwer zu halten und völlig friedlich, aber in hell erleuchteten Bereichen sehr wachsam und nicht allzu häufig zu sehen. Die Farbe kann von einem leuchtenden Rot bis zu einem gedämpften Karminrot reichen. Die Tiere bleiben inaktiv bis zur Fütterungszeit. Sie fühlen sich am wohlsten in Gruppen von drei oder mehr.

Partnergarnelen (*Periclimenes* spp.) sind besonders zarte Kreaturen, die an bemaltes Glas erinnern. Sie brauchen den Schutz der Anemonenarten, die auch normalerweise mit Clownfischen zusammenleben (siehe Anemonen, Seite 160). Es besteht jedoch das Risiko, daß, wenn die Anemone schon einen Clownfisch beherbergt, die Garnele ständig belästigt und von den Tentakeln fortgejagt wird.

Die **Violettfüßige Marmorgarnele** (*Saron rectirostris*) ist ein attraktiver, nachtaktiver Aasfresser, der am Tag selten zu sehen ist.

Die folgenden Garnelen sind für das normale Meerwasseraquarium weniger geeignet:

Fangschreckenkrebse (*Odontodactylus* spp. und *Squilla* spp.) leben räuberisch und ernähren sich von Fischen und anderen geeigneten Tieren, um ihren riesigen Appetit zu stillen. Sie gelangen gewöhnlich in den Spalten von Lebenden Steinen (siehe Seite 50 – 51) in ein Aquarium. Wenn sie in einem Artenbecken gehalten werden, sind sie interessante Studienobjekte (siehe Wirbellose Schädlinge, Seite 202).

Pistolenkrebse (*Synalpheus* spp.) sieht man selten, aber hört sie umso öfter. Wie der Name sagt, können sie mit ihren Scheren ein lautes Knackgeräusch erzeugen, ähnlich wie das Geräusch von zerbrechendem Glas! Die meisten Aquarianer finden den Ton zu alarmierend und nehmen die Tiere heraus.

Harlekingarnelen (*Hymenocera* spp.) sind herrliche Tiere, die lebende Seesterne verschlingen! Die meisten Aquarianer können sich mit den Bedürfnissen dieser Garnelen nur schwer arrangieren, sowohl ethisch als auch finanziell.

Krabben

Viele Arten von unidentifizierten Krabben gelangen mit Lebenden Steinen in das Meerwasseraquarium. Einige bleiben klein und harmlos, während andere sehr groß und destruktiv werden. Da sie vorwiegend nachtaktiv sind, ist der einzige Hinweis auf ihre Anwesenheit das abgestreifte Exoskelett an exponierten Stellen. Die folgenden Arten gehören zu den häufigsten:

Karibische Spinnenkrabbe (*Stenorhynchus seticornis*). Diese ungewöhnliche Krabbe erinnert an eine Unterwasserspinne und ist bei Leuten mit Spinnenangst nicht beliebt! Sie ist jedoch eine wertvolle Ergänzung für ein Wirbellosenbecken. Halten Sie sie einzeln, um Kämpfe zu vermeiden. Einige entwickeln eine Vorliebe für Borstenwürmer und können helfen, diese lästigen Schädlinge zu bekämpfen.

Anemonenkrabben (*Neopetrolisthes* spp.). Diese Krabben sind einfach zu halten. Vieles, was über Partnergarnelen gesagt wurde, trifft auch auf sie zu.

Einsiedlerkrebse (*Dardanus* spp.) sind für ihre Widerstandsfähigkeit bekannt, was sie zu idealen Aasvertilgern in einem reinen Fischbecken macht, wo sie nicht ganz perfekte Wasserbedingungen und sogar eine gewisse Menge an kupferhaltigen Medikamenten vertragen. Einsiedlerkrebse gibt es in einer Vielfalt an Farben und Größen. Ihre Beine können rot, gelb, blau oder grau sein. Sie reichen von winzigen Exemplaren von 1 cm Größe bis zu faustgroßen Tieren, die unvorstellbare Schäden in einem Wirbellosen-

Dardanus megistos ist eine größere Einsiedlerkrebsart und meistens für ein Wirbellosenbecken ungeeignet.

Diese Krabbe (*Neopetrolisthes maculatus*) erscheint häufig mit Anemonen der Gattung *Stoichactis*.

becken anrichten können. Da Einsiedlerkrebse keine eigenen Schalen haben, besetzen sie die leeren Schalen von Schnecken (Gastropoden), die sie zufällig finden oder sich mit Gewalt nehmen. Wachstum ist nur möglich, wenn eine größere Schale verfügbar ist.

Der **Anemonen-Einsiedlerkrebs** (*Dardanus pedunculatus*) besetzt wie seine Verwandten leere Schneckenschalen. Aber diese Art setzt zum Schutz kleine Anemonen auf ihre Schneckenschale. Wenn sie die Schale wechselt, nimmt sie die Anemonen mit. Aufgrund der Empfindlichkeit der Anemonen sind sehr gute Wasserbedingungen wie in einem reinen Wirbellosenbecken erforderlich.

Die **Schamkrabbe** (*Calappa flammea*) hat ihren Namen erhalten, weil es aussieht, als würde sie ihr Gesicht hinter den großen, aber schwachen Scheren verstecken. Sie verbringt die meisten Zeit des Tages im Sand oder unter Felsen versteckt und sollte nicht mit Mollusken zusammen gehalten werden, da sie diese auffrißt.

✦ *Gibt es viele Krabbenarten, die unter keinen Umständen zu empfehlen sind?*

Ja, schwimmende Krabben (*Macropipus* spp.) sind leicht an ihren Hinterbeinen zu erkennen, die zu »Paddeln« abgeflacht sind und mit denen sie hinter Fischen herschwimmen und sie fangen können. Sie werden auch sehr groß und vertilgen nahezu alles Eßbare.

✦ *Sind Krebstiere gegen irgendwelche Medikamente empfindlich?*

Ja. Kupferhaltige Medikamente sind tödlich für alle Krebstiere mit Ausnahme von Einsiedlerkrebsen, die geringe Dosen vertragen. Andere Medikamente werden im allgemeinen sehr schlecht vertragen und sollten in dem Becken am besten nicht verwendet werden.

✦ *Ist es sicher, Schnecken und Einsiedlerkrebse im selben Aquarium zu halten?*

Nein. Einsiedlerkrebse fressen die Mollusken und besetzen deren Schalen. Besonders Turbanschnecken (*Turbo fluctuosus*) werden häufig in ein Wirbellosenbecken gesetzt, um Algen abzuweiden. Einsiedlerkrebse fressen normalerweise diese Schnecken, obwohl die leere Schale für sie häufig nutzlos ist.

Boxerkrabbe (*Lybia teesellata*). Dieses faszinierende Tier trägt zum Schutz auf jeder Schere eine Anemone. Obwohl sie mit etwa 2,5 cm Länge sehr klein sind, sind sie eine ausgezeichnete Bereicherung für die meisten Wirbellosenbecken. Die **Dekorier-Spinnenkrabbe** (*Camposcia retusa*) ist ein Meister der Tarnung. Sie heftet geeignete Stücke von Algen oder Abfällen an Beine und Körper, um ihre Umrisse optisch mit der Umgebung verschmelzen zu lassen. Sie ist friedlich und einfach zu halten.

Langusten

Langusten haben einen großen Appetit und fressen andere Krebstiere und Fische. Sie buddeln auch gerne, um sich ein geeignetes Versteck anzulegen. Dieses Verhalten verursacht Chaos im Aquarium und ist ein überzeugendes Argument, alle Langusten nur in einem Artenbecken zu halten. Langusten sind sehr territorial und müssen einzeln gehalten werden, um ernsthafte Kämpfe zu vermeiden.
Die **Schmucklanguste** (*Panulirus versicolor*) ist eine sehr attraktive, aber große Art, die 20 cm

lang wird und viel Platz benötigt. Sie hat einen gesunden Appetit und ist einfach zu halten.
Der **Hawaii-Riffhummer** (*Enoplometopus occidentalis*) ist ein äußerst attraktives, nachtaktives Tier, das eine für Aquarien günstige Größe von 12,5 cm Länge erreicht.
Riffhummer (*Enoplometopus* spp.) sind extrem bunte Langusten, die selten größer als 15 cm werden. Wenn sie einmal ein passendes Heim in Form einer Höhle gefunden haben, leben sie sich gut ein.

Entenmuscheln

Diese interessanten Krebstiere findet man gelegentlich in kleinen Kolonien oder als Einzeltiere, die sich wie andere sessile Wirbellose einen Fels teilen. Aquarianer sind häufig von ihren fedrigen Beinen fasziniert, die permanent kleine Nahrungsteilchen in die Mundöffnungen strudeln. Leider müssen Entenmuscheln ständig mit winzigen Futterteilchen versorgt werden, damit sie bei guter Gesundheit bleiben. Das ist meistens nicht nur undurchführbar, das nicht aufgenommene Futter ist auch eine große Belastung für das Filtersystem. Als Folge haben die meisten Arten gewöhnlich im Aquarium eine begrenzte Lebenserwartung.

Entenmuscheln sind für die meisten Aquarianer zu anspruchsvoll bezüglich ihrer Nahrungsbedürfnisse. Hier sieht man die Art *Lepas ansifera*.

Der Hawaii-Riffhummer (*Enoplometopus occidentalis*) gräbt voller Begeisterung und schließt häufig einen Bodenfilter durch seine Grabtätigkeiten kurz.

Aquariumbedingungen und Pflege

LEBENSRAUM: Für Becken- und Wasserbeschaffenheit siehe Pilzkorallen, Seite 156.

FÜTTERUNG: Man sollte Garnelen, Krabben und Langusten regelmäßig mit tierischem Futter der passenden Größe versorgen, statt sie nur Abfälle fressen zu lassen. Scheue Tiere lassen sich vielleicht mit einem Stück Tintenfisch, das man ihnen mit einer Zange dicht vor ihr Versteck hält, herauslocken. Entenmuscheln können 4–5mal am Tag gefüttert werden, indem lebende Rädertierchen und Naupliuslarven vorsichtig gegen ihre fedrigen Fangarme gespritzt werden.

GESUNDHEIT: Garnelen, Krabben und Langusten bleiben normalerweise gesund, solange die Wasserqualität gut ist. Entenmuscheln sterben häufig an Nahrungsmangel.

Muscheln KLASSE: BIVALVIA

Die Bivalvia umfassen etwa 15 000 – 20 000 Arten. Sie haben ihren wissenschaftlichen Namen erhalten, weil sie ein Paar symmetrischer, miteinander verbundener Schalen besitzen, die von einem paarigen, kräftigen Muskel zusammengehalten werden. Sie sind Filtrierer mit je einer Einström- und Ausströmöffnung. Austern, Miesmuscheln, Venusmuscheln und Feilenmuscheln gehören alle in diese Gruppe.

Blattkiemermuscheln

Ungewöhnlich sind die paarigen großen Kiemen, mit denen die Tiere nicht nur atmen können, sondern die auch als Nahrungsfilter dienen. Wasser wird durch die Einlaßröhre eingezogen, passiert die Kiemen, und alle Plankton- oder Nahrungsteilchen werden von einer klebrigen Schleimschicht festgehalten. Danach transportieren winzige schlagende Cilien die Nahrung zum Mund, und das verbrauchte Wasser wird durch die Ausströmöffnung wieder abgegeben. Wie bei vielen Wirbellosen ist die Nahrungsaufnahme durch Filtrieren nicht die einzige Methode, um an Nährstoffe zu gelangen. Der fleischige Mantel der meisten Muscheln beherbergt verschiedene Arten von symbiontischen Algen, wodurch die Muschel sich ernähren und wachsen kann, wenn keine Nahrung für die Filterung verfügbar ist.
Jede Art von symbiontischen Algen (Zooxanthellen) verleiht der Muschel eine typische Farbe und Musterung, die in Schattierungen von Blau,

✦ *Sind die verschiedenen Arten von Blattkiemern leicht zu identifizieren?*

Die meisten werden anhand ihrer Schalen bestimmt und nicht anhand der Mantelfärbung. Es ist nicht ratsam, sich beim Identifizieren der Arten auf eine bestimmte Farbe oder Musterung zu beschränken.

✦ *Welches ist die Einström- und welches die Ausströmöffnung und wo befinden sie sich?*

Beide Öffnungen befinden sich im Mantel. Die Einströmöffnung ist der große, längliche Schlitz, in dem die Kiemen zu erkennen sind. Die Ausströmöffnung ist die kleinere, rundliche Erhebung.

✦ *Wenn eine Blattkiemermuschel in ein Becken gesetzt wird, kann man dann mit Nachwuchs rechnen?*

Nein, aus zwei Gründen. Meeresmuscheln sind entweder weiblich oder männlich, daher ist mindestens ein Tier von jedem Geschlecht derselben Art für eine erfolgreiche Fortpflanzung notwendig. Zweitens sind Muscheln unter Aquarienbedingungen sehr schwer aufzuziehen, da die Larven einer speziellen Behandlung bedürfen. In verschiedenen, hauptsächlich tropischen Ländern gibt es halb-wilde Muschelfarmen, in denen viele Tiere für den Aquarienhandel und als Nahrungsmittel gezüchtet werden.

✦ *Kann eine Blattkiemermuschel irgendwo in das Becken gesetzt werden?*

Nur an hell erleuchtete Bereiche mit guter Wasserbewegung. Falls möglich setzen Sie die Muschel etwas höher auf die Steine, damit sie die intensive Beleuchtung voll ausnutzen kann.

Aquariumbedingungen und Pflege – Blattkiemermuscheln

LEBENSRAUM: Für Becken- und Wasserbeschaffenheit siehe Pilzkorallen, Seite 156.

Beleuchtung Mäßige bis intensive Beleuchtung ist wichtig. Sie kann aus Leuchtstoffröhren, Quecksilberdampf- oder Halogen-Metalldampflampen bestehen, aber es ist wichtig, daß 10–12 Stunden Licht täglich direkt auf den Mantel fallen.

FÜTTERUNG: Im hell erleuchteten Aquarium liefern die symbiontischen Algen im Mantel alle erforderlichen Nährstoffe. Flüssige Nahrung verschmutzt schnell das Becken, da sie schwer zu dosieren ist.

GESUNDHEIT: Blattkiemermuscheln werden nur sehr selten krank, solange Wasserqualität und -zirkulation gut sind. Wird die Muschel jedoch mißhandelt, löst sich der Muskel, der die beiden Schalen zusammenhält, und die Muschel nimmt eine klaffende Stellung ein. Einige Exemplare erholen sich wieder, andere zerfallen schnell und sollten entfernt werden. Räuberische Borstenwürmer können in die Öffnungen hineinkriechen und die Muschel von innen auffressen. Deshalb sollten alle Becken, in denen Muscheln leben, regelmäßig von diesen Würmern befreit werden. Wie man mit Borstenwürmern verfährt, siehe Seite 198–199.

Grün, Braun, Grau, Weiß, Orange, Gold, Gelb, Violett oder Rot sein kann. Viele der Farben schillern metallisch, wodurch sie, wenn sie in einem attraktiven Muster angeordnet sind, die Muscheln zu einigen der prächtigsten Tiere im Ozean machen. Daher können ihnen viele Aquarianer nicht widerstehen.

Viele Muscheln heften sich selbst an ein festes Substrat durch kräftige Fasern, genannt Byssusfäden, an. Sie werden von der Byssusdrüse, die sich an der Basis der Tiere befindet, gebildet. Der Byssus (wie die ganze wurzelähnliche Struktur genannt wird) verankert die Muschel im Substrat, wodurch die Gefahr, mit der Strömung fortgeschwemmt zu werden, minimiert wird. Sollte es notwendig sein, eine festsitzende Muschel umzu-

siedeln, können diese Fäden mit einer scharfen Klinge dicht am Substrat, nicht an der Muschel, durchtrennt werden. Man sollte nicht an dem Tier ziehen, da hierdurch zartes Gewebe beschädigt werden kann.

Muschelfleisch wird von vielen Raubtieren begehrt, so daß beim ersten Anzeichen einer Gefahr die Muschel als einzige Verteidigungsmöglichkeit ihre Schalen schnell zusammenklappt. Jede Muschel besitzt eine Reihe winziger, dunkler Punkte am Mantelrand. Dies sind Lichtrezeptoren, die den durch mögliche Feinde geworfenen Schatten erkennen können.

Einige der bekanntesten und am häufigsten erhältlichen Arten sind die Riesenmuscheln (*Tridacna*), etwa *T. crocea*, *T. maxima* und *T. gigas*

◀ Diese Riesenmuschel (*Tridacna gigas*) ist eine kultivierte Art mit einem farbenprächtigen Mantel. Wenn das Tier voll geöffnet ist, wird die Ausströmöffnung sichtbar.

▶ Diese *Tridacna maxima* kommt nicht voll zur Wirkung, da sie halb geschlossen ist. Wenn sie sich im Aquarium ansiedelt, wird der Mantel vollständig sichtbar.

(kultiviert). Aquariumexemplare wachsen ziemlich langsam, aber mit intensiver Beleuchtung und regelmäßigen Kalziumgaben als Unterstützung des Schalenwachstums können sie lange leben und zeigen eine stetige, wenn auch langsame Wachstumsrate.

Andere Muscheln

Die Karibische Stachelauster (*Spondylus americanus*) ist im Aquarienhandel am häufigsten erhältlich. Wie bei der Feilenmuschel (*Lima scabra*) und den Grünen Miesmuscheln ist Mangel an geeigneter Nahrung ein häufiger Grund für einen plötzlichen Tod, ebenso wie das Gefressenwerden von anderen Beckeninsassen.

Grüne Miesmuscheln werden als Einzeltiere oder häufiger in Gruppen verkauft. Die grün schillernde Schale macht sie zu einem attraktiven Beckeninsassen. Leider werden sie aus zwei Gründen in einem Meerwasseraquarium nicht sehr alt. Zunächst haben sie einen großen Appetit und müssen häufig mit Plankton oder ersatzweise lebenden Rädertierchen gefüttert werden. Für die meisten Aquarianer stellt das eine nicht zu bewältigenden Aufgabe dar, und folglich verhungern die Muscheln langsam. Zweitens ziehen sich die Muschelkolonien zurück, indem die Einzeltiere ihre Byssusfäden auswerfen und sich an unzugängliche Stellen zwischen den Felsen zie-

<table>
<tr><td>Aquariumbedingungen und Pflege
andere Muscheln</td></tr>
<tr><td>

LEBENSRAUM: Nur reines Wirbellosenaquarium. Für Becken- und Wasserbeschaffenheit siehe Pilzkorallen, Seite 156.

Beleuchtung Unwichtig, da keine dieser Arten symbiontische Algen besitzt, die auf intensive Beleuchtung angewiesen sind.

FÜTTERUNG: 1–2mal täglich mit Rädertierchen oder Naupliuslarven, da diese Muscheln viel fressen und in »sauberen« Riffaquarien verhungern.

GESUNDHEIT: Fast alle Todesfälle gehen auf Mangel an geeigneter Nahrung zurück.

</td></tr>
</table>

hen. Dadurch wird das Füttern fast unmöglich, und die Muscheln verhungern in dem nährstofffreien Wasser allmählich. Wie bei den Feilenmuscheln ist das Fleisch bei vielen Fischen und anderen Wirbellosen sehr begehrt, und die Verluste können hoch sein, wenn Muscheln mit Garnelen, Krabben, Langusten, Borstenwürmern und ähnlichem zusammen gehalten werden.

Feilenmuscheln sind bei Meerwasseraquarianern wegen der roten Färbung sehr beliebt geworden. Sie stammen aus der Karibik und werden selten größer als 6 cm. Indem sie die beiden Schalenhälften zusammenklappen, wird ein Wasserstrom ausgestoßen, der den Antrieb zum, wenn auch ruckartigen, Schwimmen liefert. Sie bevorzugen es jedoch, an einem Ort zu bleiben, fest mit ihren Byssusfäden angeheftet, und sollten im vorderen Aquariumbereich leben. Nur zu oft ziehen sich die Muscheln hinter die Steine an die Rückseite zurück, wo sie häufig nicht gesehen werden. Feilenmuscheln unterhalten keine symbiontische Beziehung zu Algen und müssen ihre Nahrung aus dem Wasser filtern. Sie fressen reichlich, und es empfiehlt sich, lebende Rädertierchen oder Naupliuslarven mindestens zweimal täglich in ihrer Nähe zu verteilen. Ohne ausreichende Nahrung verhungern diese attraktiven Muscheln langsam. Viele Fische finden das Fleisch der Feilenmuschel sehr einladend.

◀ Die Feilenmuschel (*Lima scabra*) kann ohne geeignetes Futter verhungern.

Perlboote UNTERKLASSE: NAUTILOIDEA

Perlboote gehören zu den echten lebenden Fossilien, die in ihrer gegenwärtigen Form seit Jahrmillionen existieren. Bis vor kurzem hielt man sie für sehr selten. Es wurden jedoch große Mengen vor den Riffen im Indopazifik bei nächtlichen Fischzügen gefangen. Am Tag ziehen sie sich in die Tiefen des Ozeans zurück, manchmal bis in 200 m Tiefe, außerhalb der Reichweite der Fischer.

Diese tägliche Wanderung wird nur durch den einzigartigen Körperbau ermöglicht. Die Schale des Perlbootes enthält Kammern, die abwechselnd mit Flüssigkeit oder Gas gefüllt werden können, abhängig davon, ob das Tier im Wasser aufsteigen oder absinken will. Es bewegt sich fort, indem es einen Wasserstrom durch die Ausströmöffnung ausstößt, genauso wie seine Verwandten die Tintenfische. Anders als seine Vettern bildet es keine Tinte und kann sich einer Gefahr nicht durch plötzliches Wegschwimmen entziehen.

Die Geschlechter sehen unterschiedlich aus. Die Weibchen werden viel größer als die Männchen. Wenn ihr Leben dem Ende zugeht, füllen sich die Schalen der Weibchen mit Eiern. Mit dieser wertvollen Fracht treiben sie in flache Gewässer, um zu sterben. Tausende von winzigen Perlbooten werden dann in unterschiedlichen Abständen aus der Schale entlassen.

Nautilus macromphalus ist bei Aquarianern beliebt.

Ausgewachsen kann ein weibliches Perlboot 50 cm Durchmesser erreichen. Es ist ein hervorragender Jäger, der mit seinen ausgestreckten Tentakeln Fische und Garnelen fangen kann. Wegen seiner räuberischen Lebensweise wird das Perlboot am besten einzeln in einem Artenbecken oder nur zusammen mit sessilen Wirbellosen gehalten. Eine bekannte Art ist *Nautilus pompilius*.

✦ *Kann ein Perlboot seine volle Größe im Aquarium erreichen?*

Die meisten jungen männlichen Exemplare werden in Gefangenschaft nur etwa 20 cm, obwohl Weibchen wahrscheinlich, abhängig von der Art, größer werden.

✦ *Sind Perlboote für Anfänger geeignet?*

Absolut nicht. Diese Tiere können nur erfahrenen, engagierten und gut vorbereiteten Aquarianern empfohlen werden, nicht zuletzt aus Gründen des Artenschutzes.

✦ *Sind Perlboote häufig erhältlich?*

Nein. Es muß fast immer eine besondere Bestellung aufgegeben werden, und die Tiere sind sehr teuer.

Aquariumbedingungen und Pflege

LEBENSRAUM: Für Wasserbeschaffenheit siehe Sepien, Seite 187.

Beckengröße Jungtiere können in Becken mit den Maßen 122 x 38 x 46 cm gehalten werden, aber brauchen als ausgewachsene Tiere ein Aquarium mit 183 x 46 x 61 cm.

FÜTTERUNG: Lebende Flußgarnelen werden am Anfang gerne genommen. Gefrorene Garnelen, Sandaale, Herz- und Miesmuscheln werden auch genommen, besonders wenn sie durch das Wasser sinken. Jegliches Futter am Boden wird ignoriert und muß entfernt oder erneut präsentiert werden.

GESUNDHEIT: Darüber gibt es nur wenige Informationen.

Oktopusse FAMILIE: OCTOPODIDAE

Oktopusse sind Weichtiere und gehören zur Gruppe der Kopffüßer, von denen es etwa 650 Arten gibt. Die größte ist der Riesenoktopus mit 6 m Durchmesser, aber die meisten sind klein mit einer Spannweite von Armspitze zu Armspitze von nicht mehr als 30 cm. Sie leben in allen gemäßigten und tropischen Meeren, gewöhnlich in flachen Bereichen und Gezeitenzonen.

Vor Millionen von Jahren hatten die Oktopusse eine Schale wie die meisten anderen Mollusken. Heute ist kaum mehr davon übrig als zwei Splitter, die im Mantel (dem fleischigen Körper) eingebettet sind. Es gibt jedoch eine Reihe von Ähnlichkeiten zwischen Oktopussen und ihren nahen Verwandten, den Muscheln und Schnecken: Sie alle atmen durch eine Einströmöffnung. Sie ist beim Oktopus mit dem Mantel verbunden und bildet eine Pumpe, die den Tintenfisch mit einem Düsenstrahl durch das Wasser von Gefahren wegbewegt. Das Freisetzen einer dunkelbraunen Tinte, der Sepia, ist eine weitere Verteidigungsstrategie. Angreifer sind verwirrt, wodurch der Oktopus eine bessere Chance für die Flucht erhält.

Oktopusse haben einen riesigen Appetit. Ihr Lieblingsfutter sind Krabben, Garnelen und andere Krebstiere, aber Fische werden auch gerne genommen. Sie gehen normalerweise bei Nacht auf Beutefang, aber der Hunger kann die Nahrungssuche bei Tag erfordern, besonders wenn sich eine günstige Gelegenheit bietet. Das Opfer hat nur wenige Chancen, wenn es erst einmal von den 8 kräftigen Armen ergriffen wird, die mit Reihen aus unnachgiebigen Saugnäpfen besetzt sind. Jedoch haben auch Oktopusse Feinde und sind häufig eine beliebte Speise für Muränen.

Hohe Intelligenz

Von allen Wirbellosen besitzen die Kopffüßer das größte Gehirn und die schärfsten Augen, wodurch man ihnen in der Gefangenschaft »Tricks« beibringen kann, die große Intelligenz und ein gutes Gedächtnis erfordern. Zu diesen Aufgaben kann das Drücken von Knöpfen oder das Berühren einer Reihe von Farben in bestimmter

---

Aquariumbedingungen und Pflege

LEBENSRAUM: Für Wasserbeschaffenheit siehe Sepien, Seite 187. Vermeiden Sie offene Luftrohre, Rieselfilterüberläufe usw., da dies ausgezeichnete Fluchtmöglichkeiten sind!

Beckengröße Ein einzelner Oktopus kann in einem Becken von 91 x 38 x 30 cm gehalten werden.

Beleuchtung Gedämpft zu jeder Zeit.

FÜTTERUNG: Neu eingesetzt Oktopusse fressen lebende Flußgarnelen, aber mit der Zeit sollte ihnen abwechslungsreiches Futter aus gefrorenen Garnelen, Herz- und Miesmuscheln, Tintenfisch und Sandaal angeboten werden.

GESUNDHEIT: Krankheiten sind selten – das größte Risiko ist das Entkommen aus dem Becken. Nie kupferhaltige Medikamente verwenden.

Abfolge, was durch Futterstückchen belohnt wird, gehören. Am berühmtesten ist vermutlich der Trick mit der Garnele in einer Flasche mit Schraubverschluß. Der Oktopus schraubt den Verschluß ab und frißt die Garnele!

Pigmentzellen, genannt Chromatophoren, ermöglichen dem Oktopus, seine Farbe zu verändern. Das ist besonders hilfreich zur Tarnung, aber kann auch Feinde verwirren, ein Anzeichen für die Stimmung sein oder der Übermittlung von farbkodierten Nachrichten für einen potentiellen Geschlechtspartner dienen.

Fortpflanzung

Wenn sich ein Männchen und ein Weibchen treffen, spielt sich ein Werbungsritual ab, wobei Nachrichten durch Farbwechsel ausgetauscht werden und das Männchen das Weibchen mit seinen Armen streichelt. Nach einiger Zeit ist das Weibchen erregt genug und erlaubt dem Männchen, ein Spermapaket, das dieses an der Spitze eines Armes trägt, in ihre Mantelhöhle zu übertragen, wo die Eier befruchtet werden. Dann sucht das Weibchen eine Felsspalte auf, in welche es die Eier legt und sie bewacht. Während dieser Zeit frißt es nur selten und stirbt, bald nachdem die Jungen ausgeschlüpft sind.

F & A...

♦ *Sind Oktopusse einfach in einem Meerwasseraquarium zu halten?*

Ziemlich einfach, wenn die Wasserqualität immer gut ist und sich im Becken viele Steine mit Höhlen und Spalten befinden, in denen sie sich verstecken können.

♦ *Sollte man irgendwelche Arten meiden?*

Ja, den Blaugeringelten Oktopus (*Hapalochlaena maculosa*), obwohl er sehr attraktiv ist. Sein Biß ist tödlich. Es gibt Berichte, daß Menschen nach einem Biß innerhalb weniger Minuten starben!

♦ *Muß das Becken abgedeckt sein?*

Ja, das ist unbedingt erforderlich! Oktopusse sind vollendete Befreiungskünstler und können sich durch die kleinste Lücke quetschen. Verwenden Sie immer eine dicht schließende, schwere Glasabdeckung.

♦ *Wird ein Oktopus seine Tinte im Aquarium ausstoßen?*

Nein, nur wenn er ernstlich aufgeregt wird. Wenn er Tinte ausstößt, wirkt dies gewöhnlich nicht tödlich, wenn sofort mit frischer Aktivkohle gefiltert wird.

Die Art *Octopus cyaneus* ist die am häufigsten im Handel erhältliche Art. Sie wird 30 cm im Durchmesser bei voller Spannweite und kann sehr zahm werden. Andere, sehr ähnliche Arten sind gelegentlich erhältlich.

♦ *Ist es wahrscheinlich, daß ein Oktopus einen Menschen beißt?*

Wenn er denkt, Finger sind Futter, ja! Oktopusse lernen sehr bald, wo ihr Futter herkommt und strecken ihre Arme erwartungsvoll aus dem Wasser. Das verführt den Besitzer zur Fütterung mit der Hand und kann einen Biß zur Folge haben. Gehen Sie auf Nummer sicher und bieten Sie die Nahrung mit einer Plastikzange an.

♦ *Vertragen sich Oktopusse mit anderen Fischen und Wirbellosen?*

Sie fressen die meisten Fische und alle Wirbellosen, die nicht sessil sind. Ein Artenbecken ist fast immer erforderlich.

♦ *Können zwei Oktopusse in einem Becken gehalten werden?*

Wenn es nicht extrem groß ist, nein, da sie kämpfen, bis einer oder beide tot sind.

Sepien FAMILIE: SEPIDAE

Sepien sind aktivere Raubtiere als ihre nahen Verwandten, die Oktopusse. Sie schwimmen schnell, können ausgezeichnet sehen und jagen furchtlos Krabben, Garnelen und Fische. Wie Oktopusse besitzen Sepien 8 Arme, aber zusätzlich noch 2 lange, plötzlich ausstreckbare Tentakel, mit denen sie die Beute noch aus erheblicher Entfernung ergreifen können. Danach erfolgt mit dem kräftigen, papageienähnlichen Schnabel der tödliche Biß, während die Radula (ähnlich wie eine Zunge) das Opfer in verdauliche Stücke zerraspelt.

Diese Tiere sind hochintelligent und teilen Gefühle und Nachrichten durch ihr Aussehen mit. Große Pigmentzellen direkt unter der Hautoberfläche können Muster und Farbe in Sekundenbruchteilen verändern. Einige Arten können Farbwellen bilden, die von vorne nach hinten in Rot und Schwarz verlaufen. Einzelne Tiere zeigen spektakuläre, kaleidoskopartige Verfärbungen bei der Werbung oder wenn sie ein mögliches Opfer entdeckt haben. Krabben und Garnelen sind dadurch fast hypnotisiert und werden so zur leichteren Beute. Sepien können auch ihre Farbe wechseln, um sich an den Hintergrund anzupassen oder um Angst oder Aggression auszudrücken.

Die meisten Arten gehen für kurze Zeit während der Paarungszeit im Sommer eine Paarbildung ein. Die daraus hervorgehenden Eier, die wie Weintrauben aussehen, werden an Algen oder geschützten Orten angeheftet, wo eine geeignete Wasserströmung herrscht. Das Weibchen kann

➤ *Sepia officinalis* ist ein eindrucksvolles Tier. Spezielle, als Chromatophoren bezeichnete Zellen befinden sich dicht unter der Hautoberfläche und erzeugen plötzliche Wechsel von Muster und Färbung. Das ungewöhnliche Auge (rechts in Großaufnahme) ist das eines Jägers. Wenn die Beute einmal entdeckt ist, entkommt sie selten diesem erfolgreichen Räuber.

die Eier für kurze Zeit nach der Ablage bewachen, bleibt aber selten so lange, bis die Jungen schlüpfen. Manchmal werden die Eier auf den Strand gespült, und interessierte Aquarianer können sie in einem geeigneten Meerwasseraquarium ausschlüpfen lassen.

Freunde von Kaltwasseraquarien sind sicherlich an der Art *Sepia officinalis* interessiert, die etwa 30 cm lang wird, und an *Sepia atlantica* mit handlicheren 5 cm, ein interessanter Kontrast zu dem riesigen, indopazifischen *S. apama*, der bis zu 1 m groß werden kann.

Tinte im Becken

Viele Menschen sind besorgt, ob die Sepien Tinte als Verteidigungsmaßnahme innerhalb eines Aquariums ausstoßen. Erfahrene Halter dieser Wirbellosen haben festgestellt, daß die Tinte weder die Sepien noch andere Beckeninsassen schädigt und die Verfärbung innerhalb von etwa einer Stunde wieder verschwindet. Neu eingesetzte Tiere neigen dazu, viel häufiger Tinte abzugeben als alteingesessene Sepien, aber es ist kein seltenes Verhalten, und der Aquarianer muß dieses einfach akzeptieren. Gewiß können bestimmte Pflegearbeiten wie das Umstellen von Steinen, den Ausstoß von Tinte verursachen, ebenso wie das Klopfen an die Scheibe oder plötzliche, unerwartete Bewegungen vor dem Aquarium. Die Lebenserwartung im Aquarium wird auf 2 – 6 Jahre geschätzt.

✦ *Kann eine Kaltwasserart in einem tropischen Meerwasseraquarium gehalten werden?*

Wenn sie aus Eiern gezogen wird, ja. Erfahrene Halter von Sepien haben keine Probleme mit der höheren Temperatur gehabt, aber erwachsene Tiere vertragen es nicht gut.

✦ *Wo bekommt man Sepieneier her?*

Sie müssen an den Stränden gesammelt werden, da die meisten Händler sie nicht liefern können.

✦ *Sind die Jungen einfach aufzuziehen?*

Sie haben beim Schlüpfen etwa die Größe eines Süßwasserhüpferlings (*Cyclops*) und brauchen reichlich und regelmäßig viel Lebendfutter wie Naupliuslarven. Der Erfolg kann von Fall zu Fall unterschiedlich sein.

✦ *Wachsen die Jungtiere schnell?*

Ja, sehr schnell. Sie können in nur 6 Wochen eine Größe von 7,5 cm erreichen! Innerhalb von 10 Monaten sind sie 22 cm groß. Es ist jedoch jederzeit eine ausgezeichnete Wasserqualität erforderlich ebenso wie sehr regelmäßiges Füttern, wenn die Wachstumsrate erhalten bleiben soll.

✦ *Können Sepien mit anderen Tieren zusammen gehalten werden?*

Nur mit sessilen Wirbellosen. Alle anderen Tiere werden als Futter angesehen und gefressen.

✦ *Sind Steinaufbauten als Hintergrund wichtig?*

Ja, wenn Sie Zeuge der enormen Vielfalt an Farbwechseln dieser Tiere werden wollen. Vermeiden Sie fade Steine wie Tuffstein, sondern setzen Sie dunkleres Lavagestein und Schiefer in verschiedenen Schattierungen ein. Verschiedene Korallen fördern auch, daß die schönsten Farben gezeigt werden.

Aquariumbedingungen und Pflege

LEBENSRAUM: Sepien bevölkern das offene Wasser und brauchen viel Platz zum Schwimmen. Man muß nicht viele Steine im Becken haben.

Beckengröße Jungtiere können in Becken von 122 x 38 x 46 cm Größe gehalten werden, aber brauchen als Erwachsene ein Becken mit den Maßen 183 x 46 x 61 cm.

pH-Wert	8,1 – 8,3
Temperatur	21 – 24°C
Ammonium	null
Nitrit	null
Nitrat	10 ppm gesamtes NO_3 oder weniger
Dichte	1,021 – 1,024
Gelöster Sauerstoff	6 – 8 ppm

Filterung Wirksame Eiweißabschäumung und Filterung mit Aktivkohle als Standard. Biologische Filterung muß wirkungsvoll und in der Lage sein, mit den großen Mengen an Abfallprodukten fertig zu werden.

Beleuchtung Bevorzugt gedämpft, paßt sich aber an mäßige bis helle Beleuchtung an.

Wasserzirkulation mäßig

Wasserwechsel 15 – 25% alle 2 Wochen mit qualitativ hochwertigem Wasser.

FÜTTERUNG: Sepien nehmen gerne lebende Flußgarnelen, gefrorene Garnelen, Herz- und Miesmuscheln und alles andere tierische Futter.

GESUNDHEIT: Unter guten Wasserbedingungen haben Sepien keine Gesundheitsprobleme.

Nacktkiemerschnecken

ORDNUNG: NUDIBRANCHIA

✦ *Wie schützen sich Seehasen?*

Wenn sie angegriffen werden, geben sie einen giftigen Farbstoff aus einer Drüse im Mantel ab. Man hält sie am besten mit friedlichen Fischen zusammen.

✦ *Vertilgen Seehasen lästige Schleimalgen (Cyanophyceae)?*

Leider nicht. Sie mögen diesen speziellen Typ von Algen nicht.

Obwohl die Pyjama-Schnecke *(Chromodoris quadricolor)* begehrt ist, fehlt ihr im Aquarium das richtige Futter, und sie verhungert schließlich.

Aquariumbedingungen und Pflege

LEBENSRAUM: Für Becken- und Wasserbeschaffenheit siehe Pilzkorallen, Seite 156.

FÜTTERUNG: Seehasen brauchen ein ständiges Angebot an Grünalgen. Sie vertilgen große Mengen an lästigen Algen, unterscheiden aber nicht zwischen Zier- und Schadarten und können mühsam aufgezogene Algen dezimieren. Die am schönsten gefärbten Nacktkiemerschnecken verhungern im Aquarium. Finden sie eine geeignete Nahrungsquelle, handelt es sich gewöhnlich um eine teure Koralle, an der sie fressen, bis diese tot ist.

GESUNDHEIT: Bei guter Wasserqualität leiden Nacktkiemerschnecken nicht unter Krankheiten. Unzureichende Nahrung führt jedoch zu Schrumpfen, Inaktivität und Tod.

Nacktkiemerschnecken gehören zu einer Gruppe der Schnecken (Gastropoda), die als Opistobranchier (Hinterkiemer) bezeichnet werden. Diese Mollusken besitzen entweder eine sehr reduzierte Schale oder überhaupt keine. Einige Arten wie die Spanische Tänzerin (*Hexabranchus imperialis*) sind anmutige und muntere Schwimmer. Die meisten kriechen jedoch über den Meeresboden und können nur schlecht oder gar nicht schwimmen.

Viele Nacktkiemerschnecken sind schöne Kreaturen mit bemerkenswerter Färbung und Zeichnung, wodurch sie zu einer beliebten Ergänzung für das Meerwasseraquarium werden. Ihre prächtige, lebhaft gefärbte Erscheinung dient als Warnung für mögliche Feinde, da sie giftig sind. Die fedrigen Büschel auf ihrem Rücken sind Außenkiemen, und einige Arten besitzen die ungewöhnliche Fähigkeit, sie in den Körper einzuziehen, sobald Gefahr droht. Anderen Arten fehlen diese dekorativen Federbüschel ganz. Sie atmen durch die Haut.

Schön, aber tödlich

Entgegen der landläufigen Meinung sind nur wenige Nacktkiemerschnecken Pflanzenfresser. Die meisten sind grasende Fleischfresser, die sich von bestimmten Steinkorallen, Weichkorallen, Rindenkorallen, Anemonen, Schwämmen und anderen Wirbellosen ernähren. Die schönsten Nacktkiemerschnecken sind gewöhnlich die gefährlichsten und können sich für festsitzende Wirbellose als höchst destruktiv erweisen. Die meisten dieser Arten können, auch wenn sie im Handel angeboten werden, für das Meerwasseraquarium nicht empfohlen werden.

Eine Artengruppe, die eine nützliche Aufgabe übernimmt, sind die Seehasen (*Aplysia* spp.), die ungeheuer viele Algen abgrasen. Der Karibische Seehase kann 30 cm lang werden, aber die indopazifischen Arten, die es im Handel gibt, werden gewöhnlich nur 8 cm lang. Seehasen sind gute Schwimmer und können sich schnell zu neuen Weidegründen begeben oder sich vor Gefahren in Sicherheit bringen.

Kaurischnecken FAMILIE: OVULIDAE

Kaurischnecken sind wahrscheinlich für den Muschelsammler wertvoller als für den Aquarianer. Obwohl sie häufig eine schöne Schale besitzen, können sie im Aquarium erhebliche Schäden anrichten.

Kaurischnecken sind nachtaktive Schnecken, die sich im allgemeinen tagsüber verstecken. Bei Einbruch der Dunkelheit gehen sie auf Futtersuche und verschieben sorgfältig positionierte Korallen mit ihrem kräftigen Fuß. Obwohl einige Arten Pflanzenfresser sind, leben die meisten räuberisch und ernähren sich von Rindenkorallen, Lederkorallen und anderen sessilen Wirbellosen. Sogar die Arten, die sich regelmäßig von Makroalgen ernähren, wenden ihre Aufmerksamkeit lebenden Korallen zu, häufig zur großen Bestürzung des Aquarianers.

Die attraktive Schale ist eine harte, hochglänzende Kuppel und gewöhnlich ganz oder teilweise von einem relativ unansehnlichen, fleischigen Mantel als Tarnung bedeckt.

☛ Der starke Fuß der Tigerschnecke (*Cypraea tigris*) verschiebt mit Leichtigkeit wertvolle Korallen.

✦ *Können Kaurischnecken versehentlich in ein Aquarium eingeschleppt werden?*

Ja, sie können sich an Seefächern und Peitschenkorallen festhalten. Die Flamingozunge (*Cyphoma gibbosum*) aus der Karibik wird häufig auf diese Weise eingeschleppt.

✦ *Sind Kaurischnecken für ein Fischbecken geeignet?*

Nein, sie brauchen die bessere Wasserqualität eines Wirbellosenbeckens oder eines Artenbeckens.

✦ *Welche Arten sind für ein Aquarium geeignet?*

Die Tigerschnecke (*Cypraea tigris*), Arabische Kaurischnecke (*C. arabica*), Panther-Kaurischnecke (*C. pantherina*) und *C. nucleus*.

Aquariumbedingungen und Pflege

LEBENSRAUM: Für Becken- und Wasserbeschaffenheit siehe Pilzkorallen, Seite 156.

FÜTTERUNG: Die meisten Kaurischnecken für das Aquarium weiden Makroalgen wie *Caulerpa* spp. ab und sollten noch Sandaal- und Muschelfleisch erhalten.

GESUNDHEIT: Mit ausgewogener Ernährung bei guter Wasserqualität bleiben sie gesund.

Medusensterne, Schlangensterne & Seelilien

STAMM: ECHINODERMATA
KLASSEN: OPHIUROIDEA
UND CRINOIDEA

Sowohl Medusen- als auch Schlangensterne gehören zu den Ophiuroidea. Wie die Seelilien (Crinoidea) besitzen sie eine zentrale Rumpfscheibe, 5 Arme, aber keine Saugnäpfe am Ende ihrer ausstülpbaren Ambulakralfüßchen.

Medusensterne

Die 5 Arme der Medusensterne sind zahlreich unterteilt und bilden eine filigrane Falle, in welcher winzige Nahrungsteilchen, die durchs Wasser schweben, gefangen werden. Am Tag schließen sie ihre Arme und ruhen als lockere Kugel, häufig an auffallenden Plätzen. Dieses Verhalten bedeutet, daß sie sich schon an der richtigen Stelle befinden, wo sie in der Nacht die Arme ausbreiten und mit der Nahrungsaufnahme beginnen.
Die Tiere sind beim Fressen sehr groß. Manche können eine Spanne von 50 cm zwischen den Armspitzen erreichen. Sie sind nicht für kleine Aquarien geeignet und nur für den erfahrenen Aquarianer zu empfehlen.

Schlangensterne

Als wirksame Aasfresser in der Natur passen diese Stachelhäuter in das Riffaquarium, wo sie friedlich neben anderen Wirbellosen leben. Sie unterscheiden sich von den Seesternen durch die etwas abgeflachte, kleine Rumpfscheibe, die 5 langen Arme sind oft mit Stacheln oder anderen Anhängseln besetzt. Wie der Name andeutet, sind Schlangensterne sehr zerbrechlich und verlieren häufig Arme, die aber schnell regeneriert werden. Schlangensterne sind nicht gänzlich ideale Aquariuminsassen, da sie nachtaktiv sind und einen großen Teil des Tages versteckt zubringen. Wenn sie aktiv sind, haben diese ungewöhnlichen Tiere äußerst bewegliche Beine und können sich erstaunlich schnell bei der Nahrungssuche oder auf der Flucht bewegen. Manchmal schlingen sie sich zum Schutz sogar um die langen Stacheln von Seeigeln der Gattung *Diadema*. Ein übliches Verhalten in der Natur. Hier kann man sie auch häufig dicht verschlungen mit mehreren anderen Tieren beobachten.

Dieser Medusenstern (*Astrophyton muricatum*) beginnt gerade, seine äußerst langen Arme in die Strömung zu strecken, um winzige Nahrungspartikel aufzunehmen.

Schlangensterne wie *Ophiomastix venosa* besitzen einen guten Geruchssinn, der sie zum Futter führt.

Seelilien

Dia auch als Haar- oder Federsterne bezeichneten Tiere gehören zu den Crinoidea. Ihr Ursprung liegt etwa 500 Millionen Jahre zurück. Wie Schlangen- und Medusensterne sind Seelilien äußerst empfindlich, und ihre Arme brechen durch grobe Behandlung, starke Strömung oder unerwünschte Belästigung durch Fische leicht ab. Die Regeneration erfolgt ziemlich schnell, vorausgesetzt die Ursache für die Verletzung wird beseitigt.

Seelilien sind Filtrierer und vorwiegend nachtaktiv. Sie zeigen sich jedoch auch am Tag, besonders wenn Nahrung vorhanden ist. Eine optimale Wasserqualität muß jederzeit gewährleistet sein, da sie nicht unter Bedingungen gedeihen, die sich ständig verändern. Die Rote Seelilie (*Himerometra robustipinna*) ist eine der am häufigsten importierten Arten aus Ostasien, die wegen ihrer attraktiven tiefroten Farbe beliebt ist. Andere Arten sind gelegentlich erhältlich, aber meistens weniger farbenprächtig.

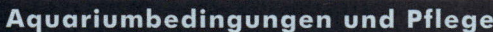 Diese Rote Seelilie (*Himerometra robustipinna*) besitzt die typische fedrige Struktur, der die Seelilien den anderen Namen Federsterne zu verdanken haben.

♦ *Sind irgendwelche dieser Tiere für Anfänger zu empfehlen?*

… Schlangensterne können erfolgreich von Anfängern gehalten werden, aber Seelilien und Medusensterne erfordern Erfahrung und größere Kenntnisse für die Bedürfnisse von Wirbellosen.

♦ *Schädigen Sie sessile Wirbellose?*

Nein, in dieser Hinsicht sind sie sehr verträglich mit anderen Wirbellosen.

♦ *Sind bestimmte Vorkehrungen zu treffen, wenn die Tiere von einem Becken ins andere gesetzt werden?*

Ja, sie reagieren empfindlich auf Veränderungen der Wasserqualität, besonders auf Salzgehalt und pH-Wert. Transportieren Sie sie in einer Plastiktüte mit Aquariumwasser aus dem ersten Becken und lassen Sie die offenen Tüten (mit der Oberseite nach unten) in dem neuen Becken schwimmen. Geben Sie allmählich immer kleine Mengen neues Aquariumwasser in die offene Tüte, wobei die Tiere erst nach 20–40 Minuten vollständig aus der Tüte entlassen werden. Behandeln Sie sie vorsichtig, da die Arme leicht abbrechen.

♦ *Was könnte die Ursache sein, wenn Medusensterne und Seelilien nicht richtig fressen?*

Durch unzureichende Wasserströmung, einen niedrigen Sauerstoffgehalt oder schlechte Wasserqualität werden die Tiere zu wenig für die Futteraufnahme stimuliert.

Aquariumbedingungen und Pflege

LEBENSRAUM: Für Becken- und Wasserbeschaffenheit siehe Pilzkorallen, Seite 156.

Beleuchtung Unwichtig, aber das Freßverhalten kann man am besten beobachten bei Verwendung einer Wolframlampe mit niedriger Wattzahl oder einer blauen Leuchtstoffröhre (siehe Beleuchtung, Seite 12–15).

FÜTTERUNG: Bieten Sie Medusensternen und Seelilien lebende Naupliuslarven und/oder lebende Rädertierchen jeden Abend an, wenn sie zur Nahrungsaufnahme bereit sind. Frisch aufgetaute Weichtiere können in der Nähe der Tiere zerdrückt werden. Schlangensternen kann man kleine Stücke Fisch oder Muschelfleisch anbieten. Umwälzpumpen werden während des Fütterns am besten ausgeschaltet, damit die Tiere möglichst viel Zeit haben, um das Futter aufzunehmen.

GESUNDHEIT: Ein langes Leben kann nur erwartet werden, wenn die richtige Nahrung und optimale Wasserqualität geboten werden.

Seeigel

STAMM: ECHINODERMATA
KLASSE: ECHINOIDEA

Es gibt schätzungsweise 750 Arten von Seeigeln, die alle zur Klasse der Echinoidea gehören. Sie leben in tropischen, gemäßigten oder polaren Meeren, in flachem oder sehr tiefem Wasser, in der Tat überall, wo geeignetes Futter zu finden ist. Die Arten sind so verschieden, daß die kleinsten einen Körper von nicht mehr als 3 cm Durchmesser besitzen, während die größten 25 cm erreichen. Abhängig von der Art können die Stacheln bis zu 30 cm lang werden oder kaum sichtbar sein.

Die meisten Arten weiden mit ihren 5 mächtigen Kiefern auf der Unterseite Algen ab. Abfallstoffe werden durch den Anus auf der Körperoberseite abgegeben. Nicht alle Arten sind Pflanzenfresser, daher muß der Aquarianer aufpassen, keine ungewöhnlichen Arten einzusetzen, die sich von weichen Wirbellosen wie Anemonen oder Lederkorallen ernähren.

Seeigel sind echte »Jongleure« des Meeres. Sie besitzen nicht nur bewegliche Stacheln, sondern haben auch Gruppen von umgewandelten, mit Greifzangen versehenen, oft giftigen Stacheln und Reihen aus ausstreckbaren, meist mit Saugscheiben versehenen Ambulakralfüßen. Mit ihnen können sie viele nützliche Aufgaben verrichten, beispielsweise Säubern des Körpers von Abfallstoffen, Entfernen von schädlichen Larven, die ein neues Heim suchen, Transportieren von Nahrungsstückchen zur Mundöffnung sowie Unterstützung bei der allgemeinen Bewegung des Tieres. Verwenden Sie immer Zangen, wenn Sie einen Seeigel umsetzen müssen, aber ziehen Sie nie an den Stacheln. Versuchen Sie, ihn von unten zu greifen.

Mit wenigen Ausnahmen sind alle Seeigel entweder männlich oder weiblich. Da sie in großen Gruppen leben, findet die Fortpflanzung zu einer bestimmten Zeit im Jahr in Form eines Massenablaichens statt. Eier und Sperma werden vor Ort vermischt, bevor die befruchteten Eier sich weit in der Planktonschicht verbreiten, wo sie sich zu Larven entwickeln.

Seeigellarven sind so unverwechselbar, daß die Arten leicht nur anhand der Larven bestimmt

Aquariumbedingungen und Pflege

LEBENSRAUM: Für Becken- und Wasserbeschaffenheit siehe Pilzkorallen, Seite 156.

FÜTTERUNG: Die meisten Arten brauchen große Mengen Algen zum Abweiden (Makro- oder Mikroalgen, keine lästigen Algen).

GESUNDHEIT: Das häufigste Problem ist der Verlust von Stacheln. Es ist wenig darüber bekannt, warum Seeigel ihre Stacheln abstreifen, entweder alle auf einmal oder immer einige gleichzeitig. Der Schock des Umsetzens kann das auslösen, ebenso wie schlechte Wasserqualität, niedriger ph-Wert und Kalziummangel. Einige überleben und bilden neue Stacheln, wenn die Bedingungen verbessert werden.

Der Halm-Diademseeigel (*Echinothrix calamaris*) ist langlebig und ausgezeichnet für das Aquarium geeignet.

werden können. Wenn sie voll ausgebildet sind, wandern die jungen erwachsenen Tiere zurück auf den Meeresboden, wo sie geschlechtsreif werden. Seeigel konnten bisher nicht in Gefangenschaft gezüchtet werden.

◆ *Ein Seeigel hat sich seit Tagen nicht bewegt. Ist er tot?*

Seeigel sind nachtaktiv, und einige Arten wandern in der Nacht umher und kehren am Morgen an denselben Platz zurück, wodurch der Eindruck ensteht, sie hätten sich nicht bewegt. Stupsen Sie den Seeigel vorsichtig mit einer Plastikzange an. Wenn er leicht umfällt und keine Anstalten macht, sich aufzurichten, ist er wahrscheinlich tot. Wenn er nicht verschoben werden kann, ist er vermutlich gesund.

◆ *Sind Seeigelstiche gefährlich?*

Die Gefährlichkeit eines Stiches variiert erheblich von Art zu Art. Der Griffelseeigel (*Heterocentrotus mammillatus*) und *Eucidaris tribuloides* besitzen sehr stumpfe Stacheln und können überhaupt nicht stechen. Der Langstachelige Seeigel (*Diadema savignyi*) hat sehr spitze, giftige Stacheln, die eine schmerzhafte Wunde verursachen können. Einige Arten wie *Toxopneustes pileolus* – der Giftzangen-Seeigel – können für Menschen tödlich sein, aber diese Arten findet man kaum im Aquarienhandel.

◆ *Können Seeigel destruktiv sein?*

Sie können Steine und Korallen verschieben, und bei zu wenig Platz können Arten mit spitzen Stacheln Lederkorallen und Anemonen durchlöchern.

◆ *Welcher Seeigel ist für Anfänger geeignet?*

Der Griffseeigel und *Eucidaris tribuloides* sind für Anfänger ebenso wie der Gewöhnliche Seeigel geeignet. Der Langstachelige Seeigel, auch wenn er häufig erhältlich ist, ist etwas empfindlicher.

◆ *Wie sollte ein Stich behandelt werden?*

Tauchen Sie die Wunde in Alkohol oder Essig und versuchen Sie nicht, die Stachelspitze herauszuziehen, wenn sie ganz in der Haut steckt. Obwohl es einige Stunden schmerzt, wird die Spitze gewöhnlich unter der Haut schnell aufgelöst. Wenn eine allergische Reaktion eintritt (im allgemeinen bei Menschen, die schon gegen Bienen- oder Wespenstiche allergisch sind), fahren Sie so schnell es geht zum nächsten Krankenhaus!

➥ Der Griffelseeigel (*Heterocentrotus mammillatus*) hat seinen Namen wegen der Stacheln erhalten, mit denen man auf einer Schiefertafel schreiben kann.

Seesterne STAMM: ECHINODERMATA
KLASSE: ASTEROIDEA

Seesterne findet man an Küsten und flachen Meeren in allen Teilen der Welt. Die Arten können in den kältesten arktischen Gewässern, in gemäßigten und subtropischen sowie in den wärmsten tropischen Regionen leben. Sie gehören zu einer großen Gruppe von Wirbellosen, den Echinodermata (Stachelhäuter), mit annähernd 6000 Arten. Zu dieser Gruppe gehören auch Federsterne, Seeigel, Seegurken, Seelilien, die alle ihren Platz in Meerwasseraquarien gefunden haben.

Seesterne besitzen wie andere Stachelhäuter weder Kopf, Gehirn noch komplexe Sinnesorgane. Ein einfaches Nervensystem verläuft durch die Arme und über die Haut und reagiert ziemlich schwerfällig auf Berührung und die umgebende Wasserqualität. Die Fortbewegung ist faszinierend zu beobachten, da Seesterne über die rauheste Oberfläche zu gleiten scheinen. Sie besitzen

Der Blaue Seestern (*Linckia laevigata*) ist eine attraktive Art und eine der am erfolgreichsten für Aquarianer angebotenen. Wählen Sie immer die am intensivsten gefärbten Exemplare aus.

Beliebte Arten von Seesternen

Die folgenden sind allgemein erhältlich und lassen sich gut im Aquarium halten:

Blauer Seestern (*Linckia laevigata*)
Kissensterne (*Culcita novaeguinea* und *Culcita schmideliana*)
Roter Seestern (*Fromia elegans*)
Oranger Seestern (*Fromia monilis*)
Rotnoppiger Kissenstern (*Protoreaster lincki*)
Gewöhnlicher Genoppter Seestern (*Pentaceraster mammillatus*)

⬇ Dieser Orange Seestern weidet zufrieden Algen ab.
Die meisten Seesterne tun das nicht.

Hunderte Paare ausstülpbarer Ambulakralfüßchen, die mit einem vaskulären Wassersystem, das einzigartig bei den Stachelhäutern ist, verbunden ist. Jeder Arm enthält einen mit Seewasser gefüllten Kanal, der durch ein System aus Ventilen und Muskeln jedes Fußpaar kontrollieren kann.

Die Mundöffnung der Seesterne befindet sich im Zentrum auf der Unterseite, und viele Arten können ihren Magen durch die Mundöffnung nach außen stülpen, um Nahrung außerhalb des Körpers zu verschlingen und zu verdauen. Das ist üblich bei Arten, die sich von Muscheln ernähren und mit ihren starken Armen und Füßen die Schalen so weit auseinander ziehen, daß sie den Magen darüber stülpen können und die Muschel in ihrer eigenen Schale verdauen.

Seesterne sind auch zu außerordentlicher Regeneration und Vermehrung fähig. Verlorene Gliedmaßen werden schnell nachgebildet, aber noch außergewöhnlicher ist, daß viele Arten, wenn sie in zwei Hälften geschnitten werden, sich zu zwei getrennten Tieren entwickeln! Austern- und Miesmuschelfischer machten diese schmerzhafte Erfahrung, als Seesterne ihre wertvollen Muschelbänke abfraßen. Sie versuchten, die Seesterne zu vernichten, indem sie sie in zwei Hälften schnitten und zurück ins Meer warfen, und stellten fest, daß sich ihre Zahl verdoppelt hatte! Normalerweise vermehren sich Seesterne, indem sie Eier und Sperma ins Wasser abgeben, wo sich die Larven im Freiwasser entwickeln und dann am Meeresboden niederlassen.

♦ *Kann ein Seestern in einem vorwiegend mit Fischen besetzten Becken gehalten werden?*

Nein, das ist nicht ratsam. Seesterne reagieren sehr empfindlich auf Abfallstoffe von Fischen.

♦ *Können Seesterne problemlos in einem Wirbellosenbecken gehalten werden?*

Ja, die meisten Arten gedeihen sehr gut in solchen Aquarien, aber einige Exemplare ernähren sich von Muscheln und anderen Weichtieren ebenso wie von Schwämmen.

♦ *Ist es wahr, daß fast alle Seesterne Algen fressen?*

Mit Sicherheit nicht! Die meisten Arten brauchen tierische Nahrung aus Muschelfleisch oder Schwämmen. Einige Arten fressen ausschließlich Algen, während andere wie die berüchtigte Dornenkrone (*Acanthaster planci*) fast alles vertilgen.

♦ *Werfen Seesterne Korallen oder Steine um?*

Wenn die Korallen oder Steine nicht richtig festsitzen, kann sie ein Seestern leicht umstürzen. Im allgemeinen richten Seesterne aber wenig Schäden an.

♦ *Warum verstecken sich Seesterne am Tag?*

Die meisten Arten sind nachtaktiv und bewegen sich tagsüber nicht. Viele Tiere jagen jedoch auch am Tag, wenn sie hungrig sind oder wenn sie lernen, daß täglich Futter zu bestimmten Zeiten zur Verfügung steht.

Aquariumbedingungen und Pflege

LEBENSRAUM: Für Becken- und Wasserbeschaffenheit siehe Pilzkorallen, Seite 156.

FÜTTERUNG: Bieten Sie anfangs tierische Nahrung an wie Muschelfleisch, Herzmuscheln, Miesmuscheln, Sandaal, Garnelen, Tintenfisch oder Glaskrebse, um sie an die bevorzugte Nahrung zu gewöhnen. Blanchierter Spinat kann auch angeboten werden. Füttern sie alle 1–3 Tage. Wenn Fische oder Krebstiere das Futter stehlen, legen Sie ein kleines Futterstück auf den Aquariumboden und setzen Sie den Seestern darauf. Oder legen Sie das Futter direkt neben ihn und lassen Sie ihn darüber kriechen.

GESUNDHEIT: Wenn sich die Wasserqualität verschlechtert und nicht das richtige Futter zur Verfügung steht, leiden Seesterne an bakteriellen Infektionen, die zu offenen Wunden führen. Als ziemlich seßhafte Tiere können sie auch die Aufmerksamkeit von Krebstieren und neugierigen Fischen auf sich ziehen, die dann einige Schäden anrichten können.

Seegurken (Seewalzen)
KLASSE: HOLOTHUROIDEA

Diese faszinierenden Tiere sind leicht zu identifizieren, da sie eine Gruppe fedriger Tentakel an einem Körperende tragen, die ständig Nahrungspartikel in den Mund strudeln. Seegurken bewegen sich langsam auf mehreren Reihen von Röhrenfüßchen, die entlang ihres Körpers angeordnet sind, und wären der Gnade jedes vorbeikommenden Raubtieres ausgeliefert, wenn sie nicht zwei wirksame Methoden zur Ablenkung besitzen würden. Sie können ihren gesamten Magen, die Eingeweide und deren Inhalt durch den Anus ins Wasser abgeben, damit der Angreifer diese auffrißt, während die Seegurke flüchtet. Erstaunlicherweise werden diese lebenswichtigen Organe bald regeneriert, und das Tier kann wieder zu einem normalen Leben übergehen. Zweitens besitzen einige Arten die Fähigkeit, Klebefäden ins Wasser zu spritzen, wodurch die Feinde verwirrt werden und sich darin verheddern.

Die bekannteste Art für das Heimaquarium ist die Bunte Seewalze (*Pseudocolochirus axiologus*). Im Englischen wird sie auch »Sea Apple« (Seeapfel) genannt, wahrscheinlich wegen der Rotfärbung auf einem Teil des Körpers, die entfernt an die Bäckchen eines Apfels erinnert.

Allzu oft bezeichnen Händler und Aquarianer diese faszinierenden Tiere fälschlicherweise als Algenfresser und ernähren sie deshalb falsch.

Wenn die benötigte Nahrung nicht in großen Mengen angeboten wird, schrumpfen die Seegurken erheblich und verhungern schließlich.

 Die Bunte Seewalze (*Pseudocolochirus axiologus*) ist ein Wirbelloser, der im Aquarium nicht einfach zu halten ist.

Aquariumbedingungen und Pflege

LEBENSRAUM: Für Becken- und Wasserbeschaffenheit siehe Pilzkorallen, Seite 156.

FÜTTERUNG: Wenn die Tentakeln aktiv sind, sollten große Mengen an Naupliuslarven und/oder lebende Rädertierchen in der Umgebung eingebracht werden. Große Exemplare müssen mindestens zweimal täglich gefüttert werden. Beim Füttern werden am besten alle Umwälzpumpen abgeschaltet, damit das Futter nicht in den Filter gezogen wird.

GESUNDHEIT: Seegurken bleiben gesund, wenn richtige Nahrungs- und Wasserbedingungen herrschen. Schrumpfende Körper und inaktive Tentakel sind sichere Anzeichen, daß diesen Bedürfnissen nicht entsprochen wurde.

F & A

✦ *Sind Seegurken für den unerfahrenen Aquarianer geeignet?*

Nein. Obwohl sie häufig erhältlich sind, brauchen diese Tiere spezielle Pflege und Kenntnisse, die man sich zunächst aneignen muß.

✦ *Warum sterben Fische, nachdem Seegurken versucht haben, sich im Aquarium zu vermehren?*

Seegurken geben gelegentlich Eier und Sperma ins Wasser ab. Die Eier sind giftig für viele Fische, die diese gerne fressen.

✦ *Ist es wahrscheinlich, daß sie Klebefäden oder ihre Innereien ins Aquarium abgeben?*

Nur wenn sie durch aggressive Fische oder Krebstiere ernsthaft bedroht werden.

Seescheiden KLASSE: ASCIDIACEA

Es gibt über 1000 Arten von Seescheiden, aber kaum eine wird dem Aquarianer bewußt angeboten. Sie gelangen gewöhnlich zufällig mit einem Lebenden Stein oder auf anderen sessilen Wirbellosen in den Handel. Einige Arten leben in Kolonien und bilden eine lebenden Teppich, andere sind große, 50 cm lange Exemplare. Abhängig davon, wie sie aussehen, werden sie manchmal mit bestimmten Schwammarten verwechselt.

Seescheiden fressen, indem sie Wasser durch eine Öffnung einsaugen, es nach Teilchen durchfiltern und das »gesäuberte« Wasser dann durch eine andere Öffnung wieder abgeben. Der Aquarianer kann diese interessanten Tiere zur Verbesserung der Wasserqualität einsetzen. Sie gedeihen gut in einem Wirbellosenbecken und breiten sich unter günstigen Bedingungen aus.

Abhängig von der Art kann die Farbe rot, blau, grün, weiß, gelb, beige oder transparent sein. Gelegentlich dienen einige Arten auch als Wirte für symbiontische Algen.

➥ Seescheiden sind eine interessante und attraktive Ergänzung für das Aquarium und sind einfach zu halten.

✦ *Sind Seescheiden Wirbellose?*

Sie stellen die Verbindung zwischen Wirbellosen und Wirbeltieren her, da ihr Larvenstadium einen starren Stützstab, das sogenannten Notochord, besitzt, der als eine Art Wirbelsäule dient.

✦ *Stimmt es, daß Seescheiden Wasser ausspritzen können?*

Ja, wenn sie außerhalb des Wassers gedrückt werden, stoßen sie ruckartig Wasser aus. Dieses Verhalten sollte aber keinesfalls absichtlich provoziert werden.

Aquariumbedingungen und Pflege

LEBENSRAUM: Für Becken- und Wasserbeschaffenheit siehe Pilzkorallen, Seite 156.

FÜTTERUNG: Seescheiden sind wirksame Filtrierer und können häufig gedeihen, ohne daß man ihnen besondere Aufmerksamkeit schenkt. Lebende Naupliuslarven, lebende Rädertierchen und Saft von frisch aufgetauten Mollusken werden gerne genommen.

GESUNDHEIT: Ascidien bleiben normalerweise gesund, sogar wenn die Wasserbedingungen nicht ganz ideal sind.

Wirbellose Schädlinge

Jeder Gärtner wird Ihnen erzählen, daß es so etwas wie einen Garten ohne Unkraut und Krankheiten nicht gibt, und so ist es auch bei einem Meerwasseraquarium. Wie der Gärtner muß der Aquarianer wachsam sein, um Schädlingen vorzubeugen, die ein ansonsten eindrucksvolles Bild ruinieren. Leider scheinen einige Schädlinge anfangs attraktive Aquariuminsassen zu sein und erweisen sich erst später als schädliche Plagegeister oder brutale Jäger, die äußerst schwierig auszurotten sind.

Die folgenden Beispiele sind dem erfahrenen Aquarianer wohlbekannt, aber die meisten werden sich deren Anwesenheit nur bewußt, wenn die Situation außer Kontrolle gerät. Deshalb sollten sich Neulinge mit den häufigsten Schädlingen vertraut machen und zunächst versuchen, sie nicht einzuschleppen.

Borstenwürmer (Klasse: Polychaeta)

Es gib mehrere Arten von Borstenwürmern, die ihren Weg in das Heimaquarium finden und sich schnell entweder geschlechtlich oder ungeschlechtlich vermehren können. Es sind segmentierte Meereswürmer mit voll funktionsfähigen, destruktiven Mundwerkzeugen und Reihen aus stechenden Haaren mit Widerhaken entlang des Körpers. Die kleineren Arten können nur 5 cm Länge und die Dicke eines kleinen Gummibandes erreichen, aber die größeren Arten werden über 30 cm lang und so dick wie der kleine Finger.

Borstenwürmer sind Aasfresser und leben räuberisch. Sie durchsieben den Boden auf der Suche nach Algen und Nahrungsteilchen, aber können auch lebende Beutetiere wie Muscheln, Röhrenwürmer, sessile Wirbellose und Fische, die sich bei Nacht in Felsspalten verankern, angreifen.

Große Exemplare können Menschen beißen, und sogar die kleinsten verursachen schmerzhafte Kratzer. Stecken Sie die Hand nicht unter einen Stein, um ihn umzusetzen, da Sie auf diese Weise gebissen oder gestochen werden können.

Die Raubzüge finden fast immer nachts statt, den Tag verbringen sie versteckt hinter Steinen oder in das Substrat eingegraben. Am besten stellt man fest, wie viele sich im Becken verstecken, indem man mit einem gedämpften Taschenlampenlichtkegel das Becken absucht, nachdem es mehrere Stunden im Dunkeln lag. Wenn es stark befallen ist, bewegen sich Dutzende Würmer über Steine, Sand und Korallen. In praktisch jedem Becken befinden sich 1 oder 2 Exemplare, die man akzeptieren kann. Aber stärker befallene Becken müssen zur Sicherheit der anderen Tiere und des Halters von den Schädlingen befreit werden.

Die Lösung: Borstenwürmer können mit einer Plastikzange während der Dunkelheit entfernt werden. Ein gedämpftes Licht lokalisiert die kleineren Arten, aber für die großen, destruktiveren Arten müssen Sie vermutlich eine Falle aufstellen. Es gibt solche Fallen zu kaufen, die gut funktionieren, aber sie können auch eine aus einem PVC-Rohr mit 2,5 cm Durchmesser und 10 cm Länge, das an beiden Enden verschlossen wird, selber basteln. In jeden Deckel wird ein kleines Loch gebohrt, durch das sich der Wurm quetscht, um an ein Stück Tintenfisch oder Muschel zu gelangen. Da er den Ausgang nicht finden kann, ist der Wurm gefangen und kann entfernt werden. Die Falle wird am besten mit einem Köder versehen und zwischen einen Stein und das Substrat gelegt, wenn das Licht ausgeht. Sie kann am Morgen geleert und in der Nacht wieder aufgestellt wer-

BORSTENWURMFALLE

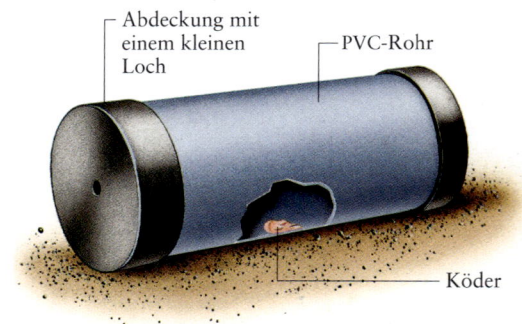

Abdeckung mit einem kleinen Loch

PVC-Rohr

Köder

⬆ Eine Borstenwurmfalle fängt Exemplare aus der unmittelbaren Nachbarschaft, muß also an verschiedene Stellen gesetzt werden, um alle Tiere im Becken zu fangen.

F & A...

✦ *Was ist die beste Maßnahme, wenn man von einem Borstenwurm gestochen wurde?*

Entfernen Sie soviele von den Widerhakenborsten wie möglich mit einer Pinzette und spülen Sie den Bereich mit Essig oder Alkohol, um den Schmerz zu lindern. Eine Rötung und Schwellung kann mehrere Tage anhalten.

✦ *Schädliche Plattwürmer sind schwierig zu erkennen. Gibt es eine einfache Methode, sie in einem Heim- oder Händleraquarium zu entdecken?*

Ja. Viele von ihnen versammeln sich an der Frontglasscheibe direkt unter der Wasserlinie. Dort können sie leicht mit bloßem Auge oder der Lupe entdeckt werden.

➥ Platt- und Borstenwürmer sind Schädlinge im Meerwasserbecken. Der Plattwurm *Convolutriloba retrogemma* (unten) befällt eine Scheibenanemone. Borstenwürmer (unten rechts) greifen einen *Lythrypnus dalli* an.

den. Wiederholen Sie das jede Nacht, bis kein Wurm mehr gefangen wird. Es ist ratsam, die Fallen etwa alle 2 Monate aufzustellen.

Einige Fische fressen Borstenwürmer, aber können dabei böse gestochen werden. Es gibt Berichte darüber, daß sich Borstenwürmer um den Kopf von Fischen schlingen, wodurch diese erblinden und frühzeitig sterben.

Plattwürmer (*Convolutriloba retrogemma*)

Obwohl diese Plattwurmart nur einige Millimeter lang wird, kann sie sich sowohl geschlechtlich als auch ungeschlechtlich vermehren, daher reicht ein Exemplar aus, um ein ganzes Becken zu infizieren. Unter den richtigen Bedingungen breiten sich Plattwürmer über alles aus, was sich nicht bewegt, einschließlich Steine, Glas, Einrichtungsgegenstände, Algen, Korallen und Sand. Innerhalb von Monaten wird das reine Gewicht dieser Mengen sessile Wirbellose ersticken, bis sie tot sind! Werden sie nicht bekämpft, kann das Ergebnis eine braune, leblose Masse sein.

Plattwürmer werden mit Lebenden Steinen und Korallen eingeschleppt, im allgemeinen von Bekken, die schon infiziert sind. Sie können schwierig zu lokalisieren sein und haben die Fähigkeit, sich den Blicken zu entziehen, indem sie relativ schnell in winzigen Felsspalten verschwinden. Sie fressen nicht nur Mikroorganismen, sondern besitzen auch eine symbiontische Alge in ihrem Gewebe, die Nährstoffe zur Verfügung stellt, so daß sie in hell erleuchteten Aquarien gedeihen und häufig die am meisten beleuchteten Bereiche besetzen.

Die Lösung: Reine Fischbecken können einfach mit einem kupferhaltigen Medikament behandelt werden, aber für das Riffaquarium müssen Alternativen gefunden werden. Wenn kleine Kolonien in einem frühen Stadium entdeckt werden, kann täglich mehrmaliges Absaugen dieses Gebietes das Problem recht schnell lösen. Von einigen Fischarten weiß man, daß sie Plattwürmer fressen. Dazu gehören Mandarinleierfische, Lippfische, Riffbarsche, Schmetterlingsfische und Doktorfische. Die Erfahrung hat jedoch gelehrt, daß nur einzelne Vertreter dieser Gruppen und nicht alle Arten aus diesen Gruppen die Schädlinge vertilgen.

Für das Wirbellosenbecken sind keine zuverlässigen und speziellen chemischen Behandlungsmethoden bekannt. Wenn es einmal stark befallen ist, kann der glücklose Aquarianer nur die Schäden durch häufiges Absaugen begrenzen. Kleinere Aquarien erholen sich schließlich, aber größere Becken beherbergen unter Kontrolle gehaltene Populationen für den Rest ihres Bestehens.

Riesenelefantenohr *(Rhodactis* spp.*)*

Die meisten Pilzkorallen besitzen Polypen von 1–6 cm Durchmesser. Einige Arten werden jedoch viel größer – über 30 cm sind keine Seltenheit – und fressen lebende Fische! In ihrem Normalzustand sehen Elefantenohren wie ein großer Teller aus. Dieser »offene« Zustand ist eine raffinierte Falle. Wenn sich ein Fisch auf dem Polyp niederläßt, umschließt dieser langsam das Opfer und hält es in einer riesigen Kugel gefangen. Der Fisch stirbt ziemlich schnell und wird durch die zentrale Mundöffnung verschlungen.

Bodenfische wie Mandarinleierfische, Büschelbarsche, Schleimfische und Grundeln sind besonders gefährdet, aber von Clownfischen weiß man auch, daß sie in diesen Fallen Schutz suchen. Sogar Mirakel- und Feenbarsche sind nicht sicher. Sie betrachten den Eingang zu dem Polypen im Kugelstadium als Höhle, in der sie sich

verstecken, und werden so das nächste Opfer des Polypen.

Die Lösung: Solche Riesenpolypen gehören nicht in ein Aquarium mit kleinen Fischen und Garnelen. Die einzige Lösung ist es, sie herauszunehmen und möglichst dem Händler zurückzugeben.

Glasrosen *(Aiptasia* spp.)

Glasrosen sind der sprichwörtliche Wolf im Schafspelz. Es sind schöne Tiere, so eindrucksvoll und attraktiv anzuschauen, daß sie häufig bevorzugt behandelt werden, nur um sich zu einer gefährlichen und unansehnlichen Plage zu entwickeln! Sie besitzen einen Stachel, der kleine Fische (bevor sie gefressen werden) töten kann. Sogar größere Fische können eine böse Verletzung davontragen. Riffaquarien leiden darunter besonders, da sich die Glasrosen zwischen den Polypen, Korallen, Muscheln und anderen Anemonen ausbreiten und alles stechen, was sie berühren. Als Folge zeigen die Nachbarn, wenn sie nicht getötet werden, »Brandflecken« dort, wo sie diese Feinde berührt haben.

Eine Glasrose kann in wenigen Wochen zahlreiche Nachkommen aufgrund einer äußerst hohen Fortpflanzungsrate hervorbringen, besonders in überfütterten Becken. Einige Monate später kann ein ganzes Aquarium massenweise von diesen Anemonen besiedelt sein, wenn keine Bekämpfung vorgenommen wird.

Glasrosen besitzen einen verlängerten Körperstiel, der tief in Felsspalten oder zwischen Polypenkolonien verankert ist, wodurch es praktisch unmöglich ist, sie zu entfernen. Bei der geringsten Störung verschwinden sie im Schutz ihres unzugänglichen Versteckes. Und was noch schlimmer ist: Wenn nicht das ganze Tier zerstört wird, kann es sich aus kleinen Gewebestücken wieder regenerieren. Glasrosen können in totaler Dunkelheit ziemlich gut leben, daher untersuchen Sie alle Wasserleitungen, besonders Schläuche und andere schlecht zugänglichen Bereiche, wenn sie versuchen, die Tiere zu vernichten.

Die Lösung: Aquarianer, die nur Fische halten, haben Glück und eine Reihe von Möglichkeiten. Am einfachsten ist das Entfernen aller Steine, auf denen sich eine Kolonie angesiedelt hat, die dann unter heißem Wasser abgeschrubbt werden. Alternativen sind das Einführen von Fischarten, die diese Anemonen als Futter ansehen (z. B. große Kaiserfische und die meisten Schmetterlingsfische), oder das Einsetzen von kupferhaltigen Medikamenten.

Wer ein Riffaquarium besitzt, hat nicht so viel Glück. Anemonenfressende Fische oder Wirbellose werden nicht dort eingesetzt, wo andere Tiere dadurch gefährdet sind, und können die Korallen, die der Aquarianer zu retten versucht, ebenso auffressen. Die vielleicht wirkungsvollste Methode ist die Verwendung einer Spritze, um

Trotz ihrer Zartheit sind Glasrosen *(Aiptasia* spp.) widerstandsfähige und sich ausbreitende Schädlinge.

Das Riesenelefantenohr *(Rhodactis* sp.) ist höchst räuberisch und umschließt ein ahnungsloses Opfer. Wenn es gefangen ist, gibt es kaum eine Chance zu entkommen.

F & A ...

✦ *Wie vermeidet man am besten Probleme mit Glasrosen?*

Achten Sie vor dem Kauf darauf, daß neue Korallen und Lebende Steine frei von diesen Schädlingen sind. Wenn der Händler Glasrosen in seinen Becken hat, kaufen Sie nicht bei ihm.

✦ *Gibt es Anzeichen dafür, daß ein Riesenelefantenohr einen Fisch gefressen hat?*

Etwa 24 Stunden nach dem Fressen wird eine würstchenförmige Ausscheidung langsam aus der Mundöffnung abgegeben. Wenn Sie sehen, daß der Polyp eine Kugel gebildet hat, zählen Sie ihre Tiere nach. Gefangene Tiere können gerettet werden, wenn man sie früh genug befreit.

der schädlichen Anemone eine tödliche Dosis eines Kalziumsalzes zu injizieren. Das hat außerdem den Vorteil, daß es ungefährlich ist, auch wenn von der Lösung etwas in das umgebende Wasser gerät. In der Tat kann fast jeder Zusatz verwendet werden, wenn sich der erste als unwirksam erweist. Eine andere Alternative ist das Füllen der Spritze mit sehr heißem Wasser, das an den Fuß der Anemone gespritzt wird. Ein Nachteil ist, daß dies schädlich für Wirbellose in unmittelbarer Nachbarschaft sein kann und deshalb nur bei allein stehenden Exemplaren angewendet werden sollte. Eine Methode, die garantiert viele Leute zusammenzucken läßt, aber nichtsdestoweniger wirksam ist, ist das Hineindrücken eines angeschärften oder glühend heißen Schraubenziehers in das Versteckloch der Anemone, wodurch sie abgetötet wird.

Flohkrebse (Ordnung: Amphipoda)

Flohkrebse sind kleine Krebstiere, die im allgemeinen im Bodenmulm, in den Filtern oder sogar an der Frontglasscheibe zu finden sind. Sie sind an ihrem seitlich abgeflachten, grauen, garnelenähnlichen, halbmondförmigen Körper leicht zu erkennen.

Flohkrebse richten selten direkten Schaden an. Einige Arten übertragen jedoch Krankheiten auf andere Tiere. Sie sind ziemlich widerstandsfähig und können sich zu einer Plage entwickeln, wenn genug Nahrung vorhanden ist, die gewöhnlich ein übereifriger Aquarianer zur Verfügung stellt.

Die Lösung: Eine sofortige Heilung ist das Entfernen der Tiere durch Absaugen aus dem Becken. Man findet sie unter Steinen während des Tages, und schnelle Reaktion ist erforderlich, da sie eine erstaunliche Geschwindigkeit erreichen. Langfristig erreicht man durch eine drastische Reduzierung des Nahrungsangebotes eine stetige Abnahme ihrer Anzahl, bis sie kaum mehr zu bemerken sind.

▶ Ein Pistolenkrebs (*Synalpheus* sp.) ist ein äußerst attraktives Tier, aber selten im offenen Wasser zu beobachten. Seine Schere, welche das charakteristische Geräusch erzeugt, ist unten links zu erkennen.

Viele Fische würden die Flohkrebse fressen, wenn sie Zugang zu deren Verstecken hätten. Regelmäßiges Umsetzen der Steine kann auch ihre Zahl vermindern, da die Fische lernen, mit solchen Aktivitäten eine mögliche Mahlzeit zu verbinden.

Pistolenkrebse (*Synalpheus* spp.)

Dies sind andere Schädlinge, die zufällig mit einem Lebenden Stein eingeschleppt werden. Sie leben als Einsiedler und sind für die meisten Meerwasseraquarianer von wenig Interesse. Sie werden jedoch durch den Lärm, den sie durch das Zusammenklappen ihrer riesigen Scheren verursachen und der sich wie ein Pistolenschuß (oder ein zerbrechendes Aquarium!) anhört, zweifellos ihrer Anwesenheit gewahr. Die Schockwellen sollen vorbeischwimmende Opfer betäuben.

Die Lösung: Wenn Sie den Lärm tolerieren können, dann ist es unwahrscheinlich, daß viele Tiere durch die Pistolenkrebse vernichtet werden, und man läßt sie am besten in Ruhe. Wenn Sie allerdings der Lärm irritiert, gehen Sie so vor wie bei den Fangschreckenkrebsen.

Fangschreckenkrebse (*Odontodactylus* spp.)

Viele Fangschreckenkrebse sind hoch entwickelte Räuber. Sie können blitzschnell aus einer Höhle heraussschießen, um ein Opfer mit ihren keulenartigen Scheren zu erlegen. Fische, andere Garnelen, Krabben, Langusten und die Finger des Aquarianers sind potentielle Ziele.

Ein Fangschreckenkrebs (*Odontodactylus south-welli*) besetzt eine Höhle, von der aus er zuschlägt.

✦ *Wie gelangen Flohkrebse in das Aquarium?*

In den Spalten von Lebenden Steinen oder sogar als Eier oder Larven im Aquariumwasser. Leider gibt es keine sichere Methode, um ihr Einschleppen zu verhindern.

✦ *Sollten irgendwelche Vorkehrungen getroffen werden, wenn man Fangschreckenkrebse versucht zu fangen?*

Ja. Tragen Sie dicke Leder- oder Gummihandschuhe, um nicht verletzt zu werden.

✦ *Können Fangschrecken- und Pistolenkrebse allein als Heimtiere gehalten werden?*

Ja. Für sich allein sind sie gute Beckeninsassen, die einfach zu ernähren und hübsch zu beobachten sind.

Fangschreckenkrebse werden normalerweise durch Lebende Steine eingeschleppt. Sie überstehen den Transport sehr gut und sterben selten. Abhängig von der Art sind sie zwischen 5 und 30 cm lang.

Die Lösung: Ein Becken von Fangschreckenkrebsen zu befreien, ist nicht einfach. Sie sind intelligent und meiden Fallen, die für sie aufgestellt werden. Wenn sich ein Tier in seiner Lieblingshöhle niederläßt, müssen Sie alle Steine wegräumen, wobei alle Hinterausgänge verschlossen sein müssen, damit der Krebs nicht herausschlüpft, wenn die Steine aus dem Wasser gehoben werden. Wenn Ihnen keine andere Möglichkeit bleibt, müssen Sie als letzte Maßnahme mit einer Schere, einem Spieß oder einem spitzen Stock in die Höhle stoßen, um den Krebs aufzuspießen oder zu köpfen.

Glossar

Abschäumung Eine Methode, um Eiweißstoffe durch Schaumbildung aus dem Wasser zu entfernen. Siehe Eiweißabschäumung, Seite 28.

Absorption Der Vorgang des Aufnehmens wie bei einem trockenen Schwamm, den man ins Wasser gibt. Flüssige Vitaminpräparate werden von Flockenfutter auf diese Weise aufgenommen.

Abstreifen Der Vorgang, bei dem Rindenkorallen ihre Hülle, welche die Polypen umgibt, abwerfen.

Adsorption Der Vorgang, bei dem organische Moleküle an ein Medium wie Aktivkohle gebunden werden.

Aerob Benötigt Sauerstoff.

Afterflosse Eine unpaare Flosse, die senkrecht am Bauch des Fisches angesetzt ist.

Aktivkohle Material, mit dem Verunreinigungen aus Aquariumwasser entfernt werden (siehe Seite 36).

Algen Primitive Pflanzen, die mikroskopisch klein oder groß (z.B. Seetang) sein können. Sie sind fast ausnahmslos aquatisch und blühen nicht.

Ammonium (NH_3) Ein wasserlösliches Gas und das erste Nebenprodukt beim Zersetzen von organischem Material. Wird auch durch die Kiemen der Fische ausgeschieden. Sehr giftig für Fische und Wirbellose.

Anaerob Benötigt keinen Sauerstoff.

Asexuelle Vermehrung Fortpflanzung ohne die Befruchtung von Eiern mit Sperma. Beispiel: »Knospen« der Korallen.

Ausströmer Ein Gegenstand, durch welchen Luft in feinen Perlen ausströmt.

Bartel Barthaarähnliche Fortsätze um das Maul, mit denen Futter geschmeckt wird.

Bauchflossen Paarige Flossen beidseitig des Körpers direkt unterhalb der Kiemendeckel (nicht bei allen Meeresfischen).

Berlin-System Eine Filtertechnik nur mit Lebenden Steinen und einem leistungsstarken Eiweißabschäumer.

Biologische Filterung Eine Filtermethode mit Hilfe von Bakterien der Gattungen *Nitrosomonas* und *Nitrobacter*, welche giftige Stickstoffverbindungen in harmlosere Substanzen wie Nitrate verwandeln.

Bivalvia Weichtiere mit Schalen und zwei Atemöffnungen (siehe Seite 108).

Blaualgen Eine primitive Lebensform, die Eigenschaften von Algen und Bakterien besitzt, aber als eigene Gruppe angesehen wird. Werden häufig als Schmieralgen bezeichnet.

Bleichen Der Vorgang, bei dem Korallen oder Anemonen aufgrund eines Schocks oder Wasserverschmutzung ihre Zooxanthellen verlieren oder abstoßen und verblassen oder weiß werden.

Bodenfilter Das Substrat eines Aquariums, welches als biologischer Filter verwendet wird.

Brackwasser Wasser, das etwa 10% Meerwasser enthält. Kommt dort vor, wo Flüsse in das Meer münden.

Brustflossen Paarige Flossen beidseitig des Körpers direkt hinter den Kiemenöffnungen.

Brut Sehr junge Fische (siehe Larven).

Byssusdrüse Eine Drüse bei Muscheln, die klebrige Haftfäden produziert.

Deionisator Ein Wasserfilter, der verschiedene Ionenaustauscherharze enthält.

Denitrifikation Der Vorgang, bei dem Nitrat durch anaerobe Bakterien in Stickoxid und dann in freies Stickstoffgas verwandelt wird.

Dichte (Spezifisches Gewicht) Das Verhältnis der Dichte einer Flüssigkeit im Verhältnis zu der von reinem Wasser. Natürliches Meerwasser hat eine Dichte von etwa 1,025, aber Meerwasseraquarien werden gewöhnlich bei 1,020–1,023 gehalten (siehe Salinität).

Durchsatz Die Menge des Wasserflusses durch einen Filter. Für Meerwasseraquarien ist ein hoher Durchsatz zu empfehlen.

Eiweißabschäumer Ein Gerät, das Eiweißstoffe aus dem Aquariumwasser entfernt. Wird auch in Verbindung mit ozonisierter Luft zur Wassersterilisation verwendet (siehe Seite 28).

Filtermaterial Wird in Filtersystemen verwendet, um organische gelöste oder Schwebstoffe aus dem Wasser zu entfernen.

Filtrierer Ein Tier (Fisch oder Wirbelloser), das Wasser nach mikroskopisch kleinen Nahrungsteilchen durchsiebt, z.B. Seenadeln, Röhrenwürmer.

Flossenstrahlen Knochige Stützstrukturen in den Flossen der Fische.

Gegenstromabschäumer Ein wirksamer Eiweißabschäumer, in dem das Wasser gegen einen Luftstrom fließt, wobei eine längere Zeit zum Abscheiden von Abfallstoffen oder zum Sterilisieren, falls Ozon verwendet wird, zur Verfügung steht (siehe Seite 28).

Gegenstromfilter Ein biologisches Filtersystem, bei dem das Wasser nach oben durch den bedeckten Boden fließt, anstatt wie üblich nach unten zu fließen (siehe Seite 22).

Gesamtsystem Ein Aquarium mit eingebauten, hoch entwickelten Filter- und anderen Systemen zur vollständigen Wasseraufbereitung.

Glaskrebse Im Handel angebotene Meeresgarnelen als Lebend- oder Frostfutter.

Hydrometer Ein Gerät zum Bestimmen der Dichte des Wasser, besonders wichtig beim Ansetzen von Mischungen. Es gibt freischwimmende Ausführungen oder solche mit Zeiger.

Hydrophil Wasseranziehend.

Hydrophob Wasserabstoßend.

Kalk Ein Stoff, der Kalziumkarbonat enthält. Eine Substanz, die dabei hilft, im Aquariumwasser einen hohen pH-Wert zu erhalten.

Kalzium Ein wichtiges Element im Meerwasser, der Erdalkalimetallanteil in Kalk.

Kiemen Membranen, durch welche Fische beim Atmen gelösten Sauerstoff aus dem Wasser aufnehmen.

Kiemenwürmer Parasitische Saugwürmer wie *Dactylogyrus*.

Kreiselpumpe Ein elektrisch betriebener Propeller, der einen Wasserstrom durch Filter hindurch erzeugt.

Kupfer Ein Metall, das als Kupfersulfat der Grundstoff von Medikamenten für Meerwasseraquarien ist. Es ist in großen Mengen für Fische und in winzigen Spuren für Wirbellose giftig.

Larven (1) Das erste Stadium der Fischentwicklung nach dem Schlüpfen; unterentwickelte Jungfische. (2) Das erste Entwicklungsstadium vieler Wirbelloser.

Lästige Algen Fädige oder Schmieralgen, die ein Becken zuwuchern können (siehe Blaualgen).

Marine Pilze Parasitische Organismen, die baumwollähnliche Geschwüre auf dem Körper verursachen (siehe Seite 73).

Maulbrüter Fische, die ihre befruchteten Eier im Maul ausbrüten.

Mulm Aus sehr feinen Teilchen bestehende Schmutzschicht am Boden.

Nauplii Frisch geschlüpfte Salinenkrebse.

Nitrat (NO_3) Eine Verbindung, die durch *Nitrobacter*-Bakterien aus Nitrit gebildet wird und weniger giftig ist.

Nitrat-Stickstoff (NO_3-N) Eine Maßeinheit für den Nitratgehalt im Wasser.

Nitrifikation Der Vorgang, bei dem giftige Stickstoffverbindungen durch aerobe Bakterien in weniger gefährliche Substanzen umgewandelt werden, wie z.B. Ammonium in Nitrit und Nitrat.

Nitrit (NO_2) Eine giftige Verbindung, die durch Umwandlung von Ammonium durch *Nitrosomonas*-Bakterien entsteht.

Nitrobacter Aerobe Bakterien, die in biologischen Filtern verwendet werden, um Nitrit in weniger schädliches Nitrat umzuwandeln.

Nitrosomonas Aerobe Bakterien, die in biologischen Filtern verwendet werden, um Ammonium in Nitrit umzuwandeln.

Osmolator Gerät, um verdunstetes Wasser zu ersetzen, damit die gewünschte Dichte erhalten bleibt.

Osmose Das Wandern einer Flüssigkeit durch eine halbdurchlässige Membran, um eine konzentriertere Lösung zu verdünnen (siehe Seite 78).

Osmotischer Schock Eine negative Reaktion bei Tieren, wenn sich der Salzgehalt der Umgebung deutlich verändert.

Ozon (O₃) Eine dreiatomige, instabile Form von Sauerstoff, die zur Desinfektion verwendet wird (siehe Seite 30).

Ozonisator Ein Gerät, das durch Hochspannung Ozon produziert.

Pelagisch »Im offenen Meer«, pelagische Eier sind leichter als Wasser, steigen auf und verteilen sich, nachdem ein Fischpärchen im offenen Wasser abgelaicht hat.

pH-Wert Eine Maßeinheit für den Säure- oder Basengehalt des Wassers. Die Skala reicht von 1 (sehr sauer) über 7 (neutral) bis zu 14 (sehr alkalisch). Aquariumwasser sollte im Bereich von 7,9–8,3 liegen.

Phosphate (PO₄) Verbindungen, die als Abfallstoffe von Tieren produziert werden und auch in ungefiltertem Leitungswasser vorhanden sind (siehe Seite 37).

Photoperiode Der Zeitraum, über den die Aquariumbeleuchtung angeschaltet sein soll.

Phytoplankton Sehr kleine Pflanzen (z.B. einzellige Algen), die im Wasser treiben.

Plankton Der Überbegriff für Phytoplankton und Zooplankton.

Pufferwirkung Die Fähigkeit einer Flüssigkeit, einen bestimmten pH-Wert aufrecht zu erhalten (siehe auch Kalk).

Reaktor Ein isoliertes Gefäß, gewöhnlich neben oder im Sammelbehälter für spezielle Aufgaben, z.B. Anreicherung von Kalzium oder Sauerstoff im Wasser, bevor es wieder dem Hauptsystem zugeführt wird.

Rieselfilter Ein biologischer Filter, der mit nicht reaktivem Material gefüllt ist (siehe Seite 24).

Rückenflosse Eine unpaare, vertikale Flosse auf dem Rücken des Fisches. Einige Arten besitzen zwei Rückenflossen hintereinander. Viele Meeresfische tragen Giftstacheln in den Rückenflossen, daher sollten sie mit Vorsicht behandelt werden.

Salinenkrebse Salzwasserkrebse der Art *Artemia salina*, welche man aus trocken gelagerten Eiern ziehen kann, um Lebendfutter für Fische oder Wirbellose zu erhalten.

Salinität Die Maßeinheit für den Salzgehalt des Aquariumwassers. Der Aquarianer kann Salinität und Dichte als dasselbe ansehen.

Sammelbehälter Ein Behälter unter dem Becken, in dem sich gewöhnlich ein Rieselfilter, mechanische oder chemische Filter ebenso wie Sonden oder Reaktoren befinden.

Sauerstoffreduktionspotential (oder Redoxpotential) Eine Maßeinheit für die Selbstreinigungskraft des Wassers.

Saugfilter Werden auch Topffilter genannt (siehe Seite 26).

Schwanzflosse Eine unpaare, vertikale Flosse am Schwanzende des Fisches.

Schwanzwurzel Der Teil des Fisches, der die Schwanzflosse mit dem Körper verbindet.

Schwimmblase Das hydrostatische Organ, welches Fischen ermöglicht, sich in einer bestimmten Tiefe und Position im Wasser aufzuhalten.

Seitenlinienorgan Eine Reihe durchlöcherter Schuppen entlang der Flanken des Fisches, die mit druckempfindlichen Nervenzellen verbunden sind und Schwingungen im Wasser wahrnehmen.

Sexuelle Fortpflanzung Fortpflanzung, bei der die Eier des Weibchens von dem Sperma des Männchens befruchtet werden.

Silikonkleber Ein Material, um Glas zu verbinden, abzudichten oder Steine- oder Korallenstücke zu befestigen.

Spurenelemente Elemente im Meerwasser in sehr kleinen Mengen, häufig weniger als 1 ppm.

Substrat Material, das den Aquariumboden bedeckt.

Syphon (1) Ein Stück Rohr, um Wasser von einem Gefäß in ein anderes zu übertragen.
(2) Die Aus- und Einströmöffnungen der Muscheln.

Tentakel Lange, mit Nesselzellen besetzte Fortsätze, die von aggressiven Steinkorallen verwendet werden, um ihr Revier zu verteidigen und andere benachbarte Korallen zu verletzen.

Trennfolie Kunststoffgewebe, das zwischen die Kiesschichten gelegt wird und biologische Filtersysteme davor schützt, durch grabende Fische freigelegt und dadurch unwirksam zu werden (siehe Seite 23).

Tropfkörperfilter Eine biologische Filtermethode. Schmutziges Wasser wird durch einen Zylinder geleitet, der Millionen winziger Körner enthält, auf denen sich nitrifizierende Bakterien angesiedelt haben.

UV-Sterilisator Eine UV-Leuchtstoffröhre in einer Ummantelung, durch welche das zu sterilisierende Wasser geleitet wird (siehe Seite 33).

Wasserwechsel Das Ersetzen von einem Anteil (gewöhnlich 20-25%) des Aquariumwassers durch frische Salzwassermischung.

Zooplankton Extrem kleine Tiere (und ihre Larvenstadien), die im Wasser treiben.

Zooxanthellen Symbiontische Algen, die im Gewebe von vielen Korallen, Anemonen und Muscheln leben.

Bildnachweis

ABKÜRZUNGEN

AQ	Aquapress
AOL	Andromeda Oxford Ltd, Chris Honeywell
ND	Nick Dakin
OSF	Oxford Scientific Films
PhM	Photomax, Max Gibbs
SAL	Salamander Books Ltd.

1 PhM; 5 PhM; 7 ND; 8 David B. Fleetham/OSF; 9or Aztec Europe Ltd; 9ur 1 und 2, AOL; 9ur 3, Interpet Ltd; 9ur 4, 9ul AOL; 10 AOL; 11o ND; 13 P. Stiles; 14ur Les Holliday; 14u Interpet Ltd; 15 ND; 16 M.P. und C. Piednoir/AQ; 21 M.P. und C. Piednoir/AQ; 22r Eheim; 27l Interpet Ltd; 30 Energy Savers Unlimited Inc., Coralife; 33 Rainbow Plastics; 36, 37 AOL; 38 Wetpets Ltd; 41ol Biophoto Associates; 41or Dr. W. J. Ingledew/Science Photo Library; 42–43 PhM; 46 M. Sandford; 47M Tunze; 47ur Rolf C. Hagen (UK) Ltd; 48l, 48M Max Gibbs/SAL; 48r AOL; 49o, 49u Max Gibbs/SAL; 51 Les Holliday; 52 PhM; 53 W. Tomey; 54 D. Allison; 55ol PhM; 55ur W. Tomey; 58–59, 59r, 60or PhM; 60ul AOL; 66, 67 M.P. und C. Piednoir/AQ; 68, 69 Les Holliday; 71 PhM; 72or Dr. Chris Andrews/National Aquarium in Baltimore; 72ur ND; 73ol Tetra; 73Ml PhM; 75 ND; 77, 79, 80, 81, 82, 83, 85, 86–87, 88, 89, 90–91, 91or PhM; 93 M. Dune/AQ;

95o, 95r PhM; 96 ND; 97, 98–99, 99or, 100, 101, 102, 104, 105 PhM; 106 ND; 107 D. Allison; 108, 109 PhM; 110 W. Tomey; 111, 112or, 112u, 113, 115, 116, 117, 119, 120, 121, 123, 124–125, 125o, 127, 128ul, 128–129, 130, 131, 132–133, 133ur, 135o PhM; 135ur M.P. und C. Piednoir/AQ; 136, 137ol PhM; 137ul M.P. und C. Piednoir/AQ; 139 PhM; 141 P. Stiles; 142–143 N. Genetiaux/AQ; 144–145 PhM; 146 ND; 147 PhM; 148o ND; 148–149, 150 PhM; 152–153, 154–155, 155u ND; 157 M.P. und C. Piednoir/AQ; 158, 159 PhM; 160–161 ND; 161u W. Tomey; 162–163 PhM; 164 M.P. und C. Piednoir/AQ; 165, 166 ND; 167, 168 PhM; 169 ND; 170–171 Trevor McDonald; 173 PhM; 175 ND; 176 PhM; 177o M.P. und C. Piednoir/AQ; 177u M. Sandford; 178 PhM; 179 D. M. Shale/OSF; 181M ND; 181ur Trevor McDonald; 182, 183, 185 PhM; 186u Rodger Jackman/OSF; 186o M. Sandford; 188, 189, 190o, 190u, 191, 192, 193, 194 PhM; 195 ND; 196 PhM; 197 OSF; 199o PhM; 199u D. Allison; 200 ND; 201 Svein A. Fosså; 202 PhM; 203 W. Tomey

Grafiken: Julian Baker

Autor und Verlag danken Max Gibbs und Barry Allday von »The Goldfish Bowl«, Oxford (GB), und Lynchford Aquatics, Farnborough, Hants. (GB), für ihre Unterstützung bei diesem Projekt.

Register